改訂版 우주간의 법 해설

삼 일 신 고
(三 一 神 誥)

彌勒佛 譯

(주)阿那

彌勒佛 譯 (一名 : 金鉉斗)

법화경 해설서	▶『(改訂版) 우주간의 법 해설 정본(正本) 반야바라밀다심경』(2015) 『(개정판) 우주간의 법 해설 무량의경』(2009) 『묘법연화경 해설 1~14』(총 14권) 『묘법연화경 해설 제 이십사 관세음보살보문품』(2005) 『관보현보살행법경 해설』(2006)
경전 해설서	▶『(改訂版) 우주간의 법 해설 삼일신고』(2015) 『화엄일승법계도 근본진리해설』(2002) 『우주간의 법 해설 금강경』(2007) 『천부경 천부진리 해석 완역』(2003) 『북두칠성연명경해설』(2005)
단행본	▶『(改訂版) 妙法華(묘법화)의 실상(實相)의 법(法)』(2015) 『(改訂版) 우주간의 법 해설 대승보살도 기초교리』(2015) 『(改訂版) 불교 기초 교리 핵심 81강』(2015) 『미륵불과 메시아(Maitreya Buddha and Messiah)』(2015) 『무량의경(無量義經) 약본(略本)』(2015) 『진실(眞實)된 세계 역사(世界歷史)와 종교(宗敎) 上』(2015) 『진실(眞實)된 세계 역사(世界歷史)와 종교(宗敎) 下』(2015) 『미륵부처님께서 밝히시는 한민족(韓民族)들이 가야만 하는 길』(2013) 『미륵부처님께서 밝히시는 문명(文明)의 종말(終末)』(2011) 『미륵부처님께서 밝히시는 우르난쉐(Ur-Nanshe)님에 대한 진리(眞理)』(2014) 『현대과학 용어로 본 유식사상과 여래장과 선』(2003)
예언서 해설	『우주간의 법 해설 요한계시록』(2008) 『격암유록 남사고 비결 해설 上』(2001) 『격암유록 남사고 비결 해설 下』(2001)
경전 독송용	▶『관보현보살행법경 독송용』(2006) 『약사유리광여래본원공덕경』(2008)

※ 품절 및 절판 도서 소개는 생략합니다.

(改訂版) 우주간의 법 해설 **삼일신고(三一神誥)**

지은이	彌 勒 佛 譯
펴낸이	최 원 아
펴낸곳	(주) 아나, 2001년 1월 22일 등록 제16 - 9호
입력	혜경

초판 발행   2009년 7월 7일 (1판 1쇄)
개정판 발행 2015년 7월 15일 (2판 1쇄)

주소	부산광역시 기장군 기장읍 차성남로 62 아나빌딩 3층
전화번호	(051) 723-2261 ~ 3
팩스	(051) 723-2264
홈페이지	http://www.brahmanedu.org (브라만법화연수원) (미륵부처님 직강 동영상과 법문 공개)
저작권	ⓒ 2015, (주)아나
가격	15,000원
ISBN	978-89-89958-53-6 (03220)

서 문 (序文)

　　대마왕(大魔王) 불보살(佛菩薩)들인《다보불》과《문수보살》과《연등불》등이《한민족(韓民族)》상고사(上古史)의 일부를 파괴하여《황하문명(黃河文明)》으로 날조한 실체가《한민족(韓民族)》고대(古代) 국가 중 하나인《한국(韓國)》을 중심한《구막한제국(寇莫韓帝國)》이다. 이러한 때《5대 태우의 한웅》(재위 3512 BC~3419BC)님으로 오신 분이《석가모니 하나님 부처님》으로서《초대 거발한 한웅님》(재위 3898BC~3804BC)으로 오신 이후 반복(反復)되는 윤회(輪廻)로 두 번째로 오셨을 때의 호(號)가《5대 태우의 한웅님》이시다.

　　이러한《태우의 한웅님》으로 오셨을 때 인류《북반구 문명(北半球文明)》시작 이후 인류 최초의 고급 종교(宗敎)인《한단불교(桓檀佛敎)》를 창시하시고《천부경(天符經) 81자(字)》와《삼일신고(三一神誥)》와《황제중경(皇帝中經)》과《황제내경(皇帝內經)》등 4대 경전(四大經典) 중《삼일신고(三一神誥)》를 일전《AD 2009년 7월 7일》필자가《우주간의 법 해설》《삼일신고》라는 제호(題號)를 붙여 출간을 한 바가 있으나 때에《대마왕》《불보살》들과《악마(惡魔)의 신(神)》들인《비로자나》를 비롯해《석가모니》등《대마왕신(神)》들에 의한 심한 방해 공작으로 인해 상당 부분 잘못 해설한 부분들이 있어서 차제에《신(神)들의 전쟁》과 지상(地上)에서 획책된《2차 우주 쿠데타》등이《석가모니 하나님 부처님》과《메시아(Messiah)》이신《미륵불(佛)》에 의해 모두 평정이 된 지금의 때에《우주간의 법 해설》《삼일신고(三一神誥)》를 대폭 수정 보완하여 잘못된 부분을 과감히 고쳐《개정판(改訂版)》을 내어 드리는 것이 순서이기 때문에 먼저 대폭 수정 보완된《우주간의 법 해설》《삼일신고(三一神誥)》개정판(改訂版)을 내게 된 배경을 말씀드리고 아울러 여러분들께 인사의 말씀을 올리는 바이다.

《한반도(韓半島)》《백두산》으로부터《석가모니 하나님 부처님》의 산(山)인《태백산(太白山)》까지는 우주간(宇宙間)의 법칙에 의한《시계 방향》회전길인《1-3의 길》이 형성되어 있고《태백산(太白山)》으로부터 부산(釜山)의《장산(萇山)》까지는《3-1의 길》이 형성이 되어 있다. 이러한 뜻의 의미는 광활한《대공(大空)》을 바탕으로 한 현존우주(現存宇宙) 중심축(中心軸)이《대한민국(大韓民國)》땅이라는 엄청난 진리(眞理)를 가지고 있는 것이다. 이러한《대한민국(大韓民國)》은《법공(法空)》과《대공(大空)》의 중심점(中心點)에 자리한《지구(地球)》에서도 중심(中心)이 되는 진리(眞理)의 용어(用語)로《지상(地上)》의《36궁(宮)》이 있는 자리이다.

이러한《지상(地上)》의《36궁(宮)》이 있는《대한민국》을 축(軸)으로 하여《지상(地上)》의 문명(文明)의 종말(終末)도 시작이 되며《후천우주(後天宇宙)》운행(運行)도 시작이 되는 것이다. 이러한 때를《한민족(韓民族)》조상(祖上) 부처님으로서《원천창조주》이신《석가모니 하나님 부처님》께서는《아리랑 고개》의 때로 이름하시고 후손들로 하여금《선천우주(先天宇宙)》를 지나 무사히《아리랑 고개》를 넘어《후천우주(後天宇宙)》이상세계에 무사히 안착하라고 일찍부터 후손들에게《천경신고(天經神誥)》를 가르치고《구한말(舊韓末)》에는《유대치》로 이름하고 오시어 후손들이 마지막 고개를 무사히 넘기라고《아리랑》노랫말로써 당부를 하신 것이다. 이러한《아리랑 고개》를 무사히 넘길 수 있는 가르침이 담긴 경(經)이 바로《삼일신고(三一神誥)》이다.

즉, 지상(地上)의 《3-1의 길》에 있는 《대한민국》 백성들이 엄청난 《환란기》인 문명(文明)의 종말(終末) 때에 《아리랑》 고개인 《환란기》를 피하여 무사히 《후천우주(後天宇宙)》《이상세계》에 들어갈 수 있는 경(經)이 바로 《3-1신고(神誥)》임을 때에 여러분들께 《미륵불》이신 《메시아(Messiah)》가 분명히 밝히는 바이니 여러분들께서는 바르게 해설된 《미륵불》이 해설하신 《삼일신고(三一神誥)》를 가지고 열심히 기도하고 진리(眞理)를 깨우침으로써 《환란기》인 《아리랑 고개》를 무사히 넘기를 당부 드리면서 첫 머리글로 대하는 바이다.

서기(西紀) 2014년 11월 20일

미륵불(佛) 譯

목 차

서 문 (序文) ·· 4
목 차 ··· 7

제1부 삼일신고 해설을 위한 이해의 장

1. 한단불교(桓檀佛敎)에 대하여 ··· 15
   [1] 『삼성기 전하편(三聖記全下篇) 부분 해설』 ······················ 16
       ※ [구한(九桓)] ··· 20
       ※ [지도] 1국(國) 3체제 구한(九桓) ······································ 21
   [2] 『《한(桓)》의 문자에 담긴 천부진리(天符眞理)』 ················ 25
   [3] 『《한(韓)》의 문자에 담긴 천부진리(天符眞理)』 ················ 26
   [4] 《한단불교(桓檀佛敎)》 파괴의 실상(實相) ························ 32
       (1) [단군조선(檀君朝鮮)의 역사(歷史) 왜곡의 실상(實相) 정리] ······ 36

2. 한단불교(桓檀佛敎)와 브라만교(敎)(바라문교, Brahmanism) ······ 39

3. 천부수리(天符數理)와 천부진리(天符眞理) ······························ 43
   [1] 천부수리(天符數理) ··· 43
   [2] 천부진리(天符眞理) ··· 45

7

    (1) 자구(字句) 획수 수리(數理) 풀이에 의한 근본진리(根本眞理) ················ 46
    ※ 주(註) ··· 47

제2부 삼일신고 한문경, 한글경, 근본진리

1. 삼일신고(三一神誥) 한문경(韓文經) ······································ 51
2. 삼일신고(三一神誥) 한글경 ·· 55
3. 삼일신고(三一神誥) 근본진리(根本眞理) ································ 59

제3부 삼일신고 제목 및 한글경 해설

1. 『삼일신고(三一神誥)』 해설(解說) ·· 77

[1] 제목 해설(題目解說) ··· 77
   (1) 《삼일신고(三一神誥)》 ··· 77
   (2) 총삼백육십육자(總三百六十六字) ·· 80
      ※ 여섯 뿌리의 진공(眞空) ·· 80
   (3) 제목(題目) 해설의 종합 ·· 80

[2] 제일장(第一章) 허공삼십육자(虛空三十六字) ························· 82
   (1) 제목 해설 ·· 82
      ① 허공(虛空) 36자(字) ·· 82
   (2) 한글경 해설 ··· 85

[3] 제이장 일신오십일자(一神五十一字) ····································· 93
   (1) 제목(題目) 해설 ·· 93
   (2) 한글경 해설 ··· 94

① "하나님은~헤아릴 수가 없다." ································· 94
　　가> [상천궁(上天宮)] ·· 95
　　　　※ [도형] 상천궁(上天宮) 10성(星) ················· 96
　　나> [태양수(太陽數) 9] ···································· 98
　　다> [오행(五行)의 작용(作用)] ···························· 100
② "소리내어~내려와 머릿속에 내려와 계시느니라." ········· 100
　　가> [삼진(三眞)] ·· 101
　　나> [성(性)] ·· 101
　　다> [삼진(三眞)과 성(性)의 30궁(宮)과의 관계] ········· 102
　　　　※ 『문다까 우파니샤드』 제3장 제1편 [1]~[2] ········· 103
　　라> [삼진(三眞)과 성(性)의 30궁(宮)의 작용(作用)과 마음(心)] · 105
　　　　※ [도형] 마음(心) A ··························· 105, 108
　　　　※ [도형] 마음(心) B ··························· 106, 111
　　마> 본문(本文) 해설(解說) ································ 112
　　　　※ 강주(講主) ·· 114

[3] 제삼장 천궁사십자(天宮四十字) ···························· 116
　(1) 제목 해설(題目解說) ······································ 116
　(2) 한글경(經) 해설 ·· 117

[4] 제사장 세계칠십이자(世界七十二字) ······················· 122
　(1) 제목 해설(題目解說) ······································ 123
　(2) 한글경(經) 해설 ·· 124

[5] 제오장 인물일백육십칠자(人物一白六十七字) ············· 131
　(1) 제목 해설(題目解說) ······································ 132
　　　※ 용어(用語) 해설(解說) : 1. 십거일적(十鋸一積), 2. 72궁(宮) ········· 133
　(2) 한글경(經) 해설 ·· 135
　　　※ [도형] 마음(心) B ···································· 140
　　　※ [성(性), 명(命), 정(精)의 진화(進化) 관계] ········· 145

9

※ 사바세계(娑婆世界)란 무엇입니까? ································· 149
　　※ [마음(心)을 겨냥한 양(陽)의 18경계] ······················· 152
　　※ [마음(心)을 겨냥한 음(陰)의 18경계] ······················· 153
※ 강주(講主) ·· 154
※ 강주(講主) : 인물(人物) 167자에 등장한 중요한 용어와 음양 관계
　 정리 ··· 163

제4부　삼일신고(三一神誥) 천부수리(天符數理)에 의한
　　　　근본진리(根本眞理) 정리

1. 제일장(第一章) 허공삼십육자(虛空三十六字) ························· 169
[1] 제일장(第一章) 자구(字句) 획수 수리(數理) 풀이 및 근본진리 ········ 169
　　※ 강주(講主) ··· 179

2. 제이장(第二章) 일신오십일자(一神五十一字) ························· 181
[1] 제이장(第二章) 자구(字句) 획수 수리(數理) 풀이 및 근본진리 ········ 182

3. 제삼장(第三章) 천궁사십자(天宮四十字) ······························· 197
[1] 제삼장(第三章) 자구(字句) 획수 수리(數理) 풀이 및 근본진리 ········ 198

4. 제사장(第四章) 세계칠십이자(世界七十二字) ························· 211
[1] 제일장(第一章) 자구(字句) 획수 수리(數理) 풀이 및 근본진리 ········ 212

5. 제오장(第五章) 인물일백육십칠자(人物一百六十七字) ············· 233
[1] 제오장(第五章) 자구(字句) 획수 수리(數理) 풀이 및 근본진리 ········ 234

제5부　우파니샤드

1. 『우파니샤드』 해설(解說) ····· 281
- [1] 『마이뜨리 우파니샤드(Maitrayaniya Upanishad)』「제6장 24절」 ····· 282
- [2] 『마이뜨리 우파니샤드(Maitrayaniya Upanishad)』「제6장 17편」 ····· 290
- [3] 『브리하다란야까 우파니샤드(Brihadaranyaka Upanishad)』「제1장 제2편 6항」 ····· 294
- [4] 『브리하다란야까 우파니샤드(Brihadaranyaka Upanishad)』「제1장 제2편 7항」 ····· 296
  - ※ 강주(講主) ····· 304
- [5] 『브리하다란야까 우파니샤드(Brihadaranyaka Upanishad)』「제1장 제2편 1항」 ····· 307
- [6] 『브리하다란야까 우파니샤드(Brihadaranyaka Upanishad)』「제1장 제2편 2항」 ····· 309
- [7] 『브리하다란야까 우파니샤드(Brihadaranyaka Upanishad)』「제1장 제2편 3항」 ····· 310
  - ※ [도형] 개천이전(開天以前) 36궁(宮) 도형 ····· 314
- [8] 『까타 우파니샤드(Katha Upanishad)』「제3부 제1장 1」 ····· 317
- [9] 『까이 알리야 우파니샤드』「제1장 8」 ····· 318
- [10] 『마이뜨리 우파니샤드』「제6장 4」 ····· 319
- [11] 『문다까 우파니샤드』「제2장 제2편 9항」 ····· 320
- [12] 『슈베따 슈바따라 우파니샤드』「제3장 제1편」 ····· 321
- [13] 『까타 우파니샤드』「제2장 제1장 6, 7」 ····· 322
- [14] 『브리하다란야까 우파니샤드(Brihadaranyaka Upanishad)』「제5장 제15편 1」 ····· 323
- [15] 『브리하다란야까 우파니샤드(Brihadaranyaka Upanishad)』「제2장 제2편 3」 ····· 326
- [16] 『찬도기야 우파니샤드』「제3장 제15편 1」 ····· 332
- [17] 『브리하다란야까 우파니샤드(Brihadaranyaka Upanishad)』「제3장 제8편 1」 ····· 337
- [18] 『브리하다란야까 우파니샤드(Brihadaranyaka Upanishad)』「제1장 제4편 1」 ····· 338

[19] 『까타 우파니샤드』「제1부 제3장 10편, 11편, 12편」 ……… 339
[20] 『까타 우파니샤드』「제2부 제1장 1, 2」 …………………… 341
[21] 『까타 우파니샤드』「제1부 제2장 5, 6」 …………………… 342

2. 『우파니샤드』 용어(用語) 해설(解說) …………………………… 343
 [1] 삼진(三眞) ………………………………………………………… 343
　(1) 진성(眞性) …………………………………………………… 343
　(2) 진명(眞命) …………………………………………………… 345
　　※ [도형] 여섯 뿌리의 진공(眞空) 구슬 ……………………… 347
　(3) 진정(眞精) …………………………………………………… 348
　(4) 성(性)과 명(命) ……………………………………………… 354
　　※ [도형] 마음(心) A …………………………………………… 358
　(5) 호흡과 성(性)의 30궁(宮) …………………………………… 359
　　※ [도형] 마음(心) A …………………………………………… 361
　　※ [도형] 마음(心) B …………………………………………… 362
　(6) 정명(精命) …………………………………………………… 364
　(7) 마음(心) ……………………………………………………… 368
　(8) 삼도(三途) …………………………………………………… 369
　(9) 인간(人間) …………………………………………………… 370
　※ 강주(講主) …………………………………………………… 377

제6부　삼일신고(三一神誥) 용어 해설 ……………………… 379

[그림] 다보불 진신(眞身) 4성(星) ……………………………… 388
[그림] 상천궁(上天宮) 10성(星) ………………………………… 394
[그림] 중앙천궁상궁(中央天宮上宮) ……………………………… 404
[그림] 천일우주(天一宇宙) 100의 궁(宮) ……………………… 410

제 1 부

삼일신고(三一神誥) 해설(解說)을 위한
이해(理解)의 장(章)

1. 한단불교(桓檀佛敎)에 대하여

《한민족(韓民族)》의 두 번째 고대 국가인 《배달국(닭문)》에서 BC 4000년 민족 대이동이 일어날 때 《석가모니 하나님 부처님》의 명령으로 《노사나불》께서 당시 인간 무리 《3,000》을 이끌고 《몽골 평원》을 가로질러 《101년》의 대장정 끝에 《한반도(韓半島)》《평양》에 도착하시어 뒤늦게 출발하신 《석가모니 하나님 부처님》과 합류하시어 《BC 3898년》에 《석가모니 하나님 부처님》께서 《거발한 한웅님》으로 이름하시고 《한국(韓國)》을 세우신 이후 《한반도 내(韓半島內)》에 있는 《구석기인》들을 《신석기인》들로 전환시키시게 된다. 이러한 이후 《한국(韓國)》의 초대 《거발한 한웅님》께서는 곧바로 《중원 대륙》 지금의 《하얼빈》이 있는 인근 《완달산》 밑에 있는 곳에서 첫 번째 《신시(神市)》를 여시고 때에 《요하》 일대에 산재한 후손 《구석기인》들을 《신석기인》들로 교화(敎化)시켜 명실상부한 《인간》들 무리로 전환시키시는 과정에 때에 후손들 교화에 여념이 없었던 부인이신 《관세음보살 1세》를 만나시어 《홍산문화》를 일어나게 하시고 이후 《석가모니 하나님 부처님》께서는 반복(反復)되는 윤회(輪廻)로 《5대 태우의 한웅님》(재위 3512BC 0410DC)으로 이름히고 다시 오시어 《신시(神市)》의 죽(軸)을 《산동반도》《청구(靑丘)》로 옮기시고 두 번째 《신시(神市)》 시대를 여시는 것이다.

15

이러한 때《석가모니 하나님 부처님》이신《5대 태우의 한웅님》께서 첫 번째로 하신 일이《한민족(韓民族)》의 뜻글인《한문(韓文)》을 완성하시고 발음문자는 초대《한국(桓國)》(7200BC~6000BC) 때부터 사용하여 왔던《가림토 문자》《36자(字)》로써 발음을 하게 하여 후손들을 교육하신 것이며, 두 번째로 하신 일이《북반구 문명》최초의 고급 종교(宗敎)인《한단불교(桓檀佛敎)》를 창시하시고《천부경(天符經)》과《삼일신고(三一神誥)》와《황제중경(皇帝中經)》과《황제내경(皇帝內經)》등《4대 경전(四大經典)》을 소의 경전으로 하여 후손 민족들을 가르치신 것이다. 이러한《한단불교(桓檀佛敎)》에 대한 기록이《한단고기(桓檀古記)》』『삼성기 전하편』에 전하여져 옴으로써 먼저 전하여져 오는 기록을 인용하여 각 단원별로 구분하여 살펴보고 다음을 진행하겠다.

[1]『삼성기 전하편(三聖記全下篇) 부분 해설』

桓熊天王肇自開天生民施化演天經講神誥大訓于衆自是以後治尤天王鬪土地採銅鐵鍊兵興産時九桓皆以三神爲一源之祖主蘇塗主管境主責禍與衆議一歸爲和白智生雙修爲居佺自是九桓悉統于三韓管境之天帝子乃號曰檀君王儉

"한웅천왕이 처음으로 몸소 하늘에 제사지내고 백성을 낳아 교화를 베풀고 천경(天經)과 신고(神誥)를 가르치시니 무리들이 잘 따르게 되었다. 이로부터 후에 치우천왕이 땅을

> 개간하고 구리와 쇠를 캐내서 군대를 조련하고 산업을 일
> 으켰다. 때에 구한(九桓)은 모두 삼신(三神)을 한 뿌리의 조상
> 으로 삼고 소도(蘇塗)를 관리하고 관경(管境)을 관리하며 벌을
> 다스리는 것 등 모두 다른 무리와 더불어 서로 의논하여
> 하나로 뭉쳐 화백(和白)을 하였다. 아울러 지혜와 삶을 나란
> 히 닦으면서 온전함을 이루었다. 이때부터 구한(九桓)은 모
> 조리 삼한(三韓)에 통솔되고 나라 안의 천제의 아들은 단군
> 왕검이라고 불렀다."
>
> 《한단고기(桓檀古記)》(임승국 번역주해) 『삼성기 전하편』

(1) "[한웅 천왕이 처음으로 몸소 하늘에 제사 지내고 백성을 낳아 교화를 베풀고 천경(天經)과 신고(神誥)를 가르치시니 무리들이 잘 따르게 되었다]"

상기 인용문의 《한웅 천왕》의 《천왕(天王)》이 《악마(惡魔)의 신(神)》인 《대마왕신(神)》들에 의해 《천황(天皇)》이 《천왕(天王)》으로 왜곡되어 있는 것이다. 이와 같이 이때의 《한웅 천황(天皇)》은 《한국(韓國)》을 중심한 《구막한제국(寇莫韓帝國)》의 《5대 태우의 한웅님》이신 《석가모니 하나님 부처님》이시기 때문이다.

이러한 《석가모니 하나님 부처님》께서는 《한웅(桓熊)》님 다스림의 《한국(韓國)》을 중심한 《구막한제국(寇莫韓帝國)》 때 반복(反復)되는 윤회(輪廻)로 총 4번을 다녀가시는데 이를 밝혀 드리면, 초대 《거발한 한웅님》(재위 3898BC~3804BC), 5대 《태우의 한웅님》(재위 3512BC~3419BC), 10대 《갈고 한웅님》(재위 307

1BC~2971BC), 18대 《거불단(단웅)님》(재위 2381BC~2333BC)이시다. 이 때문에 《석가모니 하나님 부처님》께는 고유한 칭호인 《황제(皇帝)》 칭호를 하는 것이며, 나머지 《한웅님》들이 모두 《부처(佛)》들이시기 때문에 《천제(天帝)》 칭호로써 《천왕(天王)》으로 호칭을 하는 것이다.

특히, 최초의 《한단고기(桓檀古記)》는 《고려》《23대 고종》(재위 AD1213~AD1259)과 《24대 원종》(재위 AD1259~AD1269)에 걸쳐 《석가모니 하나님 부처님》께서 《이맥》(AD1216~AD1279)으로 이름하고 오시고 현재 이 글을 쓰고 있는 《미륵불》이 《원동중》(AD1236~AD1295)으로 이름하고 《아미타불》께서 《안함로》로 이름하고 오시어 《고려》《원종 5년》인 《AD1264년》에 최종 집필을 마치고 최초의 《한단고기(桓檀古記)》를 출간하여 세상에 발표한 바가 있기 때문이다. 이와 같이 후대에 《악마(惡魔)의 신(神)》들인 《대마왕신(神)》들에 의해 왜곡된 내용임을 때에 『삼성기 전하편』을 쓰신 《원동중》으로 이름하였던 《미륵불》은 잘 알고 있는 것이다. 고로 상기 인용문에 기록된 《한웅천왕(桓熊天王)》은 《한웅천황(桓熊天皇)》으로 바로 잡는 것이다.

이때 5대 《태우의 한웅님》이신 《석가모니 하나님 부처님》께서 몸소 하늘(天)에 제사 지내고 《구석기인》들을 《신석기인》들로 교화(敎化)하신 장면을 "『몸소 하늘에 제사 지내고 백성들을 낳아 교화를 베풀고』"라고 말씀하신 것이며, 교화된 《인간 무리》들에게 《한단불교(桓檀佛敎)》의 4대 경전 중 《천부경 81자(字)》와 《삼일신고(三一神誥)》를 강설하신 뜻을 "『천경(天經)과 신고(神誥)를 가르치시니』"라고 말씀하시는 것이며, 이로써 무리들이 잘 따르게 되었다고 말씀하시는 것이다. 이와 같은 간결한 대목이 《5대 태우의 한웅님》이신 《석가모니 하나님 부처님》께서 《한단불교(桓檀佛敎)》를 창시(創始)하셨음을 나타내는 대목이 되는 것이다.

⑵ "[이로부터 후에 치우 천왕이 땅을 개간하고 구리와 쇠를 캐내서 군대를 조련하고 산업을 일으켰다.]"

《치우 천왕》은 《구막한제국(寇莫韓帝國)》의 《14대 자오지 한웅님》(재위 2707BC~2598BC)으로서 유명한 불가(佛家)의 《대세지보살》이시다. 이러한 《치우 천왕》님 때에 교화의 축을 지금의 《상해》가 있는 《양자강》 건너편의 《청구(靑邱)》로 세 번째 《신시(神市)》를 만들어 옮김으로써 《중원대륙》 대부분을 통치하게 된다. 이로써 이때의 나라 이름을 《한국(韓國)》을 중심한 《구막한제국(寇莫韓帝國)》이라 한 것이며 《4분》의 《천황(天皇)》과 《14분》의 《천제(天帝)》들이신 《18분》의 《한웅님》들이 다스렸다 하여 《제국(帝國)》으로 호칭을 한 것이며, 《지상(地上)》에서 진정한 의미의 《제국(帝國)》이 존재한 때는 이때가 처음이다.

이와 같은 찬란한 《한국(韓國)》을 중심한 《구막한제국(寇莫韓帝國)》의 역사적 사실을 파괴하고 왜곡을 한 자들이 《선악(善惡)》 양면성을 가진 《대마왕》 불보살들과 《악(惡)》을 근본 바탕으로 한 《악마(惡魔)의 신(神)》들인 《대마왕신(神)》족(族)들로서 이들은 때에 나타난 진정한 《제국(帝國)》의 기록들을 모두 없애놓고 이때의 역사(歷史)를 《황하문명》으로 왜곡 선전하는 허위 기록을 만들어 남겨 두고 그들 《악마(惡魔)》의 세력들이 만든 나라들을 《제국(帝國)》으로 이름하고 그들 나라 왕(王)들을 《황제(皇帝)》로 호칭을 하는 파렴치한 기록으로 《역사(歷史)》를 왜곡하는 웃지 못할 짓을 예사롭게 한 것이다. 이와 같은 《제국(帝國)》의 칭호가 《원천창조주》이신 《석가모니 하나님 부처님》에 대한 반역이라는 사실을 분명히 하는 것이다.

《14대 치우 천왕님》께서 세 번째 신시(神市)로 교화의 축을 옮기시고 난 후 《양자강》 하류 지방에서 비옥한 땅을 수도 없이 많이 개간하고 때에 《청동기 시대》로 돌입함으로써 《구리》와 《쇠》로써 무기를 만들어

군대를 무장하고 《농기구》 등을 만들어 사용하니 자연히 산업은 발전하게 되어 있었던 것이다. 이와 같은 내용을 "[《치우 천왕》이 땅을 개간하고 구리와 쇠를 캐내어서 군대를 조련하고 산업을 일으켰다.]"라고 말씀하시는 것이다.

(3) "[때에 구한(九桓)은 《삼신(三神)》을 한 뿌리의 조상으로 삼고 소도(蘇塗)를 관리하고 관경(管境)을 관리하며 벌을 다스리는 것 등 모두 다른 무리와 더불어 서로 의논하여 뭉쳐 화백(和白)을 하였다. 아울러 지혜와 삶을 나란히 닦으면서 온전함을 이루었다.]"

《한웅님》 다스림의 《구한(九桓)》은 《한민족(韓民族)》의 고대 국가인 《한국(桓國)》(7200BC~6000BC), 《배달 한국(桓國)》(6000BC~4000BC), 《한국(韓國)》(3898BC~2333BC) 등 셋이 하나된 《한국(韓國)》을 중심한 《중원 대륙》 대부분이 포함된 《구막한국(寇莫韓國)》이 거느리는 《구한(九桓)》으로써 이러한 《구한(九桓)》을 먼저 밝혀 드리면 다음과 같다.

《구한(九桓)》

① 비리국(卑離國) : 몽골
② 양운국(養雲國) : 티벳
③ 구다천국(句茶川國) : 캄차카 반도
④ 구모액국(句牟額國) : 유럽
⑤ 매구여국(賣句餘國, 직구다국(稷臼多國)) : 인도
⑥ 사납아국(斯納阿國) : 이집트
⑦ 선비국(鮮卑國, 시위국(豕韋國), 통고사국(通古斯國)) :
　　　　　동쪽…《사할린》,

서쪽…예니세이강,

북쪽…《야쿠티아 자치 공화국》,

남쪽…《동북 만주 지방》

⑧ 우루국(虞婁國) : 메소포타미아 중남부 지방《수메르 문명권》

⑨ 수밀이국(須密爾國) : 메소포타미아 중남부 지방《수메르 문명권》

※《한민족(韓民族)》고대 국가인《한국(桓國)》,《배달 한국(桓國)》,《한국(韓國)》등에서 교화(敎化)의 주력 세력들이 빠져 나온 이후 초대《한국(桓國)》(7200BC~6000BC)이《일군국(一群國)》이 되며《배달 한국(桓國)》(6000BC~4000BC)은《객현한국(客賢桓國)》이 되며《한국(韓國)》이《구막한국(寇莫韓國)》의 중심 국가가 된다. 이러한《한국(桓國)》과《한국(韓國)》을《대마왕》불보살들과《악마(惡魔)의 신(神)》들인《대마왕신(神)》들이 역사 왜곡을 하면서《땀 한(汗)》자(字)로 바꾸어 기록하는 파렴치한 거짓 기록을 남겨 놓고 있음에 대해 유의하시기 바란다.

[지도]1국 3체제 구한(九桓)

다음으로《삼신(三神)》은《법(法) 보(報) 화(化)》삼신(三神)을 가진《석가모니 하나님 부처님》을 뜻함으로써《구한(九桓)》모두가《석가모니 하나님 부처님》을 한 뿌리의 조상(祖上)으로 삼았다는 뜻을 "『때에 구한(九桓)은《삼신(三神)》을 한 뿌리의 조상(祖上)으로 삼고』"라고 말씀하시는 것이다. 이러한《석가모니 하나님 부처님》께서 인류《북반구(北半球)》문명(文明)에 들어와서《한민족(韓民族)》의 고대 국가들인《삼한(三韓)》으로 이름되는《한국(桓國)》(7200BC~6000BC)과《배달 한국(桓國)》(6000BC~4000BC)과《한국(韓國)》(3898BC~2333BC)을 여시고《구석기인》들을《신석기인》들로 교화(敎化)하여 인간들의 무리들로 진화(進化)시킨 결실이《구한(九桓)》이 됨으로써《석가모니 하나님 부처님》께서《구한(九桓)》의 최고 조상(祖上)이 되는 점을 이야기하고 있는 것이다.

그 다음으로 "『소도(蘇塗)를 관리하고 관경(管境)을 관리하며 벌을 다스리는 것 등 모두 다른 무리와 더불어 서로 의논하여 뭉쳐 화백(和白)을 하였다.』"라는 말씀의《소도(蘇塗)》는《바르게 깨우치는 곳》으로《한단불교(桓檀佛敎)》《도량(道場)》으로써 오늘날의《사찰(寺刹)》과 같은 곳이며,《관경(管境)》은 고을의 경계나 나라의 경계를 말하는 것이며,《화백(和白)》은《민주적(民主的)》으로 의사 결정을 하는 것을 말한다. 이러한 뜻을 감안한 해설을 재구성하면,

"『《한단불교(桓檀佛敎)》도량(道場)을 관리하고《고을》이나《나라의 경계》를 관리하며 벌을 다스리는 것 등 모두 다른 무리와 더불어 서로 의논하여 뭉쳐《민주적(民主的)》으로 의사(意思) 결정을 하였다.』"

라는 뜻이 되며, 다음의 "『아울러 지혜와 삶을 나란히 닦으면서 온전함

을 이루었다.」"라고 하는 말씀은 《한단불교(桓檀佛敎)》로써 백성(百姓)들을 가르쳐 《도덕성(道德性)》과 《정의(正義)》를 심는 장면을 이야기하고 있는 것이다.

⑷ "『이때부터 구한(九桓)은 모조리 삼한(三韓)에 통솔되고 나라 안의 천제의 아들은 단군왕검이라고 불렀다.』"

《삼한(三韓)》은 《한민족(韓民族)》 최초의 국가인 《한국(桓國)》(7200BC~6000BC)과 두 번째 국가인 《배달 한국(桓國)》(6000BC~4000BC)을 거쳐 세 번째로 《교화의 축》이 옮겨온 《한국(韓國)》(3898BC~2333BC)을 《삼한(三韓)》이라고 하는 것이다. 이러한 《이치(理致)》를 모르게 하기 위해 《권력욕(權力慾)》과 《지배욕(支配慾)》에 취해 있는 《대마왕》들과 《악마(惡魔)의 신(神)》들인 《대마왕신(神)》들이 《역사(歷史)》 왜곡의 일환으로 《한(桓)》의 발음을 가진 글자를 《환(桓)》으로 고쳐 발음을 하는 글자로 바꾸어 놓고 모든 자전에 엉터리 기록으로 기술하여 놓고 있다. 이참에 《미륵불》이 분명히 뜻을 전하는 바는 이러한 행위들이 《한민족》 상고사(上古史) 파괴에 그 목적이 있으니 하루빨리 잘못된 발음 문자를 바로 하여 본래 가지고 있는 발음 문자로 되돌려야 할 것이다.

초대 《한국(桓國)》과 《배달 한국(桓國)》과 《한국(韓國)》을 모두 묶어 《삼한(三韓)》이라고 한 뜻은 《우주간(宇宙間)》의 법칙인 《1.3.3.3 합(合)의 법칙》에 의해 한민족(韓民族) 고대 국가 중 마지막으로 만들어진 《한국(韓國)》의 《한(韓)》을 사용하여 《삼한(三韓)》이라고 한 것이며, 이때 하나인 《1》의 자리가 《석가모니 하나님 부처님》의 자리가 되고 3.3.3 합(合)의 자리가 《한국(桓國)》과 《배달 한국(桓國)》과 《한국(韓國)》의 자리가 되는 것으로써 마지막

3의 자리가 《1.3.3.3 합(合)》의 법칙의 완성의 자리이기 때문에 완성의 의미를 가진 마지막 만들어진 《한국》《한(韓)》자(字)로써 《삼국》을 이름한 용어가 《삼한(三韓)》인 것이다.

이러한 《한(桓)》과 《한(桓)》의 완성의 의미로 쓰고 있는 《한(韓)》의 뜻을 파자(波字)하여 본래 글자가 가진 의미를 드러내어 일전 "『《미륵부처님》께서 밝히시는 《한민족(韓民族)》들이 가야만 하는 길』"(2013)에 수록한 내용을 상기 인용한 [3]번의 설명이 모두 끝이 난 후 다음 항에서 별도로 설명 드리겠다.

이와 같이 18분의 《천황(天皇)》과 《천제(天帝)》로 이름된 《한웅님》 다스림의 《한국(韓國)》을 중심한 《구막한제국(寇莫韓帝國)》 때부터 《구한(九桓)》은 모조리 《삼한(三韓)》인 《한국(桓國)》과 《배달 한국(桓國)》과 《한국(韓國)》에 의해 통솔되고 이후 《한웅님》 다스림의 《한국(韓國)》을 중심한 《구막한제국(寇莫韓帝國)》의 마지막 《한웅님》이신 18대 《거불단(단웅)》(재위 2381BC~2333BC)으로 오셨던 《석가모니 하나님 부처님》의 아들로 태어났던 《대마왕》《문수보살 1세》가 세습으로 《구막한제국(寇莫韓帝國)》을 물려받은 후 《BC 2333년》 국호를 《단군조선(檀君朝鮮)》으로 바꾸고 스스로 《단군왕검(檀君王儉)》으로 이름한 것이다.

이와 같은 《역사적(歷史的)》 사실을 감추기 위해 후대의 《악마(惡魔)의 신(神)》들인 《대마왕신(神)》족(族)들이 《한단고기(桓檀古記)》 왜곡 차원에서 《삼성기 전하편》에서 《단군왕검(檀君王儉)》과 관련된 일부 부분을 삭제하고 《한웅님》 다스림의 때와 《단군조선(檀君朝鮮)》 다스림 때를 구분하지 않고 얼버무리기 위해 곧바로 "『나라 안의 천제의 아들은 단군왕검이라고 불렀다』"고 기록되게 만듦으로써 《한민족(韓民族)》 상고사(上古史)를 왜곡하고 있다는 점을 《미륵불》이 분명히 하는 것이다.

이로써 《삼성기 전하편》에서 인용된 부분 전체가 뜻하는 바는 《한웅님》 다스림의 《한국(韓國)》을 중심한 《구막한제국(寇莫韓帝國)》은 《한단불교(桓檀佛敎)》를 신앙함으로써 《구한(九桓)》을 다스리고 백성들에게 《도덕성(道德性)》을 심고 《사회정의(社會正義)》를 가르침으로써 민주적(民主的) 방식으로 나라를 다스렸음이 기록으로 드러나고 있는 것이다.

이와 같이 《석가모니 하나님 부처님》께서 《5대 태우의 한웅님》(재위 3512BC~3419BC)으로 이름하시고 오시어 창시하신 《한단불교(桓檀佛敎)》가 《석가모니 하나님 부처님》의 《진리(眞理)의 법(法)》이 담긴 종교(宗敎)라는 점을 잊지 마시기 바란다.

[2] 『《한(桓)》의 문자에 담긴 천부진리(天符眞理)』

※ 《한(桓)》의 글자를 파자(波字)하여 담긴 《천부진리(天符眞理)》 각각을 드러내면 다음과 같다.

桓(한)

木 (목) : 《중성자(中性子)》 태양성(太陽星)인 《목성(木星)》을 뜻하는 글자이다.

- 一 (일)　: 《一》은 《석가모니 하나님 부처님》을 뜻하는 수리(數理)이다.
- 日 (날 일)　: 이는 현재의 우리들 《태양성(太陽星)》을 뜻하는 글자이다.
- 一 (일)　: 아래 《一》은 《노사나불(佛)》을 뜻하는 수리(數理)이다.

상기 파자(波字)에 숨어있는 진리(眞理)의 뜻을 묶으면 다음과 같다.

《중성자 태양성(中性子太陽星)》인 《목성(木星)》을 법궁(法宮)으로 하신 《석가모니 하나님 부처님》과 현재 우리들 《태양성(太陽星)》을 법궁(法宮)으로 하신 《노사나불(佛)》께서 진화(進化)를 주도하는 뜻을 가진 글자이다.

※ 전체 우주(宇宙)를 크게 세 구분한 《천(天)》, 《지(地)》, 《인(人)》의 우주에 있어서 《천(天)》과 《인(人)》의 우주는 《석가모니 하나님 부처님》께서 진화(進化)를 주도하며 《지(地)》의 우주는 《노사나불(佛)》께서 진화(進化)를 주도하신다. 이와 같은 《석가모니 하나님 부처님》과 우주적 장자(宇宙的 長子)이신 《노사나불》께서 지상(地上)의 인간 무리들 진화(進化)를 주도하는 뜻글이 《한(桓)》자(字)인 것이다.

[3] 『《한(韓)》의 문자에 담긴 천부진리(天符眞理)』

※ 《한(韓)》의 글자를 파자(波字)하여 담긴 《천부진리(天符眞理)》 각각을 밝혀 드리면 다음과 같다.

韓(한)

十 (10) : 10개의 궤도를 가진 《태양계(太陽界)》를 뜻하는 수리(數理)이다.

日 (날 일) : 이는 현재의 우리들 태양성(太陽星)을 뜻하는 글자이다.

十 (10) : 이는 후천우주(後天宇宙) 중앙천궁상궁(中央天宮上宮) 10의 궁(宮)을 뜻하는 글자이다.

五 (다섯 오) : 다섯 오는 5의 수리(數理)를 뜻함으로써 천마(天馬)의 길인 《1-4의 길》을 뜻하는 것이다.

口 (입 구) : 입 구(口)는 사방(四方)으로 펼쳐진 것을 뜻하는 글자이다.

牛 (소 우) : 소 우자는 4획으로 이루어진 글자로써 4의 수리(數理)를 가진다. 이러한 4의 수리(數理)가 가진 의미는 《황소(黃牛)》의 길로 이름되는 《3-1의 길》로 들어가게 되는 무리들을 뜻한다. 즉, 이는 《중앙천궁상궁(中央天宮上宮)》 핵(核)이 되는 《대공(大空)》의 《0(ZERO)》 지점이 되는 지구(地球), 《달(月)》, 화성(火星)이 《목성(木星)》을 중심하여 《3-1의 길》 회전을 하는 《이상세계》가 펼쳐지는 곳으로 들어가는 것을 뜻한다.

상기 《파자(波字)》에 숨어있는 《진리(眞理)》의 뜻을 묶으면 다음과 같다.

> 『10개의 궤도를 가진 《태양계(太陽界)》에서 우리들 태양성(太陽星)의 작용(作用)으로부터 비롯되어 후천우주(後天宇宙) 《중앙천궁상궁(中央天宮上宮)》 운행이 시작될 때에 《1-4의 길》에서 사방(四方)이 펼쳐짐으로써 황소의 길인 《3-1의 길》로 들어가게 되는 무리들』

이라는 뜻이 되는 것이다.

　이와 같은 《진리(眞理)》의 뜻은 연장된 《북반구(北半球)》 문명의 《종말(終末)》을 몰고 올 《지구(地球)》의 핵(核)이 되는 《한반도(韓半島)》의 《한국(韓國)》을 《축(軸)》으로 한 《중앙천궁상궁(中央天宮上宮)》의 운행을 뜻하는 진리(眞理)이다. 즉, 《중앙천궁상궁》 운행(運行)은 《지상(地上)》의 인간들 문명(文明)의 종말(終末)을 뜻한다. 이러한 《종말(終末)》을 맞이한 후 《악(惡)》이 사라진 새롭게 태어난 《지상(地上)》에서 마지막 《아리랑 고개》를 넘어선 《한민족(韓民族)》들만이 《이상세계》를 펼쳐간다는 뜻을 가진 글자가 《한(韓)》자인 것이다. 이러한 결과가 《한(桓)》의 글자에 들어있는 《천부진리(天符眞理)》가 완성된 결실이 되는 것이다.

　참고로, 현재 《지상(地上)》에는 《음(陰)》의 《한민족(韓民族)》이 전체 인구의 《20%》이며 《양(陽)》의 《한민족(韓民族)》들이 《20%》로써, 전체적인 수(數)는 《40%》가 된다. 이러한 《40%》 중심에 《한국(韓國)》의 《한민족(韓民族)》들이 있는 것이며 이러한 《40%》의 《한민족(韓民族)》들 중 마지막 《아리랑 고개》를 넘은 자(者)들만 《이상세계》에 진입할 수 있는 것이며, 《마왕신족(神族)》들 중에서도 《석가모니 하나님 부처님》에 의해 《구원(救援)》이 된 자(者)들은 《이상세계》로 넘어갈 수가 있는 것이다.

　그러면 다음으로 여러분들의 이해를 위해 《중앙천궁상궁(中央天宮上宮)》

운행(運行)을 설명 드리겠다. 현재 우리들의 《태양계(太陽界)》는 《태양성(太陽星, Sun)》을 중심(中心)으로 하여 《수성(水星, Mercury)》, 《금성(金星, Venus)》, 《지구(地球, Earth)》, 《지구(地球)》의 위성으로써의 《달(月, Moon)》, 《화성(火星, Mars)》, 《목성(木星, Jupiter)》, 《토성(土星, Saturn)》, 《천왕성(Uranus)》, 《해왕성(Neptune)》, 《명왕성(Pluto)》 등의 11성(星)이 10개뿐인 궤도 탓에 《달(月)》은 지구(地球)의 위성으로써 자리함으로써 10개의 궤도를 가지고 《시계 반대 방향》의 회전인 《1-4의 길》 회전을 하고 있는 것이다.

이와 같은 《시계 반대 방향》의 회전인 《1-4의 길》 회전에서 《지구》에서의 《석가모니 하나님 부처님》께서 주도하시는 인류 《북반구 문명》이 끝날 무렵, 《태양성(太陽星)》이 《천왕성》과 《해왕성》 사이에 있는 우주(宇宙)의 《동북간방(東北艮方)》으로 궤도 이동을 하게 된다. 그리고 나서 《태양성(太陽星)》이 있던 궤도에는 《석가모니 하나님 부처님》의 《법궁(法宮)》인 《목성(木星, Jupiter)》이 회전을 일시 멈추었다가 이번에는 《시계 방향》의 회전을 하면서 《태양(Sun)》이 있던 궤도로 이동하여 중심(中心)을 이룬다.

다음으로 《수성(水星)》이 이동하여 《태양성》의 위성이 된다. 이후 《수성》이 옮겨간 빈 궤도에는 지금까지 《지구(地球, Earth)》의 위성이었던 《달(月)》이 회전을 일시 멈추었다가 《시계 방향》의 회전을 하면서 《수성(水星)》이 옮겨간 빈 궤도에 자리하게 된다. 이러한 연후 이번에는 《금성(金星)》이 이동하여 《태양성》 다음 궤도에 자리하게 된다.

다음으로 이와 때를 맞춰 《화성(火星, Mars)》이 회전을 일시정지한 후 이 역시 《시계 방향》의 회전을 하면서 《금성(金星)》이 옮겨간 빈 궤도에 자리하게 된다. 이와 같이 이동이 완료되었을 때 이번에는 우리들의 《지구(地球)》가 본래 있던 궤도에서 일시 회전을 멈춘 후 곧바로 《시계 방향》의 회전을 하게 된다. 우리들의 《지구(地球)》가 본래의 궤도에서 일시 회전을 멈추었을 때가 지상의《북반구 문명》이 일시에 몰락하는 때이다.

　한편,《화성(火星, Mars)》이 이동한 후 곧바로《토성(土星)》도 본래의 회전 방향을 유지한 채 궤도 변경을 하여 원래《화성(火星, Mars)》이 있던 자리로 옮겨 오고, 이후《천왕성》도 본래의 회전방향을 유지한 채《목성(木星, Jupiter)》이 이동한 후의 빈 궤도로 궤도 수정을 하는 것이다.

　이로써 우리들 태양계(太陽界)는 큰 변화를 일으켜 이번에는《목성(木星, Jupiter)》을 중심(中心)으로《달(月)》,《화성(火星, Mars)》,《지구(地球, Earth)》의 순서로 자리하여《시계 방향》의 회전인《3-1의 길》회전을 하고, 그 다음으로는《토성(土星)》,《천왕성》,《태양성》,《태양(太陽)》의 위성으로써《수성(水星)》,《금성(金星)》,《해왕성》,《명왕성》순서로 자리하여《시계 반대 방향》의 회전인《1-4의 길》회전을 함으로써《목성(木星, Jupiter)》을 중심한《3-1-4의 길》회전을 하게 된다. 이로써《목성》을 중심한《3-1-4의 길》회전이 완성됨으로써《중앙천궁상궁(中央天宮上宮)》운행(運行)이 완성이 되는 것이다.

　《목성(木星, Jupiter)》을 중심한《달(月)》,《화성(火星)》,《지구(地球)》등의 삼성(三星)이《시계 방향》의 회전을 하는《3-1의 길》회전 반경까지가 법공(法空)의《0(ZERO)》지점이 된다. 이 때문에《지구(地球)》의《시간(時間)》은 우주적《표준 시간》이 된다.

　이와 같이 우주적인《중앙천궁상궁(中央天宮上宮)》운행(運行)을 주도하는 곳이《지구(地球)》의 핵(核)인《한반도》의《한국(韓國)》이며,《한국(韓國)》중에서도 지금의《남한(南韓)》이며《남한(南韓)》중에서도《부산(釜山)》이며《부산(釜山)》중에서도《보리수산》인《장산(萇山)》이다. 이러한《장산(萇山)》은 전우주

30

적(全宇宙的)으로 《성역화(聖域化)》하여야 할 산(山)이다.

　그리고 이와 같은 《한국(韓國)》의 중요성을 세계인(世界人)들이 이제는 알아야 할 때이다. 지금까지 설명 드린 바대로, 《한국(韓國)》의 《한(韓)》자(字) 한 글자에 이렇듯 엄청난 우주(宇宙)의 진리(眞理)를 담을 수 있는 분이 과연 누구이겠는가? 이분이 바로 여러분들의 최고 조상님이신 《석가모니 하나님 부처님》이시다.

　뒤에 다시 설명될 것이나 진행의 방편상 미리 말씀드리는 바는 최초의 《한국(韓國)》을 여시고 무리들을 위해 만들어 주신 《한문(韓文)》의 뿌리가 되는 《녹도문자》나 이를 바탕으로 한 오늘날의 뜻글로써의 《한문(韓文)》 모두는 《석가모니 하나님 부처님》께서 초대 《거발한 한웅님》과 《한웅》으로서의 두 번째 태어남이신 5대 《태우의 한웅님》으로 오셨을 때에 모두 완성하시어 후손(後孫)들에게 물려준 문자(文字)임을 깊이 인식하시기 바란다.

　그리고 이참에 또 하나 알려드려야 할 사실은 오늘날의 《남한(南韓)》이 법공(法空)의 《0(ZERO)》지점에 위치한 지구의 핵(核)으로 자리한 사실을 잘 알고 있는 《대마왕(大魔王)》《불보살(佛菩薩)》들과 《대마왕신(神)》들과 이들의 행동(行動) 대장들인 추종 세력 모두들이 근래에 몽땅 《한국(韓國)》땅에서 《육신(肉身)》을 가지고 태어나서 그 중 일부를 제외한 대부분은 《남한(南韓)》 백성들 틈에 섞여 《우주 쿠데타》의 연장선상에서 《남한(南韓)》 정부를 《적화(赤化)》시킴으로써 《지구(地球)》의 핵(核) 중의 핵(核)을 정복하여 후천우주(後天宇宙)의 하늘(天)이 되는 《중앙천궁상궁》과 《중앙우주 100의 궁》이 음양(陰陽) 짝을 한 《천상(天上)》을 그들의 손아귀에 넣고자 하였던 것이다. 이러한 그들의 획책이 최고 절정에 달하였던 때가 불과 몇 달 전의 일이 된다.

그들은 인간 육신(肉身)을 가지고 있으면서 육신(肉身)은 움직이지 않고 그들 내면(內面)이 갖고 있는 막강한 《영력(靈力)》으로 일을 도모하고 추종세력들인 《행동대장》들이 육신(肉身)을 가지고 움직이다가 이때를 기다리고 계시던 《석가모니 하나님 부처님》과 《미륵불(彌勒佛, Maitreya Buddha)》께서 이들 모든 자들의 《영혼(靈魂)》들을 붙들어 영원히 돌아오지 못할 곳으로 사라지게 함으로써 그들이 이때까지 도모하여 왔던 모든 일들을 수포로 돌아가고 육신(肉身)만을 가지고 있는 그들은 《힘》을 잃고 만 것이다.

이참에 분명히 경고하는 바는 《공산사상》과 《자연사상》들 모두는 원천창조주이신 《석가모니 하나님 부처님》께서 추진하시는 《진화(進化)》의 이치에는 역행하는 사상들이니, 불과 얼마 살지 못하고 육신(肉身)을 버리고 모두가 떠나야 할 판에 육신(肉身)을 가지고 있을 때 이들 사상들을 모두 정리하시기를 당부 드리는 것이다. 곧 시작되는 《후천우주(後天宇宙)》에서는 이들 사상(思想)들을 가진 《영혼(靈魂)》들은 설 자리가 없는 이치가 《석가모니 하나님 부처님》으로부터 정하여졌으니, 이를 청산하지 못하면 향후 다시는 인간 《생명(生命)》을 얻기가 불가능하기 때문에 이러한 사실들을 알려 드리는 것이다.

[4] 《한단불교(桓檀佛敎)》 파괴의 실상(實相)

한편, 《석가모니 하나님 부처님》께서 《한국(韓國)》을 중심한 《구막한제국(寇莫韓帝國)》 5대 《태우의 한웅님》으로 오셨을 때 장남(長男)으로 《연등불(

佛》》이《발귀리 선인(發貴理仙人)》으로 이름하고 태어나고《문수보살 1세》가 《복희씨》로 이름하고 막내아들로 태어난다. 이렇게 하여 태어난《발귀리 선인》으로 이름한《연등불》이 최초로《신선도(神仙道)》의 체계를 세우고 훗날 6대《다의발 한웅》(재위 3419BC~3321BC)이 되시며 다시 반복(反復)되는 윤회(輪廻)로《자부진인(紫府眞人)》 또는《자부선생(紫府先生)》으로 이름하고 와서 많은 활약을 한 후 다시 반복(反復)되는 윤회(輪廻)로《단군조선(檀君朝鮮)》이 시작될 때《자허선인(紫虛仙人)》으로 이름하고 활동을 하는 것이다.

이러한 때 5대《태우의 한웅님》막내아들로 태어난《문수보살 1세》인 《복희씨》도 반복(反復)되는 윤회(輪廻)로《석가모니 하나님 부처님》이신 18대《거불단(단웅)》(재위 2381BC~2333BC) 한웅님의 아들로 태어나《세습》으로《구막한제국(寇莫韓帝國)》을 물려받아 국호(國號)를《단군조선(檀君朝鮮)》으로 이름하고《BC 2333년》에《단군조선》을 출발시키면서《문수보살 1세》는《단군왕검(檀君王儉)》으로 자리하는 것이다. 이와 같이《문수보살 1세》가《단군왕검(檀君王儉)》이 된 후 처음 한 일이《연등불》후신(後身)인《자허선인(紫虛仙人)》과 함께《한단불교(桓檀佛敎)》를 파괴한 바탕에《북두칠성연명경》을 소의 경전으로 하는《선교(仙敎)》인《신선도(神仙道)》를 받아들이기 위한 결의를 하게 된다.

이러한 이후《한단불교(桓檀佛敎)》의 경전 중(經典中)《황제중경(皇帝中經)》에서 《왕검씨(王儉氏)》인《대마왕》《문수보살 1세》는《8괘(卦)》와《한역(韓易)》을 제외한 여타 모든 기록을《도적질》하고《대마왕》《자허선인》으로 이름한《연등불》은 한역(韓易)을《도적질》하여《28숙도(宿圖)》를《칠정운천도(七政運天圖)》로 이름을 바꾸고《칠회제신(七回祭神)》책력을 그의 전생(前生) 삶을 살았던《자부선생》이 만들었다고 파렴치한 거짓 기록을 남기고《황제중경(皇帝中經)》을 모조리 찾아 없애 버리고 이를 감추기 위해 역사(歷史) 기록도 허위로 고쳐 놓고《왕검씨(王儉氏)》는《천부경(天符經)》과《삼일신고(三一神誥)》를 출처도 밝히지 않고《신선도(神仙道)》를 위해 강설함으로써《천경신고(天經神誥)》를《하늘(天)》에서 받아 강설하는 것인 양 거들먹거리고, 이들은《권력(權力)》의 힘으로《한단불교(桓檀佛敎)》를 일순간에《선교(仙敎)》로 바꾸어《종교(宗敎)》탈취를 한 후 그가《천상(天上)》에서부터 거느리던《용자리 성단》출신의《신선(神仙)》들을 대대로《단군(檀君)》의 지위에 머물게 함으로써 완벽하게《한단불교(桓檀佛敎)》를 없애 버린 것이다.

《석가모니 하나님 부처님》께서《한민족(韓民族)》을 위해《한단불교》를 만드신 목적 중의 하나가《한국(韓國)》의 시대가 지나고《단군(檀君)》다스림의 시대 때에《단군(檀君)》들에게 올바른《진리(眞理)》의《법(法)》을 전하여 그들이《성불(成佛)》할 수 있도록 도움을 주기 위한 목적도 있었는데,《대마왕》《연등불》과《대마왕》《문수보살 1세》는 그들이《권력(權力)》을 잡자마자 이러한《석가모니 하나님 부처님》의 뜻을 정면으로 거부하고 그들의《지배욕》과《권력욕》을 채우기 위해《종교(宗敎)》탈취까지를 한 것이 오늘날의《중원 대륙》과《한반도》와《일본》등《동양 삼국》중생들을 엄청난 고통 속으로 몰아넣게 된 것이다.

한편,《자허선인》으로 이름한《대마왕》《연등불》은 모든 진리(眞理)의 법(法)들이《신선도(神仙道)》로부터 비롯된 것인 양 가장하고《왕검씨》인《대마왕》《문수보살 1세》와 함께《한단불교》종교(宗敎) 탈취를 감추기 위해《칠정운천도(七政運天圖)》와《칠회제신(七回祭神)》책력을 그의 전생(前生) 삶인《자부선생(紫府先生)》이 이를 만들었다고 허위기록을 남긴 것이 빌미가 되어 모든 사실이 들통이 나게 된 것이다.

《자부선생》때의《연등불》은《한국(韓國)》고대(古代) 국가인《구막한제국(寇莫韓帝國)》의 14대《자오지(치우) 한웅님》(재위 2707BC~2598BC) 때 활동을 한 분으로 이때《한역(韓易)》에 들어 있던《28숙도(宿圖)》와 한역(韓易)의 내용을 고쳐 적었다면 모든 사람들의 비웃음의 대상이 될 것은 명약관화한 것이며, 특히,《한웅님》다스릴 때에는 이러한 일들을 표면적으로 드러낼 수가 없는 형편이었다.《구막한제국》의 마지막《한웅님》이 18대《거불단(단웅)》(재위 2381BC~2333BC)으로 이름하신《석가모니 하나님 부처님》이시다. 이때 이전에 만약《자부선생》이 이러한 일들을 하였다면《구막한제국》이《단군왕검》에게 세습이 되지 않았을 것임을《메시아(Messiah)》가 분명히 하는 것이다.

　《단군왕검》이《한국(韓國)》을 중심한《구막한제국》을 세습 받아 국호(國號)를《단군조선(檀君朝鮮)》으로 하였음을 아울러 밝혀 두는 바이며, 이로써 그들은《권력(權力)》을 잡은 후에《한단불교》의 모든 기반을 무너뜨리고 그 토대 위에서《선교(仙敎)》의 뼈대를 세우는《종교(宗敎)》탈취를 한 자(者)들로서의《대마왕》인《연등불》과《대마왕》《문수보살 1세》였으며, 이들 뒤에는 최고의《대마왕》《다보불》이 항상 버티고 있었던 것이다.

　이러한 초기《단군조선》에서《황제중경》에 관한 기록을 남긴 것은 모두 날조되어 처음부터 의도적으로 남긴 기록들이며《단군조선》출발과 함께《황제중경》은 이미 영원히 사라진 것이며,《단군조선》이전의《한민족(韓民族)》역사는 의도적으로 그들 손에 의해 삭제되고 날조 왜곡되었음을 분명히 하며 특히,《8괘》의 원리나《28숙도》의 원리 등은《대마왕》과《악마(惡魔)의 신(神)》들인《대마왕신(神)》들이 깨우치지 못한 부분으로써 만약 그들이 이 원리를 깨우쳤다면 모두《부처(佛)》를 이루고 그러한 짓을 하지 않았을 것이기 때문이다.

　그리고《대마왕》《왕검씨》로 이름하였던《문수보살 1세》가《도적질》하여 자기 것으로 만든《황제중경》의 부분과《대마왕》인《자허선인》으로 이름하였던《연등불》이《도적질》한《한역(韓易)》등은 모두《황제중경(皇帝中經)》에 기록된《석가모니 하나님 부처님》창작물로써《한단불교(桓檀佛》

敎)》의 자랑스러운 문화유산이다. 이러한 문화유산이 《한민족(韓民族)》에게 내린《천상(天上)》의 크나큰 축복의 의미가 담겨 있음을 《메시아(Messiah)》이신 《미륵불》이 분명히 밝혀 두는 바이며, 이때 이들에 의해 단행된 《한단불교(桓檀佛敎)》말살 정책이 《지상(地上)》의 인간 무리들로 봐서는 엄청난 불행(不幸)을 가져오게 된 원인이 되었다는 점을 깊이 인식하시기 바란다.

(1) [단군조선(檀君朝鮮)의 역사(歷史) 왜곡의 실상(實相) 정리]

지금까지의 설명에서 드러난 《단군조선(檀君朝鮮)》에서 행(行)한 역사(歷史) 왜곡으로 《한민족(韓民族)》들에게 위해(危害)를 가한 내용을 묶어 정리하면 다음과 같다.

① 한국(桓國)과 《배달국(倍達國)》과 《한국(韓國)》에 대한 역사 기록 삭제
② 신시(神市) 세 곳과 《구막한제국(寇莫韓帝國)》에 대한 역사 기록 삭제
③ 한단불교(桓檀佛敎) 기록 삭제
④ 《1국(國)》《3체제》《구한(九桓)》의 체제 해체
⑤ 신선도(神仙道)로써 《기복신앙(新福信仰)》심화
⑥ 한문(韓文) 문자(文字) 창작(創作)의 연원 삭제
⑦ 황제중경(皇帝中經) 없앰
⑧ 황제내경(皇帝內經) 의술서 전락 방관
⑨ 한민족(韓民族) 발흥(發興)을 저지하기 위한 《참성단》 건립
⑩ 한문(韓文)의 발음문자인 《36자(字)》《가림토 문자》를 철폐함으로써 삭제

이와 같은 엄청난 일들을 《단군조선(檀君朝鮮)》에서 행(行)하였음을 차제에 깊이 인식하시기 바란다.

사정이 이러함에도 이러한 일들을 모르는 《대한민국(大韓民國)》의 여러 기관들에서는 년년(年年)의 연호를 《단기(檀紀)》와 《서기(西紀)》로 병용하여 쓰고 있는데, 천상(天上)의 비밀한 뜻이 《미륵불(彌勒佛, Maitreya Buddha)》에 의해 밝혀지는 지금의 때로 봐서는 《단기(檀紀)》의 사용은 《민족(民族)》《자존(自尊)》을 위하여서라도 당장 철폐되어야 하며, 《한민족(韓民族)》에게는 《BC 3898년》에 《한국(韓國)》을 세운 《한기(韓紀)》가 분명히 따로 존재하는 것이며, 《문수보살 1세》인 《단군왕검(檀君王儉)》은 《한민족(韓民族)》의 최고 조상이 아닌 《선비족(鮮卑族)》의 최고 조상임을 분명히 밝혀 두는 바이며, 이러한 《왕검씨(王儉氏)》가 《한민족(韓民族)》들을 구렁텅이로 몰아넣은 주범들 중 한 명임을 분명히 하니 뜻있는 분들은 하루빨리 《한기(韓紀)》를 바로 찾아 민족자존을 바로 세우시기를 간절히 바란다.

2. 한단불교(桓檀佛敎)와 브라만교(敎)(바라문교)

《수메르 문명》(5200BC~4100BC) 마지막 왕(王)이 10대 《진 수두(지우스드라, Ziusudra)》로서 《문수보살 1세》이다. 이러한 《문수보살 1세》인 《진 수두(Ziusudra)》(재위 4200BC~4100BC)가 그의 임기가 끝나갈 무렵 《석가모니 하나님 부처님》의 허락도 없이 때에 최고 《악마(惡魔)의 신(神)》《비로자나 1세》의 지시로 《수메르 문명》 주력 세력들 중 《석가모니 하나님 부처님》 직계 후손들로서 음(陰)의 곰족(熊族)들인 《사카족》을 인솔하여 《BC 4100년》 남중부 메소포타미아에 자리하였던 《수메르 문명》 지역을 출발하여 《인도》 서북쪽 국경을 넘어 들어가서 《아리안족(Aryans)》으로 이름되는 《사카족(Sakas)》들을 정착시키게 된다.

이러한 이후 《문수보살 1세》는 《사카족》 중에서 건장한 무리 《3,000》을 선발하여 남쪽으로는 《동북 만주 지방》으로부터 북쪽 《야쿠티아 자치 공화국(Yakutia Republic 또는 Sakha Republic)》과 서쪽 《예니세이강(Yenisei river)》과 동쪽 《사할린(Sakhalin)》이 있는 곳으로 가서 《BC 4050년 ~ BC 3550년》까지 《500년》 동안 그의 후손들을 교화(敎化)하여 《선비국(통고사국)》으로 거듭 태어나게 한 후 반복(反復)되는 윤회(輪廻)로 《한국(韓國)》을 중심한 《구막한제국(寇莫韓帝國)》 5대 《태우의 한웅님》(재위 3512BC~3419BC)이신 《석가모니 하나님 부처님》의 막내아들로 태어나서《복희씨》로 이름한다.

　때에《석가모니 하나님 부처님》이신《태우의 한웅님》께서《4대 경전(經典)》인《천부경(天符經)》,《삼일신고(三一神誥)》,《황제중경(皇帝中經)》,《황제내경(皇帝內經)》을 소의 경전으로 하여《한단불교(桓檀佛敎)》를 창시(創始)하시게 된다. 이러한 이후《석가모니 하나님 부처님》이신 5대《태우의 한웅님》께서는 지난 세월《문수보살 1세》가《아리안족(Aryans)》으로도 이름된《사카족(Sakas)》을 이끌고 인도 서북 지방으로 들어와서 이들을 안착시킨 인연으로 막내아들인《복희씨》로 이름하고 태어난《문수보살 1세》로 하여금《한단불교(桓檀佛敎)》4대 경전(經典)을《인도》의《사카족》들에게 전하여 줄 것을 명령하시는 것이다. 이로써《복희씨》로 이름된《문수보살 1세》는《한단불교(桓檀佛敎)》4대 경전(經典)을《BC 3450년》에《사카족》들에게 전달하는 것이다.

　이로써 이후《한국(韓國)》을 중심한《구막한제국(寇莫韓帝國)》에서 육신(肉身)의 죽음을 맞이하신《석가모니 하나님 부처님》이신《태우의 한웅님》께서는 반복(反復)되는 윤회(輪廻)로 곧바로《인도》의《인드라프라스타(Indraprastha)》의 왕(王)《유디스티라(Yudhisthira)》(생몰 3418BC~3347BC)로 이름하시고 재탄생이 되신다. 이렇게 하여 재탄생이 되신《유디스티라(Yudhisthira)》왕으로 이름하신《석가모니 하나님 부처님》께서는 때에《사카족》으로 이름한《아리안족》에 전하여졌던《한단불교(桓檀佛敎)》4대 경전(經典)을《인도인》들의 정서(情緖)에 맞도록《산스크리트어(語)》로 쉽게 풀어서 기록하고 이를《리그베다》로 이름하고《BC 3370년》에《브라만교(Brahmanism)》를 창시(創始)하심으로써《한단불교(桓檀佛敎)》를 이름만 바꾸어《브라만교(敎)》로 고스란히 옮겨 놓으신 것이다. 즉, 경전(經典)의 형식과 명칭만 다를 뿐이지 그 뜻은 똑같은《석가모니 하나님 부처님》의 한뜻으로써《인도판》《브라만교(敎)》가 곧《한단불교(桓檀佛敎)》임을《미륵불》이신《메시아(Messiah)》가 분명히 하는 것이다.

《인도》가 《구한(九桓)》 중의 하나인 《매구여국(직구다국)》으로써 《한민족(韓民族)》 국가 중의 하나임을 밝혀 왔다. 이러한 《인도》 역시 《한민족(韓民族)》 역사 파괴의 피해를 심각하게 입은 나라로써 지금 전하여져 오는 《인도》의 역사 대부분은 심하게 왜곡되어 《진실(眞實)》성이 없다. 특히, 《한단불교(桓檀佛敎)》를 없앤 《대마왕》 불보살들인 고대 인도에서 《마누(Manu)》로 이름된 《다보불》과 《문수보살 1세》와 《연등불》 등과 최고 《악마의 신》인 《대마왕신(神)》《비로자나 1세》와 《석가모니》 등이 반복(反復)되는 윤회(輪廻)로 《인도》 땅에 태어나서 《인도》의 역사를 파괴하고 왜곡하여 엉터리 기록들만 남겨 놓음으로써 오늘날 전하여져 오는 《브라만교(敎)》의 역사를 《한단불교(桓檀佛敎)》와의 연결고리 차단을 위해 《BC 1500년》대의 종교(宗敎)로 기록하는 파렴치한 거짓 기록을 남겨 놓고 있는 것이다. 분명히 말씀 드리되, 《브라만교(敎)》는 《인도판》《한단불교(桓檀佛敎)》로써 《BC 3370년》에 《석가모니 하나님 부처님》께서 《유디스티라(Yudhisthira)》 왕으로 이름하고 창시(創始)하신 종교(宗敎)라는 점을 분명히 하는 것이다.

그리고 《바라문교(敎, 브라만교)》 경전(經典)인 《리그베다(Rig Veda)》에 있어서 《상히타(Samhita, 本集)》는 《천부경(天符經) 81자(字)》를 풀어서 쓰신 것이며, 《브라흐마나(Brahmana, 梵書)》는 《삼일신고(三一神誥)》를 풀어서 쓰신 경(經)이며 《아란야카(Aranyaka, 森林書)》는 《황제중경(皇帝中經)》을 풀어서 쓰신 경(經)이며, 《우파니샤드(Upanishad, 奧義書)》는 《황제내경(皇帝內經)》 내용을 깨달은 불보살(佛菩薩)들이 스스로 깨달은 내용을 《법인가(法印可)》를 위해 《석가모니 하나님 부처님》께 시간 차이를 두고 《논문(論文)》 제출하듯이 한 것을 한데 묶어 《우파니샤드(Upanishads)》라고 한 것이다. 이러한 《우파니샤드》 중 《브리하다란야까(Brihadaranyaka)》 우파니샤드는 이 글을 쓰고 있는 《미륵불》이 쓰신 경(經)임을 밝혀 두는 바이다. 그리고 이와 같이 일찍부터 《브라만교(敎)》가 자리한 《인도》는 《음(陰)》의 《곰족(熊族)》과 《스키타이》와 《구려족》 등 셋이 하나된 전형적인 《한민족(韓民族)》들의 나라로써 《한반도(韓半島)》《한민족(韓民族)》들의 나라들보다 더 오랜 역사(歷史)를 가진 중요한 나라 중의 하나라는 점을 깊이 인식하시기 바란다.

3. 천부수리(天符數理)와 천부진리(天符眞理)

[1] 천부수리(天符數理)

우주간의 모든 인간계가 있는 곳의 공통 용어는 수(數)이다. 이 수(數)도 자연수인 1, 2, 3, 4, 5, 6, 7, 8, 9, 10의 합(合)의 수(數) 각각이 단지 수(數)의 개념만 가지고 이합집산으로 학문적인 이를 밝힐 때 이를 수학(數學)이라고 한다면, 자연수 각각이 갖는 리(理) 즉, 이치의 뜻을 갖는 뜻말이 포함되어 있는 것을 수리(數理)라 한다.

예를 들면, 1+2=3이다. 이때의 3은 수(數)의 개념도 가지나 수리(數理)의 개념도 가진다. 수리(數理)의 개념에서는 3과 이 3이 음양(陰陽) 분리된 (-3, +3)도 되는데 음양합일(陰陽合一)된 3을 불(佛)의 진신(眞身)의 3성(星)을 나타낼 때 이름하며, 음양(陰陽) 분리된 +3을 불(佛)의 진신(眞身)의 수(數) ⊕3이라고 이름한다. 이를 《예》를 들어 설명을 드리면, 우리들의 태양성(太陽星)의 시각적인 수명이 100억 년(億年)이다. 이 100억 년을 엄격히 구분하면 왕성한 활동 기간이 50억 년, 물질 분출 기간이 50억 년이 되나 물질 분출 기간 초기 5억 년은 태양성(太陽星)의 핵(核)이 태양풍(太陽風)이나 흑점 활동 등으로 인하여 외부로 빠져나와 태양성의 회전 방향의 길을 따라 분출되어 새로운 암흑물질과 활발한 삼합(三合) 활동으로 기초 원소를 만들 때이다. 이 기간까지를 일반적으로 왕성한 활동기로 보기 때문에 100억 년 중 55억 년까지를 왕성한 활동기로 보며 나머지 45억 년이 자체 수축기로써 이때에 많은 질량을 밖으로 밀어낸다. 왕성한 활동기 55억 년 중 초기 5억 년 동안 태양풍(太陽風)이나 흑점 활동으로 인하여 외부로 분출된 ⊕3은 상기 음양 분리된 ⊕3이 암흑물질과 활발한 삼합(三合) 활동을 함으로써 다시 태양성(太陽星)의 핵(核)으로 자라나는 기간을 가진다. 이때의 ⊕3을 불(佛)의 진신(眞身)의 수(數) ⊕3이라고 하며 이후 이 진신(眞身)의 ⊕3이 자라나서 다시 태양성으로 잉태되어 짝별인 2성(星)을 거느릴 때 이를 불(佛)의 진신(眞身)의 3성(星)이라고 하며 우리들 태양계로 봐서는 태양성(太陽星), 수성(水星), 금성(金星)의 3성(星)이 노사나佛 진신(眞身)의 3성(星)이 된다. 이와 같이 변화되는 이치를 가진 수(數)를 수(數)의 리(理)로써 수리(數理)라고 한다.

이와 같이 자연수인 1, 2, 3, 4, 5, 6, 7, 8, 9, 10까지의 수(數)에서 자연수 각각이 갖는 리(理) 즉, 이치의 뜻말이 포함되어 있는 것을 수리(數理)라고 하며, 《석가모니 하나님 부처님》께서 남기신 《천부경(天符經)》, 《삼일신고(三一神誥)》, 《황제중경(皇帝中經)》, 《황제내경》 등 《한단불교(桓檀佛敎)》 4대 경전(四大經典) 및 《묘법화경(妙法華經)》, 《무량의경(無量義經)》, 《관보현보살행법경(觀普賢菩薩行法經)》, 《정본(正本) 반야바라밀다심경(般若波羅蜜多心經)》 등 《보살불교(菩薩佛敎)》 4대 경전(四大經典)이 수리(數理)가 바탕이 되어 있다. 이러한 수리(數理)를 《천부수리(天符數理)》라고 하며 이 《천부수리(天符數理)》가 수학 공식처럼 앞뒤가 맞느냐 맞지 않느냐에 따라 경전(經典)의 왜곡이 판가름나는 중요한 잣대가 된다.

《석가모니 하나님 부처님》께서 남기신 경전(經典)은 모두 네 가지의 뜻

을 담아 법(法)을 전하시게 되는데 그 네 가지 뜻이란,

첫째, 문자(文字) 반야로써 글뜻 그대로를 전하셨고,
둘째는 수리(數理)로써 우주(宇宙) 운행의 이치를 밝혀 놓았으며,
셋째는 수리(數理)가 가진 뜻풀이로써 그때그때의 우주적 상
   황 변화를 설명하고 계시며,
넷째는 수리와 문자반야의 혼합으로 수리의 뜻과는 전혀 다
   른 뜻을 설명하고 계신다.

이와 같은 4가지 원칙이《석가모니 하나님 부처님》께서 남기신 경전(經典)의 기본 뿌리로써 자리하고 있음을 깊이 인식하시기 바란다.

[2] 천부진리(天符眞理)

《삼일신고(三一神誥)》는 총 삼백육십육자로 이루어져 있다. 이러한 《삼일신고(三一神誥)》 한문경(韓文經) 《366자(字)》 각각의 문자(文字)에는 《천부수리(天符數理)》가 내재(內在)되어 있다. 이와 같은 《천부수리(天符數理)》 중 단위 문자에 들어있는 《문자 획수(文字劃數)》에 따른 《천부수리(天符數理)》를 드러내어 해설(解說)을 한 내용을 《천부진리(天符眞理)》 또는 《근본진리(根本眞理)》라고 하는 것이다. 이러한 《근본진리(根本眞理)》 한 가지 《예》를 들어 설명 드리고 다음을 진행하겠다.

(1) 자구(字句) 획수 수리(數理) 풀이에 의한 근본진리(根本眞理)

① | 帝 | 日 | 爾 | 五 | 加 | 众 |
   | 제 | 왈 | 이 | 오 | 가 | 중 |
   | 9 | 4 | 14 | 4 | 5 | 6 |

가> 자구(字句) 획수 수리(數理) 풀이

ㄱ> 帝(제) : 9획

9의 수리(數理)는 십거(+鉅)가 끝난 후의 상천궁(上天宮) 9성(星)을 뜻하는 수리이다.

ㄴ> 日(왈) : 4획

4의 수리(數理)는 석가모니 하나님 부처님 용(用)의 수(數) 4를 뜻하는 수리이다.

ㄷ> 爾(이) : 14획

14의 수리(數理)는 5와 9의 수리의 합수(合數)로써 5의 수리(數理)는 시계 방향의 회전인 1-3-1의 길을 뜻하며 9의 수리(數理)는 아미타불(佛)께서 이루신 태양수(太陽數) ⊕9의 핵(核)을 가진 천궁(天宮)을 뜻하는 수리이다.

ㄹ> 五(오) : 4획

4의 수리는 불(佛)의 용(用)의 수(數) 4로써 관음불(佛)을 뜻하는 수리이다.

ㅁ> 加(가) : 5획

5의 수리는 천일우주(天一宇宙) 1-3-1의 길을 뜻하는 수리이다.

ㅂ> 众(중) :6획

6의 수리는 여섯 뿌리의 상대 개념인 여섯 가지의 우주를 뜻하는 수리이다.

나> 근본진리(根本眞理)

※ 근본진리는 지구 획수 수리 풀이의 종합이 된다.

> 상천궁(上天宮) 9성(星)은 석가모니 하나님 부처님의 화(化)이며 이와 연결을 이룬 1-3-1의 길에서 아미타불(佛)의 태양수(太陽數) ⊕9는 관음불(佛)과 함께 자리하심으로써 1-3-1의 길을 이루고 여섯 가지의 우주를 이루신 것이다.

※ 註 :

상기(上記) 《예》에서와 같이 부분적으로 《천부수리(天符數理)》에 의한 《천부진리(天符眞理)》가 느러나는 것이나. 이와 같은 《천부수리(天符數理)》에 의한 《천부진리(天符眞理)》를 드러내고자 할 때 현존우주(現存宇宙) 운행(運行)에 달통(達通)하지 않으면 도출할 수 없는 것이 《천부진리(天符眞理)》이다. 때문에 이러한 《천부진리(天符眞理)》를 드러낼 수 있는 부처님(佛)들도 몇몇에 한정이 되어 있다. 특히,《대마왕(大魔王)》불보살(佛菩薩)들이나 최고의《악마(惡魔)의 신(神)》들인《비로자나》나《석가모니》등《대마왕신(神)》들은 감히 접근을 하지 못하는 분야가《천부수리(天符數理)》에 의한《천부진리(天符眞理)》이다.

때문에《삼일신고(三一神誥)》를 공부하시는 분들께 당부 드리는 바는《천부수리(天符數理)》에 대하여는 연연하시지 말고 그 결과가 드러난《천부진리(天符眞理)》에 대하여 열심히 공부하고 사유하시라고 당부 드리는 것이다. 이와 같은《천부진리(天符眞理)》공부가《성불(成佛)》하는 데에는 최고의 공부라는 점을 밝혀 드리는 것이다. 그리고 현재《메시아(Messiah)》이신《미륵불》이 진행하고 있는《삼일신고(三一神誥)》해설에는《경(經)》에 숨겨진 《천부진리(天符眞理)》를 드러내기 위해 그 근거로써《천부수리(天符數理)》를 드러내어 놓은 것임을 이해하시기 바라며《천부수리(天符數理)》에 의한《천부진리(天符眞理)》가 내재된 경(經)은《악마(惡魔)》들과《마왕(魔王)》무리들 모두들 물리치는 신비한 힘(力)이 있음을 아울러 밝혀 두는 바이다.

제 2 부

삼일신고(三一神誥)

한문경(韓文經)
한글경
근본진리(根本眞理)

1. 삼일신고(三一神誥) 한문경(韓文經)

한문경(韓文經)

三一神誥 總三百六十六字
삼일신고 총삼백육십육자

第一章 虛空三十六字
제일장 허공삼십육자

帝曰 爾五加众 (제왈 이오가중)

蒼蒼非天 玄玄非天 (창창비천 현현비천)

天无形質 无端倪 (천무형질 무단예)

无上下四方 (무상하사방)

虛虛空空 无不在 无不容 (허허공공 무부재 무불용)

第二章 一神五十一字
제이장 일신오십일자

神在上一位 (신재무상일위)

有大德 大慧大力 (유대덕 대혜대력)

生天主无數 世界 (생천주무수 세계)

造牪牪物 (조신신물)

織塵厃漏 (섬진무루)

昭昭皕皕 (소소영영)

不敢名量 (불감명량)

聲氣願禱 絶親見 (성기원도 절친견)

自性求子 降在爾刲 (자성구자 강재이뇌)

第三章 天宮四十字
제삼장 천궁사십자

天䄛國有天宮 (천신국유천궁)

階萬善 門萬德 (계만선 문만덕)

一䄛 攸居 (일신 유거)

羣䴆諸䶜護侍 (군령제철호시)

大吉祥 (대길상)

大光明處 (대광명처)

惟性通功完者 (유성통공완자)

朝 永得快樂 (조 영득쾌락)

第四章 世界七十二字
제사장 세계칠십이자

爾觀森列 (이관삼열)

星辰數旡盡 (성진수무진)

大小明暗 苦樂不同 (대소명암 고락부동)

一神 造羣 世界 (일신 조군 세계)

神 勅日世界使者 (신 칙일세계사자)

牽 七百世界 (할 칠백세계)

爾地自大 一凡世界 (이지자대 일범세계)

中火震蘯 海幻陸遷 (중화진탕 해환육천)

乃成見像 (내성현상)

呵氣包底 (신가기포저)

煦日色熱 (후일색열)

行翥化游栽 (행저화유재)

物繁殖 (물번식)

第五章 人物一百六十七字
제오장 인물일백육십칠자

人物同受三眞 (인물동수삼진)

惟众迷地 (유중미지)

三妄着根 (삼망착근)

眞妄對作三途 (진망대작삼도)

曰性命精 (왈성명정)

人全之 物偏之 (인전지 물편지)

眞性 善旡惡 上嚞通 (진성 선무악 상철통)

眞命 淸无濁 中嚞知 (진명 청무탁 중철지)
眞精 厚无薄 下嚞保 (진정 후무박 하철보)
返眞一神 (반진일신)
曰心氣身 (왈심기신)
心依性 有善惡善福惡禍 (심의성 유선악선복악화)
氣依命 有淸濁淸壽濁夭 (기의명 유청탁청수탁요)
身依精 有厚薄 厚貴薄賤 (신의정 유후박 후귀박천)
曰感息觸 (왈감식촉)
轉成十八境 (전성십팔경)
感喜懼哀怒貪厭 (감희구애로탐염)
息芬彌寒熱震濕 (식분란한열진습)
解聲色臭味淫抵众 (촉성색취미음저중)
善惡淸濁厚薄相雜 (선악청탁후박상잡)
從境途任走 (종경도임주)
墮生長肖病歿苦 (타생장소병몰고)
嚞止感 調息 禁解 (철지감 조식 금촉)
一意化行 改妄卽眞 (일의화행 개망즉진)
發大神機 性通功完是 (발대신기 성통공완시)

2. 삼일신고(三一神誥) 한글경

한글경

삼일신고 총삼백육십육자

제일장 허공삼십육자

제(帝)께서 말씀하시기를 너희 오가들아 푸르고 푸른 것이 하늘이 아니고 검고 검은 것이 하늘이 아니니라. 하늘은 모양도 질량도 끝도 가도 없으며 아래 위 동서남북도 없으며 텅텅 빈 하늘은 있지 않는 곳이 없고 용납하지 않는 것이 없느니라.

제이장 일신오십일자

하나님은 위없는 첫 자리에 계시어 큰 덕과 큰 지혜와 큰 힘을 지니시니 하늘을 생기게 하시고 수없는 세계의 주인이 되시어 수많은 물건을 창조하시며 가느다란 티끌도 빠뜨림 없이 밝고도 밝으며 신령하시어 감히 이름하여 헤아릴 수가 없다. 소리 내어 기로써 원하고 기도드리면 반드시 친견할 수 있으니 너의 성(性)으로부터 하나님의 아들을 찾도록 하라 너의 머릿속에 내려와 계시느니라.

제삼장 천궁사십자

하늘은 하나님의 나라이니 하나님의 궁전이 있으며 만 가지 착함이라야 하나님 궁전 계단을 오를 수 있고 만 가지 덕을 쌓아야 하나님 궁전 문을 들어설 수 있느니라. 하나님이 계신 곳을 많은 신령과 밝은 이들이 보호하고 모시고 있으니 크게 길하고 상서로우며 큰 빛으로 밝은 곳이니라. 오로지 성(性)을 통하고 힘들여 이루어낸 결과가 완전한 사람만 이 영원한 즐거움을 얻게 되리라.

제사장 세계칠십이자

너희들은 총총하게 널려 있는 별들을 보아라. 그 별들이 수가 다함이 없으며 크고 작고 밝고 어두우며 고통스럽고 즐거운 것이 모두 같은 것이 없느니라. 하나님께서 무리의 세계를 만드시고 태양이 비추는 세계를 다스릴 사람을 시켜 칠백 세계를 거느리게 하시니 너희들 땅덩어리가 스스로 큰 듯해도 하나의 평범한 세계일 따름이다. 불덩어리 가운데서 진동하여 흔들려 바다로 변하고 육지를 옮겨 이에 지금 보이는 현상이 이루어진 것이며 하나님께서 기운을 불어넣어 바닥까지 감싸시고 햇빛을 비추어 열로써 색깔을 내시니 걸어 다니고 날아다니고 탈바꿈하고 헤엄치는 것을 헤아림으로써 만물이 많이 불어나고 늘어서 퍼졌느니라.

제오장 인물일백육십칠자

사람과 만물이 한 가지로 받으나, 삼진(三眞)을 생각하면 사람들이 땅 위에 살면서 미혹에 빠져, 삼망이 뿌리에 붙음으로, 삼진과 삼망이 삼도에서 대작하게 되었다. 가로되 성과 명과 정으로 인간은 온전하게 받고 만물은 편중되게 받았으니 진성은 착함이니 악함이 없어 상철이 통하고 진명은 맑음이니 흐림이 없어 중철인이 이를 알고 진정은 후함이니 박함이 없어 하철인이 이를 보전하며 삼진을 하나로 하여 하나님에게 되돌리는 것이다. 가로되 마음과 기와 몸은 마음은 성(性)에 의지하여 선과 악을 가지고 있으니 선하면 복이 되고 악하면 화를 입는다. 기(氣)는 명(命)에 의지하여 맑음과 탁함을 가지고 있으니 맑으면 오래 살고 탁하면 일찍 죽는다. 몸은 정(精)에 의지하여 후함과 박함을 가지고 있으나 후하면 길하고 박하면 천하다. 가로되 느낌과 호흡과 촉감이 함께 굴러서 열여덟 가지 경계를 이루느니라. 느낌은 기쁨, 놀람, 슬픔, 성냄, 욕심냄, 미워함이며 호흡은 분기, 란기, 한기, 열기, 진기, 습기이며 촉감은 소리와 색깔과 냄새와 맛과 성욕의 접촉이다. 착함과 악함과 맑음과 흐림과 후함과 박함이 서로 뒤섞이어 갈림길의 경계를 넘어 멋대로 달리다가 낳고 자라고 병들고 죽고 고통 받는 등의 나락으로 떨어지니 밝은 사람은 느낌을 그치고 호흡을 조절하고 촉감을 금하여 오직 하나님의 뜻으로 화(化)하여 나아감으로써 헛됨을 바꾸니 이는 곧 참됨이니 빛이 크게 일어나는 기틀이 되어 성(性)을 통하는 힘들여 노력한 결과가 완성이 되는 것이다.

3. 삼일신고(三一神誥) 근본진리(根本眞理)

근본진리(根本眞理)

『三一神誥 總三百六十六字』
삼일신고 총삼백육십육자

여섯 뿌리 진공(眞空)을 바탕으로 한 360의 성단(星團)들

제일장(第一章) 대공(大空)

상천궁(上天宮) 9성(星)은 석가모니 하나님 부처님의 화(化)이며 이와 연결을 이룬 1-3-1의 길에서 아미타불(佛)의 태양수(太陽數) ⊕9는 관음불(佛)과 함께 자리하심으로써 1-3-1의 길을 이루고 여섯 가지의 우주를 이루신 것이다.

『帝曰
爾五加众』
제왈
이오가중

이러한 가운데 4-1의 길을 노사나불(佛) 태양수(太陽數) 9가 이루게 되고 1-3-1의 길에서는 다보불(佛)의 태양수(太陽數) ⊕9가 두우성(斗牛星) 8성(星)을 3-1의 길을 이루고 탄생시킴으로써 4-1의 길과 1-3-1의 길이 이루어져 두우성 8성(星)에는 다보불(佛)께서 자리하시는 것이다.

『蒼蒼非天
玄玄非天』
창창비천
현현비천

일월등명불(佛)과 몸을 나누신 노사나불(佛)께서 북두칠성(北斗七星)을 태양수(太陽數) 9와 태음수(太陰數) 6의 작용으로 만드실 때 다보불(佛)께서는 1-3-1의 길에서 태양수(太陽數) 9를 이룸으로써 천일궁(天一宮) 10의 궁(宮)을 완성하시게 되는 것이다.

『天旡形質
旡端倪』
천무형질
무단예

석가모니 하나님 부처님의 상천궁(上天宮) 육신성(肉身星) 삼성(三星)이 탈겁하여 다보불(佛) 진신삼성(眞身三星)으로 재잉태되어 1-3-1의 길을 이루고 다보불(佛)께서 자리하신 것이다.

『无上下四方』
무상하사방

여섯 뿌리와 여섯 가지의 관계를 이룬 다보불(佛) 진신삼성(眞身三星)의 태양수(太陽數) 9는 물질 분출 후 8성(星)을 이루게 되며 이러한 두우성(斗牛星) 8성(星)은 다보불(佛)께서 석가모니 하나님 부처님의 상천궁(上天宮)으로부터 3-1의 길을 이루고 자리한 것이며 이로써 일월등명불(佛)을 중심으로 천일궁(天一宮) 10의 궁(宮)을 이루는 것이다.

『虛虛空空无不在无不容』
허허공공
무부재
무불용

제이장(第二章) 석가모니 하나님 부처님 여섯 뿌리와 태양수(太陽數) 9에 의한 오행(五行)의 작용

북두칠성과 두우성 8성이 만들어지는 중반 무렵, 상천궁(上天宮)으로부터 시작된 1-3의 길을 따라 노사나불(佛) 진신 ⊕3이 현재의 북극성으로부터 탈겁하여 천궁(天宮)을 이루어 지일(地一)을 이룬다.

『殖在无上一位』
신재무상일위

여섯 가지의 우주를 이루게 되는 노사나불(佛) 진신 ⊕3이 천궁을 이루게 되는 것은 지(地)의 우주 태양수 9와 태음수 6의 작용으로 (북두칠성의) 노사나불(佛) 진신 3성이 만들어지고 인(人)의 우주 태양수 9와 태음수 6의 작용으로 다보불(佛) 진신 3성(星)이 탄생됨으로써 노사나불(佛)과 다보불(佛) 두 분이 자리하신 이후가 되는 것이다.

『有大德 大慧大力』
유대덕
대혜대력

이후 4-1의 길을 이룬 노사나불(佛)과 1-3-1의 길을 이룬 다보불(佛)께서는 각각 북두칠성과 두우성 8성을 이룬 것이며, 4-1의 길 축으로는 태양수 9를 가진 북극성이 자리한 것이다.

『生天主无
數世界』
생천주무
수세계

상천궁은 한때 11성(星)을 이룬 적이 있으며 천일우주가 만들어질 때 상천궁의 석가모니 하나님 부처님 육신성 삼성(三星)으로부터 출발한 태양수 ⊕9가 천궁(天宮)을 이루고 최종 두우성 8성(星)을 이루는 것이다.

『造稙稙物』
조신신물

상천궁(上天宮) 1-3의 길에서 십거일적(十鋸一積) 함으로써 1-3-1의 길 다보불(佛) 태양수(太陽數) 9가 잉태되며 노사나불(佛)께서는 4-1의 길에서 태양수 9를 이루는 것이다.

『纖塵无漏』
섬진무루

노사나불(佛) 태양수(太陽數) 9와 다보불(佛) 태양수(太陽數) 9가 탈겁(脫劫)을 함으로써 1-3-1의 길을 이루고 노사나불(佛) 태양수(太陽數) ⊕9의 천궁(天宮)이 이루어지며 같은 1-3-1의 길에서 다보불(佛) 태양수(太陽數) ⊕9의 천궁(天宮)도 이루어지는 것이다.

『昭昭皕皕』
소소영영

이로써 일월등명불(佛)이 중심이 된 천일우주(天一宇宙)에서 여섯 가지의 우주로 자리하게 되며, 지일(地一)이 1-3-1의 길에서 자리하게 된 것이다.

『不敢名量』
불감명량

두우성 8성을 이룬 다보불(佛)의 태양수(太陽數) 9는 상천궁(上天宮) 10의 궁(宮)으로부터 십거일적(十鋸一積)에 의해 만들어진 후 다시 십거일적의 과정으로 돌입한 것이며 천일우주(天一宇宙)에서 태양수(太陽數) ⊕9를 이룬 노사나불(佛) 지일(地一)의 천궁은 이후 양(陽)의 지일(地一)의 7성으로 탄생되는 것이다.

『聲氣願禱
絕親見』
성기원도
절친견

여섯 가지의 우주 일원이 된 두우성(斗牛星) 8성(星)은 상천궁(上天宮)의 석가모니 하나님 부처님 육신성(肉身星) 3성(星)이 탈겁(脫劫)하여 태양수(太陽數) 9를 이룸으로써 만들어진 것이며 이로써 상천궁(上天宮)으로부터 1-3-1 의 길을 이루고 노사나불(佛) 태양수(太陽數) 9와 함께 천일궁(天一宮) 10의 궁(宮)을 이룬 것이다.

『自性求子
降在爾制』
자성구자
강재이뇌

제삼장(第三章) 천일일(天--) 우주의 완성

석가모니 하나님 부처님께서 태양수(太陽數) ⊕9와 태음수(太陰數) ⊕6의 작용으로 1-3-1의 길을 이루시고 천일일(天--) 우주를 이루심으로써 상천궁(上天宮) 1-3의 길에 있는 천일궁(天-宮) 10의 궁(宮)과 연결을 이루고 자리하신 것이다.

『天神國有天宮』
천신국유천궁

천일우주(天-宇宙)에서 1-3의 길을 따르던 다보불(佛) 태양수(太陽數) ⊕9의 천궁(天宮)은 여섯 뿌리가 자리한 천일일(天--) 우주에서 8의 우주 천궁(天宮)으로 자리함으로써 1-3의 길을 이룬 석가모니 하나님 부처님 태양수(太陽數) ⊕9를 중심으로 합일(合一)을 이루게 됨으로써 지일(地一)의 천궁(天宮)과 8의 우주 천궁(天宮)이 상호 작용을 하게 된다.

『階萬善
門萬德』
계만선
문만덕

이로써 석가모니 하나님 부처님을 중심으로 하여 태양수(太陽數) ⊕9와 태음수(太陰數) ⊕6의 작용을 지일(地一)의 천궁(天宮)과 8의 우주 천궁(天宮)이 하게 되는 것이다.

『一神攸居』
일신유거

노사나불(佛)의 태양수(太陽數) ⊕9의 천궁(天宮)은 지일일(地--) 우주를 탄생시키기 위해 성단(星團) 재편성을 하여 지일(地一)의 태양수(太陽數) ⊕9의 천궁(天宮)으로 거듭나며

『羣靈諸喆護侍』
군령제철호시

또한 천일일(天一一) 우주에서 석가모니 하나님 부처님과 다보불(佛)께서 십거일적(十鉅一積)의 과정에서 영육(靈肉) 일치를 이루심으로써 8의 우주 천궁(天宮)이 만들어지는 것이다.

이후 노사나불(佛)의 진신삼성(眞身三星)이 탄생됨으로써 1-4-1의 길이 이루어져 연등불(佛)을 중심으로 하여 노사나불(佛)께서 태양수(太陽數) 9를 이루고 자리하시는 것이다.

『大吉祥』
대길상

이때 석가모니 하나님 부처님의 진신삼성(眞身三星)은 인일일(人一一) 우주의 자리로 이동한 8의 우주 천궁(天宮)이 1-3-1의 길을 이루고 인일이(人一二) 우주를 이룸으로써 탄생이 되는 것이다.

『大光明處』
대광명처

인일일(人一一) 우주와 연결된 1-3-1의 길에서 8의 우주인 지구(地球), 달(月), 화성(火星)이 탄생하며, 이때 태양수(太陽數) 9를 이루신 석가모니 하나님 부처님과 다보불(佛)께서 분리되시어 자리하시게 되며 1-4의 길에서는 지일이(地一二) 우주를 노사나불(佛) 태양수(太陽數) 9가 완성하시는 것이다.

『惟性通功完者』
유성통공완자

노사나불(佛) 진신(眞身) 삼성(三星)인 태양성(太陽星), 수성(水星), 금성(金星)이 이룬 태양수(太陽數) 9가 1-4의 길을 이룸으로써 노사나불(佛)의 지일(地一)과 북두칠성(北斗七星)이 연결되는 길을 비로소 갖게 된다. 이로써 노사나불(佛)의 태양수(太陽數) 9는 1-4-1의 길을 이루게 되는 것이다.

『朝 永得快樂』
조 영득쾌락

제사장(第四章) 지일일(地一一), 지일이(地一二) 우주의 세계와 인일일(人一一), 인일이(人一二), 인일삼(人一三) 우주의 세계

1-3-1의 길에서 노사나불(佛) 태양수(太陽數) ⊕9의 천궁(天宮)이 십거일적(十鉅一積)을 마침으로써 1-4-1의 길을 이루게 되는 것은 4-1의 길을 이루고 지일일(地一一) 우주를 이루어 여섯 가지의 우주로 자리함으로써 이루게 되는 것이다.

『爾觀森列』
이관삼열

태양수(太陽數) 9를 이룬 지일(地一)과 태양수(太陽數) 9와 태음수(太陰數) 6의 작용을 위해 연등불(佛)께서 천궁(天宮)을 이루고 자리함으로써 지일일(地一一) 우주가 완성이 되는 것이다.

『星辰數无盡』
성진수무진

다보불(佛) 진신(眞身) ⊕3과 석가모니 하나님 부처님의 진신(眞身) ⊕3이 인이삼(人二三) 우주 중심《천궁(天宮)》을 만들게 되는 것은 석가모니 하나님 부처님의 법궁(法宮)인 목성(木星)이 먼저 탄생이 된 후 태양수(太陽數) 9와 태음수(太陰數) 6의 작용(作用)을 다보불(佛)께서 하심으로써 인일이(人一二) 우주가 만들어지는 가운데 이루어지는 것이다.

『大小明暗苦樂不同』
대소명암고락부동

이와 같이 석가모니 하나님 부처님께서 목성(木星)을 법궁(法宮)으로 하시고 인일일(人一一) 우주를 탄생시킬 때에 태양수(太陽數) 9를 이루신 석가모니 하나님 부처님과 다보불(佛)께서 분리되시어 3-1의 길을 이루고 석가모니 하나님 부처님의 법궁(法宮)인 목성(木星)이 외곽에 자리하시게 되는 것이다. 이러한 이후 다시 1-3-1의 길을 석가모니 하나님 부처님의 태양수(太陽數) 9가 이루게 되는 것이다.

『一神造群世界』
일신조군세계

석가모니 하나님 부처님의 법궁(法宮)인 목성(木星)이 인일이(人一二) 우주를 탄생시키는 과정에 목성(木星)과 천궁(天宮)을 이룬 다보불(佛)께서 1-3-1의 길을 이루시고 작용을 함으로써, 다보불(佛) 태양수(太陽數) ⊕9의 천궁(天宮)이 진화(進化)의 과정을 모두 마치고 폭발함으로써, 지구, 달, 화성을 탄생시킴으로써 석가모니 하나님 부처님 법궁(法宮)인 목성(木星)과 함께 자리하게 되는 것이다.

『稸
勅日世界使者』
신
칙일세계사자

1-3의 길을 이루고 지구, 달, 화성이 탄생함으로써 석가모니 하나님 부처님과 다보불(佛) 두 분께서 인일이(人一二) 우주를 완성하시게 되며 이후 1-3-1의 길을 이룬 가운데 다보불(佛) 태양수(太陽數) ⊕9가 다시 천궁(天宮)을 이루고 중심으로 자리하는 것이다.

『牽
七百世界』
할
칠백세계

지일일(地一一) 우주가 1-4-1의 길을 이루고 여섯 가지의 우주로 자리하게 되는 것은 노사나불(佛) 진신(眞身) ⊕3이 노사나불(佛) 진신(眞身) 3성(星)인 태양성(太陽星)과 수성(水星)과 금성(金星)으로 탄생이 되어 1-4의 길을 이루고 노사나불(佛) 태양수(太陽數) 9로써 자리함으로써 이루어진 것이다.

『爾地自大
一凡世界』
이지자대
일범세계

이후 노사나불(佛)과 연등불(佛)께서는 태양수(太陽數) 9와 태음수(太陰數) 6의 작용을 함으로써 지일이(地一二) 우주를 이루시게 된다. 이로써 연등불(佛)을 중심하여 1-4-1의 길을 이루고 여섯 가지의 우주가 자리한 것이며, 이때 아촉불(佛)께서는 지일삼(地一三) 이동 우주의 중심을 이루시고 노사나불(佛) 태양수(太陽數) 9의 지일(地一)은 그 외곽에 자리하는 것이다.

『中火震蘯
海幻陸遷』
중화진탕
해환육천

아촉불(佛)을 중심한 노사나불(佛)께서는 지일이(地一二) 우주와 연결된 길에서 지일삼(地一三) 이동 우주를 이루

『乃成見像』
내성현상

65

시고 노사나불(佛)의 태양수(太陽數) 9는 1-4의 길에 자리하는 것이다.

태음수(太陰數) 6과 태양수(太陽數) 9의 작용으로 지구, 달, 화성이 석가모니 하나님 부처님의 법궁인 목성(木星)과 1-3-1의 길을 이룰 때 ⑧의 우주인 인이삼(人二三) 우주의 천궁(天宮)이 만들어지는 것이다.

『穆呵氣包底』
신가기포저

다보불(佛) 태양수(太陽數) ⊕9의 천궁(天宮)을 중심으로 3-1의 길이 이루어짐으로써 1-3의 길에는 석가모니 하나님 부처님의 여섯 뿌리의 법궁(法宮)인 목성(木星)이 자리하게 되어 태음수(太陰數) 6과 태양수(太陽數) 9의 작용을 하게 되는 것이다.

『煦日色熱』
후일색열

여섯 뿌리의 법궁(法宮)인 목성(木星)이 태양수(太陽數) 9와 태음수(太陰數) 6의 작용을 하게 되는 것은 다보불(佛)께서 이루신 태양수(太陽數) ⊕9의 천궁(天宮)을 중심으로 하여 진신삼성(眞身三星)인 지구, 달, 화성이 3-1의 길을 이룸으로써 이루어지며, 이로써 인일삼(人一三) 우주가 탄생하는 것이다.

『行菷化游栽』
행저화유재

이후 지구, 달, 화성과 연결된 길에 있게 되는 인이삼(人二三) 우주 다보불(佛) 태양수(太陽數) ⊕9의 천궁(天宮)도 여섯 뿌리의 법궁(法宮)인 목성(木星)을 축으로 하여 여섯 가지의 우주로 자리하게 되는 것이다.

『物繁殖』
물번식

제오장(第五章) 태양성(太陽星)의 십거일적(十鉅一積)으로 만든 천이삼(天二三), 인이삼(人二三), 지이삼(地二三) 우주와 우리들 태양계(太陽界)가 창조한 인간들과 물질(物質)

다보불(佛)과 석가모니 하나님 부처님께서는 인이삼(人二三) 우주 천궁(天宮)과 여섯 뿌리의 법궁(法宮)인 목성(木星)에 자리하심으로써 지구, 달, 화성을 거느리시고, 아미타불(佛) 진신(眞身) ⊕3과 1-3의 길로 연결을 이룸으로써 천이삼(天二三) 우주 구성을 도와주게 되는 것이다.

『人物同受三眞』
인물동수삼진

석가모니 하나님 부처님 진신삼성(眞身三星)인 지구, 달, 화성은 여섯 뿌리의 법궁(法宮)인 목성(木星)과 함께 아미타불(佛) 태양수(太陽數) ⊕9의 천궁(天宮)과 더불어 작용함으로써 천이삼(天二三) 우주의 창조를 돕는 것이다.

『惟众迷地』
유중미지

석가모니 하나님 부처님 진신삼성(眞身三星)을 거느린 여섯 뿌리의 법궁(法宮)인 목성(木星)은 아미타불(佛) 진신(眞身) ⊕3이 태양수(太陽數) ⊕9의 천궁(天宮)을 이룸으로써 1-3의 길로 연결을 이루고 천이삼(天二三) 우주 중심 천궁으로 자리하게 하는 것이다.

『三妄着根』
삼망착근

아미타불(佛)의 태양수(太陽數) ⊕9의 천궁(天宮)이 자리한 천이삼(天二三) 우주 경계 내로 지일일(地一一) 우주를 탄생케 한 지일(地一)의 노사나불(佛) 진신삼성(眞身三星)인 태양성과 수성과 금성이 지일삼(地一三) 이동 성단을 만들어 진입하는 것이다.

『眞妄對作三途』
진망대작삼도

이때 다보불(佛)께서 이루신 인이삼(人二三) 우주는 지구, 달, 화성이 다보불(佛) 태양수(太陽數) ⊕9의 천궁과 1-3-1의 길을 이룸으로써 이루어진다.

『日性命精』
왈성명정

이렇게 하여 다보불(佛)과 노사나불(佛) 두 분께서는 천이삼(天二三) 우주를 창조하시는 아미타불(佛)을 도와 드리게 되는 것이다. 이와 같은 도움의 실상은 인이삼

『人全之物偏之』
인전지
물편지

67

(人二三) 우주와 지일삼(地一三) 이동 우주가 아미타불(佛)을 중심축으로 함으로써 이루어지는 것이다.

아미타불(佛)의 태양수(太陽數) 9의 천궁(天宮)과 인이삼(人二三) 우주 천궁(天宮)이 처음 연결을 이룬 것은 여섯 뿌리가 주도하는 인일이(人一二) 우주에서 1-3의 길로 연결을 이룬 것이다. 이러한 연결은 3-1의 길을 이루고 지구, 달, 화성이 석가모니 하나님 부처님의 진신삼성(眞身三星)으로 탄생한 이후 석가모니 하나님 부처님 태양수(太陽數) 9의 작용으로 다보불(佛) 태양수(太陽數) ⊕9의 천궁(天宮)이 탄생한 이후가 되며 이로써 인일삼(人一三) 우주를 완성한 이후 다시 1-3-1의 길이 이루어진 것이다.

『眞性
善亢惡
上囍通』
진성
선무악
상철통

아미타불(佛) 태양수(太陽數) ⊕9의 천궁(天宮)은 인이삼(人二三) 우주 천궁과 작용함으로써 천이삼(天二三) 우주를 1-3의 길로 연결을 이루고 만들게 된다. 한편, 인이삼(人二三) 우주는 지구, 달, 화성이 1-3의 길로 다보불(佛) 태양수(太陽數) ⊕9의 천궁과 연결을 이룸으로써 만들어지며 석가모니 하나님 부처님 태양수(太陽數) 9는 지구, 달, 화성과 같은 길에서 축으로 자리하는 것이다.

『眞命
淸亢濁
中囍知』
진명
청무탁
중철지

아미타불(佛) 태양수(太陽數) ⊕9의 천궁(天宮)은 천이삼(天二三) 우주의 중심을 이루고 인이삼(人二三) 우주와 연결을 이룬 가운데 천궁(天宮)의 진화(進化)를 모두 마침으로써 태양수(太陽數) 9의 시리우스 태양성으로 탄생되어 1-3의 길에 자리하게 된다. 이로써 아미타불(佛) 태양수(太陽數) 9의 시리우스 태양성(太陽星)은 다보불(佛) 태양수(太陽數) ⊕9의 천궁(天宮)과 연결된 가운데 석가모니 하나님 부처님 태양수(太陽數) 9의 중성자(中性子) 태양성(太陽星)인 목성(木星)과도 연결을 이룬 것이다.

『眞精
厚亢薄
下囍保』
진정
후무박
하철보

8의 우주와 아미타불(佛)의 태양수(太陽數) ⊕9의 천궁(天宮)이 석가모니 하나님 부처님과 직접 연결을 이루게 되는 때는 시리우스 태양성(太陽星)을 탄생시키고 여섯 가지의 우주로 자리한 이후가 된다.

『返眞一神』
반진일신

아미타불(佛)과 노사나불(佛)께서 서로 연결된 길을 갖게 되시는 것은 아미타불(佛)의 시리우스 태양성(太陽星)과 지일(地一)이 연결된 길을 갖게 됨으로써 이루어진다.

『日心氣身』
왈심기신

또한, 다보불(佛)의 인이삼(人二三) 우주는 지구, 달, 화성과 여섯 뿌리의 법궁(法宮)인 목성을 축으로 하여 자리함으로써 1-4의 길로써 지이삼(地二三) 우주와 연결을 이루는 것이다. 이러한 1-4의 길을 가진 지이삼(地二三) 우주는 4-1의 길을 이루고 자리한 지일삼(地一三) 이동 우주가 성단 재편성으로써 이루어진 우주이다. 이로써 지이삼(地二三) 우주 외곽에 지일(地一)인 노사나불(佛) 진신(眞身) 삼성(三星)이 주도하는 태양수(太陽數) 9가 자리하게 됨으로써 이후 지구, 달, 화성과 여섯 뿌리의 법궁(法宮)인 목성(木星)이 한 세계를 이루는 것이다.

『心依性
有善惡善福
惡禍』
심의성
유선악선복
악화

아미타불(佛)의 시리우스 태양성(太陽星)은 인이삼(人二三) 우주와 지구, 달, 화성 및 여섯 뿌리의 법궁(法宮)인 목성(木星)과 각각 연결을 이룸으로써 천이일(天二一) 우주를 이루며, 이로써 여섯 뿌리의 법궁(法宮)인 목성(木星)을 축으로 한 중앙천궁상궁(中央天宮上宮) 10의 궁(宮)과 노사나불(佛)께서 자리하신 중앙천궁(中央天宮) 10의 궁(宮)과 1-3-1의 길을 이룬 미륵불(佛) 태양수(太陽數) 9가 자리한 중앙우주(中央宇宙) 등과 각각 1-3의 길로 연결을 이룬다.

『氣依命
有淸濁淸壽
濁夭』
기의명
유청탁청수
탁요

69

지일(地一)의 7성(星)과 지구, 달, 화성 및 석가모니 하나님 부처님의 중성자 태양성인 목성(木星)이 1-4의 길에서 태음수(太陰數) 6과 태양수(太陽數) 9의 작용을 10개의 궤도를 가지고 지일(地一)의 운행(運行)을 하게 된다. 이러한 운행은 노사나불(佛)의 태양수(太陽數) 9와 석가모니 하나님 부처님의 진신(眞身) 삼성(三星)인 지구, 달, 화성, 중성자 태양성(太陽星)인 목성(木星)이 함께 한 세계를 이루어 10개의 궤도를 가짐으로써 지일(地一)의 운행(運行)을 하게 된다. 이로써 태음수(太陰數) 6과 태양수(太陽數) 9의 작용을 하게 되는 것이다.

『身依精
　有厚薄
　厚貴薄賤』
　신의정
　유후박
　후귀박천

이로써 이후 3-1의 길을 지구, 달, 화성이 이루고 1-4의 길과 함께 중앙천궁상궁 10의 궁(宮)을 이룸으로써 석가모니 하나님 부처님을 축으로 한 중앙천궁상궁 10의 궁의 운행이 시작되는 것이다.

『日感息觕』
　왈감식촉

지구, 달, 화성의 주도로 중앙천궁상궁 10의 궁의 운행이 지일(地一)의 7성(星)과 함께 하게 됨으로써 석가모니 하나님 부처님과 관음불(佛) 두 분과 미륵불(佛)과 화광불(佛) 두 분께서 자리하시게 되며 1-4의 길에는 노사나불(佛) 태양수 9가 자리하는 것이다.

『轉成十八境
　』
　전성십팔경

3-1의 길에서 석가모니 하나님 부처님의 중성자(中性子) 태양성(太陽星)이 축으로 자리함으로써 지구, 달, 화성이 3-1의 길을 이룬 것이며 이로써 여섯 뿌리의 법궁(法宮)인 목성(木星)과 태양수(太陽數) 9와 태음수(太陰數) 6의 작용을 하게 되므로, 관음불(佛) 태양수(太陽數) ⊕9의 천궁(天宮)과 미륵불(佛) 태양수(太陽數) ⊕9의 천궁(天宮)을 탄생시키게 된다. 이후 관음불(佛)께서는 지(地)의 우주의 길을 따르시게 되고 미륵불(佛) 태양수(太陽數) ⊕9의 천궁(天宮)은 1-3-1의 길을 따르게 되는 것이다.

『感喜懼哀怒
　貪厭』
　감희구애로
　탐염

노사나불(佛)의 태양수(太陽數) 9도 지구, 달, 화성과 함께 자리한 여섯 뿌리를 축으로 하여 태음수(太陰數) 6과 태양수(太陽數) 9의 작용을 함으로써 노사나불(佛) 진신(眞身) ⊕3이 태양수(太陽數) ⊕9의 천궁(天宮)을 이루고, 중앙천궁상궁(中央天宮上宮)과 연결된 4-1의 길에서 태양수(太陽數) 9로 재잉태됨으로써 다시 1-4-1의 길을 이루어 중앙천궁(中央天宮) 10의 궁(宮)의 새로이 탄생한 지일(地一)로써 자리하는 것이다.

『息芬彌寒熱震濕』
식분미한열진습

1-3의 길에 자리한 미륵불(佛) 태양수(太陽數) ⊕9의 천궁(天宮)은 태양수(太陽數) 9를 이루면서 중앙우주(中央宇宙)를 탄생시켜 여섯 가지의 우주를 이룬다. 이로써 아미타불(佛)의 천이일(天二一) 우주와 중앙우주가 연결된 길에 자리하게 되며 이후 인이일(人二一) 우주가 탄생이 되어 중앙우주(中央宇宙)와 연결된 길에 자리함으로써 이 또한 여섯 가지의 우주를 이루게 되는 것이다.

『解聲色臭味淫抵众』
촉성색취미음저중

여섯 뿌리의 법궁(法宮)을 축으로 한 여섯 가지의 우주를 이룬 미륵불(佛) 중앙우주(中央宇宙)는 1-3-1의 길을 이루고 여섯 가지의 우주로 자리하는 것이며, 1-4-1의 길을 이룬 중앙천궁(中央天宮) 10의 궁(宮)에는 노사나불(佛)의 태양수(太陽數) 9가 자리하는 것이다. 이러한 중앙천궁(中央天宮) 10의 궁(宮)에 자리한 지일(地一)의 노사나불(佛) 태양수(太陽數) 9와 연결을 이룬 길에서 약사유리광불(佛) 태양수(太陽數) ⊕9의 천궁(天宮)이 중심을 이루고 그 외곽에는 관음불(佛)의 태양수(太陽數) 9가 자리하는 우주가 탄생하는 것이다.

『善惡淸濁厚薄相雜』
선악청탁후박상잡

이와 같은 우주는 지이삼(地二三) 우주의 1-4의 길에 자리하였던 관음불(佛) 태양수(太陽數) ⊕9가 노사나불(佛)께서 이루신 중앙천궁(中央天宮) 10의 궁(宮)과 1-4-1의 길을 이루고 지이일(地二一) 우주를 탄생시킴으로써 이

『從境途任走』
종경도임주

루어진 것이다.

이로써 여섯 가지의 우주를 이룬 천이일(天二一) 우주와 1-3-1의 길을 이루고 인이일(人二一) 우주가 자리하고 이와 연결된 길에 지이일(地二一) 우주가 궁극적으로 자리하게 되는 것이다. 이로써 중앙천궁상궁(中央天宮上宮) 10의 궁(宮)과 연결된 길에 각각 인이일(人二一) 우주와 천이일(天二一) 우주가 자리하게 되는 것이다.

『隨生長肖病歿苦』
타생장소병몰고

이후 천이일(天二一) 우주는 천이이(天二二) 우주를 이루고 석가모니 하나님 부처님께서는 1-3-1의 길을 이루고 인이이(人二二) 우주를 완성하시게 되며 중앙천궁상궁(中央天宮上宮)으로부터 4-1의 길을 이룬 중앙천궁(中央天宮)으로부터 1-4-1의 길로 연결된 길에 있던 지이일(地二一) 우주로부터 다시 1-4-1의 길을 이루고 지이이(地二二) 우주가 완성이 된다. 이로써 중계(中界)의 우주가 모두 완성이 되는 것이다.

『囍止感調息禁解』
철지감조식금촉

석가모니 하나님 부처님을 축으로 하여 중앙우주 창조를 위해 1-3-1의 길이 형성됨으로써 다보불(佛)과 여섯 뿌리가 연결을 이룬 것이며 지일(地一)은 1-4-1의 길을 이룸으로써 새로운 지일(地一)로 재탄생이 되어 중앙천궁(中央天宮) 10의 궁(宮)을 이룬 것이다.

『一意化行改妄卽眞』
일의화행개망즉진

다보불(佛)의 인이삼(人二三) 우주는 한때 석가모니 하나님 부처님 진신(眞身) 삼성(三星)인 지구, 달, 화성과 연결된 길이 끊어졌으나 중앙천궁상궁(中央天宮上宮)이 여섯 뿌리의 법궁(法宮)인 목성(木星)을 축으로 하여 중앙천궁상궁 10의 궁(宮)의 운행(運行)을 시작할 때 다시 연결된 길을 갖게 됨으로써 중앙우주(中央宇宙)가 만들어지고 이와 연결된 길에 인이일(人二一) 우주가 만들어짐으로써 1-3-1의 길이 연결이 되며 이로써 지(地)의 우주와 천

『發大神機性通功完是』
발대신기성통공완시

(天)의 우주와도 연결을 이룬 것이다.

제 3 부

『삼일신고(三一神誥)』
제목 및 한글경 해설(解說)

1. 『삼일신고(三一神誥)』 해설(解說)

[1] 제목 해설(題目解說)

> 『삼일신고(三一神誥) 총 삼백육십육자』

(1) 《삼일신고(三一神誥)》

　《삼일신고(三一神誥)》의 직역(直譯)은 《삼일신(三一神)의 깨우침》이다. 이러한 직역에 있어서 《삼일신(三一神)》은 《석가모니 하나님 부처님》을 말씀하시는 것이다. 이와 같이 《석가모니 하나님 부처님》을 《삼일신(三一神)》으로 호칭을 하는 것에 대하여는 설명이 필요한 부분이다.

우리들의 태양계(太陽界)는 지구계 시간 서기 2000년을 기점으로 선천우주(先天宇宙)가 끝이 나고 후천우주(後天宇宙)에 돌입하여 지금까지 우리들 태양계(太陽界)가 소속하여 있던 지이삼(地二三) 우주를 벗어나 법공(法空)의 중심점에 도달하여《중앙천궁상궁(中央天宮上宮)》으로 변화되어 있다. 이렇게《중앙천궁상궁(中央天宮上宮)》으로 변화된 우리들의 태양계(太陽界)는 지금까지는《태양성(太陽星)》을 중심하여 모든 행성(行星)들이 시계 반대 방향의 회전(回轉)인 1-4의 길 운행(運行)을 하고 있다.

그러나《중앙천궁상궁(中央天宮上宮) 운행(運行)》에 돌입하게 되면 태양성(太陽星), 수성(水星), 금성(金星) 등의《노사나불(佛)》진신삼성(眞身三星)이 지금의 천왕성과 해왕성 사이의 동북간방(東北艮方) 15°선상으로 궤도 이동을 하게 되며 이와 때를 맞추어《태양성(太陽星)》이 자리하였던 곳으로《석가모니 하나님 부처님》의 여섯 뿌리의 법궁(法宮)인《목성(木星)》이 궤도 이동을 하여 자리한 후 그 다음으로 지금까지 지구(地球)의 위성으로 있던《달(月)》이 자리하게 되며 다음으로《화성(火星)》이 자리한 후 그 다음으로 우리들의《지구(地球)》가 자리하여《목성(木星)》을 중심하여 시계 방향의 회전인《3-1의 길》회전을 하게 된다. 이와 같이《3-1의 길》회전을 하는《목성(木星)》,《달(月)》,《화성(火星)》,《지구(地球)》를《석가모니 하나님 부처님》《진신 4성(眞身四星)》이라고 한다.

이러한 이후《석가모니 하나님 부처님》《진신 4성(眞身四星)》이 자리한 다음으로《토성(土星)》이 자리하며 그 다음으로《천왕성》이 자리하며 그 다음으로《태양성(太陽星)》이《수성(水星)》을 위성으로 거느리고 자리하며 그 다음으로《금성(金星)》이 자리하며 그 다음으로《해왕성》,《명왕성》의 순서로 자리하여 이들은 종전과 같이 시계 반대 방향의 회전인《1-4의 길》회전을 하게 되는 것이다.

이로써 만들어지는 《3-1-4의 길》 운행이 이루어짐으로써 《3-1의 길》과 연결되는 《1-3의 길》이 형성됨으로써 《중앙천궁상궁》은 3-1-4의 길과 1-3의 길의 세 갈래 길을 갖게 되는 것이다. 이러한 《3-1-4의 길》 운행을 《중앙천궁상궁 운행》 시작의 길이라고 하며 이와 같은 3-1-4의 길 운행에 있어서 3-1의 길 운행을 우리들의 《지구(地球)》가 선도를 하는 것이다. 이 때문에 《석가모니 하나님 부처님》을 고대에는 《삼일신(三一神)》이라고 한 것이다.

이러한 중앙천궁상궁(中央天宮上宮)이 이루어졌을 때 목성(木星)을 중심한 《달(月), 화성(火星), 지구(地球)》가 자리한 3-1의 길은 선천우주(先天宇宙)와 후천우주(後天宇宙)의 중심(中心)으로써 전체 《법공(法空)》의 《0(ZERO)》 지점이 되며, 극락 중의 극락으로 변하여 지구의 1년이 360일이 되어 항상 봄날과 같은 쾌적한 환경을 이루는 것이다.

이와 같은 《중앙천궁상궁(中央天宮上宮) 운행(運行)》이 우주적으로는 초읽기에 들어가 있으나 지구의 시간으로써는 몇 십 년의 여유를 가지고 있으나 그렇게 오랜 기간이 남은 것은 아니다. 이러한 《중앙천궁상궁(中央天宮上宮)》의 운행 시작의 때를 《아리랑 고개》라고 하며, 지구 인류 문명의 몰락의 때를 맞이하여 이때를 슬기롭게 넘기게 하기 위해 노래를 지어 부르게 한 것이 《아리랑》이며 삼일신(三一神)이신 《석가모니 하나님 부처님》께서 한민족(韓民族)의 고대 국가인 《한국(韓國)》을 중심한 《구막한제국(寇莫韓帝國)》의 《5대 태우의 한웅님》(재위 3512BC~3419BC)으로 이름하고 오셔서 그 가르침을 엮어 후손 민족들에게 전하여 준 것이 《한단불교(桓檀佛敎)》 《사대경전(四大經典)》의 일경(一經)으로써 『삼일신고(三一神誥)』이며 이러한 경전은 이미 인간 문명(文明) 종말(終末)의 때인 《중앙천궁상궁(中央天宮上宮)》 운행(運行)의 때를 위해 미리 준비된 경전(經典)임을 《메시아(Messiah)》이신 《미륵불》이 분명히 밝히는 것이다.

(2) 총삼백육십육자(總三百六十六字)

　　총삼백육십육자(總三百六十六字)의 해설은 366의 수리(數理) 해설이 된다. 366수리(數理)는 6과 360의 수리 합수(合數)로써 6의 수리는 여섯 뿌리의 진공(眞空)을 말씀하시는 것이며 360은 36궁(宮)의 천궁(天宮)을 중심한 81궁(宮)의 1세계(一世界) 넷이 모여 있는 대은하(大銀河) 성단(星團)을 뜻하는 수리이다. 고로 이의 해설은《여섯 뿌리 진공(眞空)》을 바탕으로 한《360의 성단(星團)》들이 된다.

※ [여섯 뿌리의 진공(眞空)]

　　현존우주(現存宇宙)를 안고 있는 바탕과 경계를 대공(大空)이라고 한다. 이러한 바탕과 경계를 이루는 대공(大空)은 석가모니 하나님 부처님의 진신(眞身) 중의 진신(眞身)인 진성광(眞性光)과 진명광(眞命光)이 양음(陽陰) 짝을 하여 대공(大空)을 경계하는 가운데 양음(陽陰) 짝을 한 진공(眞空)이 다시 암흑물질과 음양(陰陽) 짝을 하여 대공(大空)의 바탕을 이루고 있는 것이다. 이렇듯 양음(陽陰) 짝을 한 진공(眞空)을《여섯 뿌리의 진공(眞空)》이라고 한다. 이러한《여섯 뿌리의 진공(眞空)》이 법공(法空)의 진화(進化) 가운데 처음 탄생하게 되는 이치의 설명은 필자의 저서(著書) 『(改訂版) 妙法華(묘법화)의 실상(實相)의 법(法)』(2015)에 상세히 기록되어 있으니 이를 참고하시기 바란다.

(3) 제목(題目) 해설의 종합

여섯 뿌리 진공(眞空)을 바탕으로 한
360의 성단(星團)들

[2] 『제일장(第一章) 허공삼십육자(虛空三十六字)』

> 제일장 허공삼십육자
>
> 제(帝)께서 말씀하시기를 너희 오가들아 푸르고 푸른 것이 하늘이 아니고 검고 검은 것이 하늘이 아니니라. 하늘은 모양도 질량도 끝도 가도 없으며 아래 위 동서남북도 없으며 텅텅 빈 하늘은 있지 않는 곳이 없고 용납하지 않는 것이 없느니라.

(1) 제목 해설

> 제1장(第一章)   허공(虛空) 36자(字)

① 허공(虛空) 36자(字)

제일장(第一章)의 제목(題目)인 허공(虛空) 36자(字)는 대공(大空)을 이름하는 것이다. 대공(大空)의 경계와 바탕을 허공(虛空)이라고 이름한다. 이러한 대공(大空)을 36자(字)로 설명한 데에는 크나큰 진리(眞理)가 숨어 있다. 이러한 진리(眞理)를 밝혀 드리면 36의 수리(數理)적인 뜻은 36궁(宮)을 뜻한다.

이와 같은 36궁(宮)이 대공(大空)을 이루기까지의 설명은 우주 탄생 이전으로 거슬러 올라간다. 휴식기의 법공(法空)은 법공(法空) 크기의 4% 범위의 법성(法性)의 자리가 법공(法空) 외곽에 자리하고 4% 범위의 법성(法性)이 둘러싼 내부(內部)의 법공(法空) 크기의 96% 범위가《암흑물질층》이다. 이러한 휴식기의 법공(法空)도《법성(法性)》과《암흑물질》이 음양(陰陽) 짝을 한 것이다.

이와 같이 음양(陰陽) 짝을 한 법공(法空)의 법성(法性)이 휴식기를 끝내고 진화기(進化期)에 돌입하면서 파동(波動)에 의해 법공(法空) 내부의 중앙점(中央點)으로부터 법공(法空) 크기의 40%에 달하는 암흑물질층으로 법공(法空) 크기의 3%에 달하는《법성(法性)》이 미세한 진공(眞空)을 이루어《암흑물질》들과 결합하여 분출된 후《석가모니 하나님 부처님》의 정명궁(正明宮)과 동생이신《비로자나 1세》의 진명궁(眞明宮)이 탄생되면서 처음 36궁(宮)의 경계가 설정되어 그 속에서 물질(物質)의 씨앗과 물질(物質)의 합성이 이루어져 정명궁(正明宮) 황금알 대일(大一)의 대폭발로 상천궁(上天宮) 10성(十星)이 탄생이 되면서 현재의 우주가 탄생이 되는 것이다.

이렇듯 정명궁(正明宮)과 진명궁(眞明宮)이 만들어져 물질의 씨앗과 물질의 합성이 이루어지기까지가 100억 년(億年)에 걸쳐 이루어졌음을 근본진리(根本眞理)에서 석가모니 하나님 부처님께서 밝히심으로써 현대 과학이 말하는《빅뱅》이론이 허구에 찬 것임이 드러나는 것이다.

이렇듯 개천이전(開天以前)에 만들어진 36궁(宮) 내에서 상천궁(上天宮)이 잉태되며 이후 상천궁(上天宮) 10성(十星)의 물질 분출이 진행될 때 뒤따라 진명궁(眞明宮) 황금알 대일(大一)의 대폭발로 현재의 북극성(北極星)이 탄생되어 물질 분출 후 1성(星)이 사라져 9성(星)이 남은 상천궁(上天宮) 끝자리에 자리한 후 북두칠성(北斗七星)을 만들게 된다. 이러한 북두칠성 중 3성(三星)이 만들어졌을 때 36대공(大空)의 시간(時間)의 벽이 찢어지면서 대공(大空)의 영역이 10배수로 늘어나 《360궁(宮)》을 이루어 천일우주(天一宇宙) 100의 궁(宮)의 바탕을 이룸으로써 《무궤화이(無匱化二)》를 이루고, 이후 세 번째로 천일우주(天一宇宙)를 바탕으로 하는 대공(大空)의 팽창이 다시 10배수로 팽창이 되면서 《무궤화삼(無匱化三)》이 이루어짐으로써 선천우주(先天宇宙) 대공(大空)의 영역이 결정된 것이다. 이러한 팽창을 《선천우주(先天宇宙)》 대공(大空)의 무궤화삼(無匱化三)이라고 한다.

　이러한 이후 《중앙천궁상궁(中央天宮上宮)》이 완성되면 《후천우주(後天宇宙)》 《36궁(宮)》이 완성되어 《무궤화일(無匱化一)》을 이루고 다시 두 번의 대팽창이 이루어져 대공(大空)의 무궤화삼(無匱化三)이 모두 마쳐짐으로써 법공(法空) 크기의 40%에 달하는 대공(大空)의 경계 영역과 바탕이 모두 팽창이 마쳐질 것임을 《근본진리(根本眞理)》가 밝히고 있는 것이다.

　이러한 뜻을 가지고 있는 것이 상천궁(上天宮)이 탄생한 초기 대공(大空)인 36궁(宮)을 일깨우기 위해 허공(虛空) 36자(字)로 제목(題目)을 하신 것이다. 그러므로 제일장(第一章)의 제목인 허공(虛空) 36자(字)의 해설은 《대공(大空)》이 되는 것이다. 상천궁(上天宮)은 현재의 시점으로는 모두 진화(進化)를 이루어 진공(眞空)을 이루고 있으나 상천궁(上天宮) 끝자리 별로 뒤늦게 자리한 현재의 북극성(北極星)이 공전을 함으로써 상천궁(上天宮)의 위치를 알려주고 있음을 아시기 바란다.

이러한 『제일장 허공삼십육자』에 대한 제목 해설 종합은 다음과 같다.

제1장(第一章) 대공(大空)

(2) 한글경 해설

① "제(帝)께서 말씀하시기를 너희들 오가들아"

제(帝)의 호칭은 십거일적수(十鉅一積數)인 창조주의 수(數)로써 19수(數)를 가진 《창조주 부처님》들을 호칭할 때 쓸 수 있는 용어이다. 우주간(宇宙間)에는 원천(源泉) 창조주이신 석가모니 하나님 부처님을 제외한 36분의 《창조주 부처님들》께서 계신다. 고대 인도의 『리그베다』나 『우파니샤드』에서는 원천 창조주이신 석가모니 하나님 부처님을 《브라만(Brahman)》으로 이름하고 《창조주 부처님들》을 《브라흐마(Brahma)》로 이름하여 이를 구분하고 있다. 우주간(宇宙間)에는 수도 헤아릴 수 없는 부처님들이 계시나 이러한 부처님들과 《창조주 부처님들》의 구분이 《근본진리(根本眞理)》에서 드러나는 것이다.

이러한 《창조주 부처님들》께서 인간 육신(肉身)을 가지고 인간의 지도자로 오셔서 인간들을 교화하실 때의 호칭이 《한웅(桓熊)》님들로서 18분(分)의 한웅(桓熊)들께서 나라를 열고 다스린 역사가 한민족(韓民族)의 고대 국가인《한국(韓國)》을 중심한《구막한제국(寇莫韓帝國)》의 역사이다. 부처님들께서 밝히시는 한민족(韓民族) 상고사(上古史)의 이력은《터키》와《코카서스》지방과 아조프해(海) 건너편《크림 반도》와 인근 평야 지대를 포함하여《한민족(韓民族)》조상불들이 처음 세운 나라 이름이《한국(桓國)》이며 이곳에서 1,200년간 인간 교화를 마친 이후《파미르 고원》을 등진 지금의《타클라마칸 사막》이 되기 이전 이곳으로《교화》의 주력 세력들이 옮겨 와서 세운 나라 이름이《배달국(倍達國)》이다. 이러한《배달국(倍達國)》을《수메르 문명권》과《우르 문명권》에서는《밝은 땅 딜문(Dilmun)》으로 호칭을 한 것이다. 이와 같은《배달국》에서 2,000년간 중앙아시아 일대와 고대 인도까지의 인간 교화를 마친 후 그 주력 세력들이 101년간의 대장정 끝에 한반도로 옮겨와 세운 나라 이름이《한국(韓國)》(3898BC~2333BC)이다.

이후《한국(韓國)》의 본거지는 한반도에 두고 중원 대륙으로는 도시 국가인《신시(神市)》를 세우고 주변 인간들의 교화가 마쳐지면 다시《신시(神市)》를 옮기면서《배달국》이 있는 곳을 향하여 서진(西進)을 하면서 중원 대륙 모두를《한국(韓國)》의 영향하에 둔 후 그 본거지를 중원 대륙 심장부로 옮겨 가서 세운 나라 이름이《구막한제국(寇莫韓帝國)》이다. 이러한 한국(韓國)을 중심한《구막한제국(寇莫韓帝國)》18분의 한웅(桓熊)님들이 사실상 모두가《창조주 부처님들》이시다. 이와 같은 한웅(桓熊)님들의 호칭이《제(帝)》인 것이다.

이렇듯 찬란한 한민족(韓民族)의 상고사(上古史)를 파괴하기 위해《악마(惡魔)의 신(神)》들인《대마왕신(神)》들 후손(後孫)들이 세운 나라인《한(漢)나라(206BC~AD220) 조정에서는 그들의 왕을《황제》로 칭하는 불경(不敬)을 저지른 것이며 오늘날 동서양(東西洋) 모두가 한민족(韓民族) 상고사(上古史)의 기록 말살에 혈안이 되어 있으며, 조상님들의 배려로, 천신만고 끝에 한민족(韓民族) 상고사(上古史)의 기록이 후손(後孫)들 손에 전하여졌으나 너무 오랜 세월

동안 이를 모르고 지낸 탓인지 후손(後孫)들 스스로가 이를 부정하는 서글픈 현상이 빚어지고 있는 것이다. 이러한 한민족(韓民族) 상고사(上古史)는 지상(地上)에서 오로지 한민족(韓民族)들만이 가진 기록으로써 지상(地上)의 진리(眞理) 중심에 있기 때문에 부처님들께서 남기신 경전(經典)들에서는 이러한 기록들이 그대로 남아 있는 것이다. 이 때문에 중원 대륙에 당(唐)나라(AD618~AD907) 조정이 들어서고 부터는 한민족(韓民族) 상고사(上古史) 기록과 맞물려 있는 석가모니 하나님 부처님의 말씀은 모두 삭제하고 고치고 하여 본격적으로 불법(佛法) 파괴를 자행한 것이다. 그들은 이렇듯 변질된 경전(經典)을 통일신라 이후 한반도로 들여보낸 것이다.

『삼일신고(三一神誥)』의 기록도 한민족(韓民族) 상고사(上古史) 기록이 담겨있는 『한단고기』(임승국 번역·주해. 정신세계사간. 1986)가 발표됨으로써 민족(民族)의 품으로 돌아오게 된 경(經)인 것이다. 이러한 한민족(韓民族) 상고사(上古史) 기록은 우주간의 모든 부처님들께서도 확인하여 주시는 진리(眞理)의 중심에 있는 기록임을 다시 한 번 더 강조 드리면서, 본문(本文)의 설명을 계속 드리겠다.

상기 대목의 "제(帝)께서 말씀하시기를"의 '제(帝)'는 한국(韓國)의 5대 태우의 한웅님(재위 3512BC~3419BC)이시다. 이러한《태우의 한웅님》이 바로《석가모니 하나님 부처님》께서 인간계로 오시어 호칭을 한 바가《태우의 한웅님》이시다. 이러한《태우의 한웅님》께서는 10명의 아들을 두시게 되는데 그 장자(長子)가《발귀리 선인(仙人)》이시며 막내아들이 팔괘로 유명한《복희씨》로서 이 분이 바로 문수보살(文殊菩薩)의 후신(後身)이다. 이러한《복희씨》가 훗날《한단불교(桓檀佛敎)》4대 경전(經典)을 고대 인도의《아리안족(族)》들에게 전(傳)한 장본인인 것이다. 장자(長子)이신《발귀리 선인(仙人)》이 뒷날 제천일을 맞이한 날 지어 부른『오도송(悟道頌)』이 귀하게도『한단고기(桓檀古記)』에 전하여져 오고 있다. 이후《발귀리 선인(仙人)》께서는《5대 태우의 한웅님》다음으로《6대 다의발 한웅님》이 되시는데 이 분이 바로《연등불(佛)》이신 것이다.

　　이러한《연등불(佛)》이 뒷날《한웅(桓熊)》님들의 인간 교화 기간이 끝이 나고 단군(檀君)님들의 치화(治化)가 시작될 때《문수보살》이《복희씨》로 온 이후 다시《단군왕검(檀君王儉)》으로 이름하고《단군조선(檀君朝鮮)》을 세웠을 때《자허선인》으로 이름하고 와서 당대 연각승(緣覺乘)의 도(道)인《선교(仙敎)》를 국교(國敎)로 하기 위해《단군왕검(檀君王儉)》인《문수보살》과 함께《한단불교(桓檀佛敎)》를 말살하고《한민족(韓民族)》상고사(上古史)를 파괴하는 엄청난 잘못을 저지른 자(者)들임이《천상(天上)》의 기록 검토로써 드러난 바가 있는 것이다. 이와 같이 파렴치한 짓을 한《연등불(佛)》이《자허선인》으로 이름하고 오기 이전 한때《자부선생》으로 이름하고 온 적이 있다. 이렇듯《선생》칭호를 최초로 가진 분이 바로《연등불(佛)》로서《자부선생》이신 것이며 뒷날 한반도의《조선조 중종》때에《남사고(南師古)》라 이름하고 와서『격암유록』을 남긴 분이다.

　　다음으로 본문(本文)의《오가》들은 한국(韓國)을 중심한《구막한제국(寇莫韓帝國)》때와《단군조선(檀君朝鮮)》시절의 벼슬아치들로써 우가(牛加), 마가(馬加), 구가(狗加), 저가(猪加), 양가(羊加)를 말한다. 이러한 벼슬의 이름을 중국인들은 괴이쩍게 생각하였다는 기록이 전하여져 온다. 한마디로, 이는 지혜(智慧) 없는 자들이 학자(學者)라는 이름으로 거들먹거리기 좋아하는 무식(無識)한 자들이기 때문에 이러한 기록이 전하여져 오는 것이다.

　　우가(牛加), 마가(馬加)의 가(加) 자의 사전적인 뜻은《더할, 들》등의 뜻을 가지고 있다. 이런 가(加) 자를 파자하여 보면 힘력(力) 자와 입구(口) 자로 이루어져 있다. 이때의 입구(口) 자는 원(圓), 방(方), 각(角)에 있어서 방(方)의 의미로 쓰고 있다. 즉, 원(圓)을 이룬 황금알 대일(大一)이 대폭발을 일으켜 사방으로 흩어진 상태를 방(口)으로 표시한 것이며 이러한 방(口)을 힘(力)

으로 다스린다는 뜻으로써 가(加) 자가 벼슬아치를 상징하는 글자로 쓰고 있음이 밝혀지는 것이다.

우주간(宇宙間)에서는 시계 방향의 회전(回轉) 길인 1-3-1의 길과 시계 반대 방향의 회전 길인 1-4-1의 길의 큰 두 갈래 길이 있다. 이러한 큰 두 갈래 길도 세분화하면 1-3의 길과 3-1의 길과 1-4의 길과 4-1의 길이 있다. 이러한 길 중 1-3의 길을 '암소(坤牛)의 길'이라고 하며 3-1의 길을 '황소(黃牛)의 길'이라고 하며 1-4의 길을 '천마(天馬)의 길'이라고 하며 4-1의 길을 '용마(龍馬)의 길'이라고 한다.

이러한 길 중에서 1-3의 길 암소(坤牛)의 길과 3-1의 길 황소(黃牛)의 길 진화(進化)를 하는 인간들을 다스리는 벼슬아치를 《우가(牛加)》라고 한 것이며 1-4의 연각승(緣覺乘)의 길인 천마(天馬)의 길 진화(進化)를 하는 무리를 다스리는 벼슬아치를 《마가(馬加)》로 이름한 것이며, 4-1의 길 성문승(聲聞乘)의 진화(進化)를 하는 인간들을 다스리는 벼슬아치를 《양가(羊加)》라고 한 것이며 4-1의 길 성문승(聲聞乘)들의 길로부터 다시 시작되는 천마(天馬)의 길과 동행하는 비유하면 어미 말과 망아지와 같은 관계로 비유되는 1-2의 그림자 우주의 진화(進化)를 하는 우주간에서는 《뱀족(族)》으로 이름하는 반고(盤固)의 후손(後孫)으로서 《호랑이족(族)》으로도 불리는 오늘날의 중원 대륙의 주인이 된 《한족(漢族)》의 먼 조상들인 《뱀족(族)》의 진화(進化)를 하는 인간들을 다스리는 벼슬아치를 《구가(狗加)》라고 하며 반고(盤固)의 우주적 쌍둥이 형제인 《공공(共工)》인 《야훼신(神)》의 후손으로써 진화(進化)하여 가는 인간 무리를 다스리는 벼슬아치를 《저가(猪加)》라고 이름한 것이다.

즉, 우주적인 진화(進化)에 있어서 인간의 육신(肉身)을 가지고 태어났으나 각각의 특성별로 근기와 성정(性情)이 다르므로 이를 구분하여 다스리고 가르침으로써 인간 완성(完成)을 이루게 하고자 이를 나누는 가운데 이들을 가르치고 교화하는 벼슬아치들을 구분한 것이 오가(五加)인 것이다. 모든 인류들은 모두가 평등하나 각각의 진화(進化)의 길을 따른 교육과 교화가 이루어질 때 훨씬 효율적인 결과를 가져올 것은 자명한 이치인 것이다. 이러한 다스림의 기준을 상고(上古) 시대에 이미 가지고 있었다는 사실에 경탄을 금할 수가 없는 것이다.

② "푸르고 푸른 것이 하늘이 아니고 검고 검은 것이 하늘이 아니니라."

상기 말씀의 이해를 위해서는 필수적으로 《석가모니 하나님 부처님》께서 주관하시는 《법공(法空)》 진화(進化)의 목적을 먼저 확실히 이해를 하는 것이 순서이다. 이번 법공(法空) 진화(進化)의 목적은 전체 법공(法空) 크기의 40%에 해당하는 현존우주(現存宇宙)를 바탕하며 경계한 대공(大空) 내의 《암흑물질》을 빛의 세계로 끌어내어 별(星)들의 우주(宇宙)로 만든 후 별(星)들의 진화(進化)를 도모하여 일체 중생(衆生)의 진화(進化)도 아울러 함으로써 궁극적으로 《암흑물질》을 원초의 빛의 원천인 법성(法性)의 자리에 들게 하는 것이 목적이다.

이러한 법공(法空)의 진화(進化)는 법공(法空) 내(內)에 존재하는 《암흑물질》이 모두 사라지고 진화(進化)됨으로써 《법공(法空)》 전체가 금강(金剛)의 법공(法空)으로 진화(進化)될 때까지 계속될 것임을 석가모니 하나님 부처님께서는 《근본진리(根本眞理)》에서 밝히고 계시는 것이다. 이번 진화기(進化期)에 있어서 진화(進化)의 대상이 법공(法空) 크기 40% 부분의 대공(大空)이 경계하는 내부의 《암흑물질》이다. 이러한 《암흑물질》 중 물질(物質)의 씨앗 생산과 합성기가 개천이전(開天以前) 100억 년(億年)에 걸쳐 있었으며 현존우주

(現存宇宙)의 탄생인 상천궁(上天宮)의 탄생으로부터 지구계(地球界) 시간 서기 2000년까지의 선천우주(先天宇宙)의 기간이 120억 년(億年)이 소요되어 법공(法空) 진화(進化)의 시작으로부터는 220억 년(億年)이 흘렀으며 이때까지 만들어진 별(星)들의 수가 150억조(億兆) 개이다. 이렇게 암흑물질을 끌어내어 150억 조 개의 별(星)들이 만들어진 대공(大空)이 경계하는 부분의 공간(空間)은 푸른색을 띠고 있기 때문에 이를 '푸르고 푸른 것'이라고 말씀하시는 것이며 후천우주(後天宇宙) 240억 년(億年) 동안에 별(星)들이 되어 탄생할 《암흑물질》을 '검고 검은 것'이라고 말씀하고 있는 것이다. 대공(大空)이 경계하는 내부(內部)의 공간(空間)과 《암흑물질》이 하늘이 아니라고 말씀하시는 것이다.

③ "하늘은 모양도 질량도 끝도 가도 없으며 아래위 동서남북도 없으며 텅텅 빈 하늘은 있지 않는 곳이 없고 용납하지 않는 것이 없다."

상기 말씀은 《석가모니 하나님 부처님》의 진신(眞身) 중의 진신(眞身)인 《진성광(眞性光)》과 《진명광(眞命光)》이 양음(陽陰) 짝을 한 《여섯 뿌리 진공(眞空)》이 대공(大空)을 경계하며 바탕하는 것을 《하늘》이라고 말씀하시는 것이며 이러한 대공(大空)의 바탕 가운데 푸르고 푸른 공간(空間)과 검고 검은 《암흑물질》이 있는 것이다. 이러한 대공(大空)은 무변한 진공(眞空)이기 때문에 "하늘은 모양도 질량도 없으며 아래위 동서남북도 없으며"라고 말씀하시는 것이며, 이러한 무변한 진공(眞空)이 대공(大空)의 바탕을 이루고 있기 때문에 "텅텅 빈 하늘은 있지 않는 곳이 없고 용납하지 않는 것이 없다."라고 말씀하시는 것이다.

이러한 대공(大空)의 바탕에, 푸른 공간(空間)과 암흑물질이 어우려져 있는 것을 '허공(虛空)'이라고 하는 것이다. 이러한 허공(虛空)을 석가모니 하나님 부처님께서는 대화엄(大華嚴)의 바다(海)로 비유를 하시는 것이다. 이러한 대화엄의 바다에서도 진정한 하늘은《대공(大空)》을 경계하는《여섯 뿌리의 진공(眞空)》이 됨을 가르치고자 하시는 뜻이 제일장(第一章)의 의도된 뜻인 것이다.

[3] 제이장(第二章) 일신오십일자(一神五十一字)

> 제이장 일신오십일자
>
> 하나님은 위없는 첫 자리에 계시어 큰 덕과 큰 지혜와 큰 힘을 지니시니
> 하늘을 생기게 하시고 수없는 세계의 주인이 되시어 수많은 물건을 창조하시며
> 가느다란 티끌도 빠뜨림 없이 밝고도 밝으며 신령하시어 감히 이름하여 헤아릴 수가 없다.
> 소리 내어 기로써 원하고 기도드리면 반드시 친견할 수 있으니
> 너의 성(性)으로부터 하나님의 아들을 찾도록 하라.
> 너의 머릿속에 내려와 계시느니라.

(1) 제목(題目) 해설

> 제이장(第二章)   일신(一神) 오십일자(五十一字)

일신(一神)은 1의 수리를 가짐으로써 《석가모니 하나님 부처님》을 말씀하시는 것이며 51의 수리(數理)는 6과 45수(數)로 나뉘어져 6의 수리는 《여섯 뿌리》를 뜻하는 수리이며, 45의 수리는 9×5의 수리로써 9는 태양수(太陽數) 9를 뜻하는 수리이며 5의 수리는 오행(五行)의 작용(作用)을 뜻하는 수리이다. 이러한 수리의 종합 해설은 다음과 같다.

> "제이장(第二章) 석가모니 하나님 부처님 여섯 뿌리와
> 태양수(太陽數) 9에 의한 오행(五行)의 작용(作用)"

(2) 한글경 해설

① "하나님은 위없는 첫 자리에 계시어 큰 덕과 큰 지혜와 큰 힘을 지니시니 하늘을 생기게 하시고 수없는 세계의 주인이 되시어 수많은 물건을 창조하시며 가느다란 티끌도 빠뜨림 없이 밝고도 밝으며 신령하시어 감히 이름하여 헤아릴 수가 없다."

상기 말씀의 이해를 위해서는 먼저 우주 최초로 탄생한 《상천궁(上天宮)》을 알아야 이해가 되는 대목이다. 이러한 《상천궁(上天宮)》에 대한 간략한 설명은 다음과 같다.

가> [상천궁(上天宮)]

　100억 년(億年)에 걸쳐 만들어진 개천이전(開天以前) 정명궁(正明宮)이 《중성자(中性子) 알 대일(大一)》의 과정을 겪고 대폭발을 일으킴으로써 현존우주(現存宇宙)가 시작이 된다. 이를 일러 현대 과학에서는 《빅뱅(Big Bang)》이라고 이름하며 우리들은 일반적으로 '개천(開天)'이라고 한다. 이러한 대폭발에 의해 처음으로 태어나는 별(星)이 《중성자(中性子) 태양성(太陽星)》으로써 《석가모니 하나님 부처님》의 법궁(法宮)이 된다. 《중성자(中性子) 태양성(太陽星)》이 태어난 후 이어서 5성(星)이 만들어져 대폭발에 의해 최초로 만들어진 별(星)들이 모두 《6성(星)》이 되는 것이다. 이후 《석가모니 하나님 부처님》의 법궁(法宮)인 《중성자(中性子) 태양성(太陽星)》이 초기 우주의 고온 고압에 의해 중성자(中性子) 태양성(太陽星) 핵(核)의 붕괴로 많은 물질을 분출한 후 《슈바르츠실트 블랙홀》인 진성궁(眞性宮)으로 변화되고 분출된 물질로부터 4성(星)이 잉태되어 상천궁(上天宮)은 10성(星)으로 1차 완성을 이루게 된다. 이렇게 탄생된 상천궁(上天宮) 10성(星)을 구체적으로 살펴보고 관련 천궁도(天宮圖)를 설명 드리겠다.

1. 1의 성(星)　　: 중성자(中性子) 태양성(太陽星)으로 잉태된 후 물질 분출을 마치고 진성성(眞性星)으로 변화된 석가모니 하나님 부처님의 법궁(法宮)

2. 1-1의 성(星)　: 석가모니 하나님 부처님의 중성자(中性子) 태양성(太陽星)의 법궁(法宮)과 1-2의 양전자성(陽電子星)을 법궁(法宮)으로 하신 관세음보살님 사이에 태어난 물(水)의 별로써 「이집트 신화(神話)」에서는 태양신(神) 《라(Ra)》의 딸로서 《마아뜨》의 별(星)로 이름한다.

3. 1-2의 성(星)　: 관세음보살님께서 개천이전(開天以前) 진명궁(眞明宮)을

　　　　　　장자(長子)이신 노사나불(佛)께 물려 드리고 난 후 자
　　　　　　리하신 양전자성(陽電子星)

4. 1-3의 성(星) : 1의 중성자(中性子) 태양성(太陽星)의 분신성(分身星)으로
　　　　　　써 아미타불(佛) 성(星)이라고 한다.

5. 1-4의 성(星) : 석가모니 하나님 부처님의 우주적(宇宙的) 장자(長子)
　　　　　　이신 노사나불(佛)의 법궁(法宮)이라고 한다.

6. 1-5의 성(星) : 중성자성(中性子星)

※ 이와 같은 1 ~ 1-5의 성(星)까지가 대일(大一)의 직접 폭발로 인하여 탄생된 6성(星)이 된다. 이러한 6성(星) 중 1 ~ 1-3의 성(星)까지를 '석가모니 하나님 부처님의 진신(眞身) 4성(星)'이라고 하며 1-4의 성(星)이 장자(長子)로서 노사나불(佛)의 법궁(法宮)이라고 하는 것이다. 이러한 노사나불(佛)

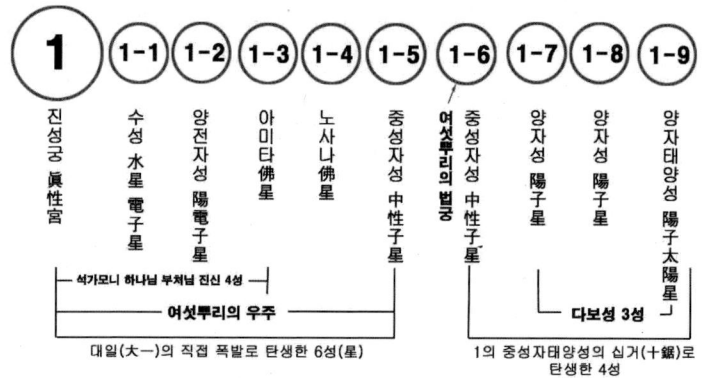

[그림] 상천궁(上天宮) 10성(星)

의 법궁(法宮)도 노사나불(佛)께서 진명궁(眞明宮)의 《황금알 대일(大一)》로 옮기신 이후는 석가모니 하나님 부처님께로 환원이 되는 것이다.

7. 1-6의 성(星)   : 중성자성(中性子星)으로써 석가모니 하나님 부처님의 분신(分身)의 법궁(法宮)으로 '여섯 뿌리의 법궁(法宮)'이라 한다.

8. 1-7의 성(星)   : 양자성(陽子星)으로 《미륵보살》의 법신(法身)이 된다.

9. 1-8의 성(星)   : 양자성(陽子星)으로 《문수보살》의 법신(法身)이 된다.

10. 1-9의 성(星) : 《석가모니 하나님 부처님》 양자태양성(陽子太陽星)으로써 이때의 《석가모니 하나님 부처님》의 호(號)가 《대통지승불(大通智勝佛)》이 되신다.

※ 이상의 4성(星)이 1의 석가모니 하나님 부처님 법궁(法宮)의 물질 분출로 만들어진 4성(星)으로써 1-7의 성(星)과 1-8의 성(星)과 1-9의 성(星)인 양자성(陽子星)과 양자 태양성(太陽星)과 《1 ~ 1-5의 성(星)》인 《6성(星)》이 전체 우주간(宇宙間)의 만물(萬物)의 씨앗이 되는 원천적인 별(星)들로써 《1-7의 성(星)》과 《1-8의 성(星)》과 《1-9의 성(星)》을 '석가모니 하나님 부처님의 육신성(肉身星) 3성(星)'이라고도 하는 것이다. 이와 같은 육신성(肉身星) 중의 1-9의 성(星)에 석가모니 하나님 부처님께서 머무실 때의 호(號)가 『묘법연화경』「제칠 화성유품」에 등장하시는 《대통지승불(大通智勝佛)》이 되신다.

이러한 상천궁(上天宮) 10성(星) 모두가 사실상 《석가모니 하나님 부처님》의 화(化)가 되는 것으로써 10성(星) 중 중성자(中性子) 대일(大一)의 폭발에 의해 만들어진 6성(星)을《여섯 뿌리의 우주》라고 하며 이러한 6성(星)이 진화(進化)되어 모두 사라져 대공(大空)의 바탕과 경계를 이루었을 때를《여섯 뿌리 진공(眞空)의 바탕》이라고 한다. 이러한 뜻을 나타내기 위해 이집트 신화도(神話圖)에서는《하토르 여신(女神)》으로 형상화하여 놓은 것이다.

다음으로 1-6의 성(星)인 중성자(中性子) 태양성이 물질 분출 후 분출된 물질에 의해 새로운 중성자(中性子) 태양성(太陽星)을 만들어 항상《여섯 뿌리 법궁(法宮)》으로써 자리한 후 물질 분출 후에는 커블랙홀인《진성성(眞性星)》을 이루는 것이다. 이의 대표되는 사례가 우리들 태양계(太陽界)의《목성(木星)》이 되는 것이다. 이렇듯 상천궁(上天宮) 첫 번째 진성성(眞性星)에《석가모니 하나님 부처님》께서 자리하셨을 때를 "하나님은 위없는 첫 자리에 계시어 큰 덕과 큰 지혜와 큰 힘을 지니시니"라고 말씀하시는 것이며,《상천궁(上天宮)》을 탄생시키게 되는 것을 "하늘을 생기게 하시고 수없는 세계의 주인이 되시어"라고 말씀하시는 것이다.

그리고 상천궁(上天宮)의《석가모니 하나님 부처님》의 육신성(肉身星) 삼성(三星)이 양자(陽子)와 양자 태양성(陽子太陽星)으로써 우주간의 모든 개체의 양자(陽子)를 만들어 만물(萬物)의 씨종자가 되는 것을 "수많은 물건을 창조하시며"라고 말씀하시는 것이다. 이러한 양자 태양성(陽子太陽星)의 밝기는 지금 우리들 태양성(太陽星)보다는 훨씬 더 밝은 빛을 낸다. 이러한 장면을 "가느다란 티끌도 빠뜨림 없이 밝고도 밝으며 신령하시어 감히 이름하여 헤아릴 수가 없다"라고 말씀하시는 것이다.

나>[태양수(太陽數) 9]

상천궁(上天宮)의 《여섯 뿌리의 우주》 탄생 이후 1의 성(星)인 《중성자(中性子) 태양성(太陽星)》의 물질 분출로 만들어지는 4성(星) 중 《여섯 뿌리의 법궁(法宮)》으로 진화(進化)하는 1-6의 성(星)이 태양수(太陽數) 9를 가지며 1-9의 양자 태양성(陽子太陽星)이 태양수(太陽數) 9를 가진다. 태양수(太陽數) 9는 태양성(太陽星)이 가지는 수(數)로써 태양성(太陽星)이 핵(核)의 붕괴로 물질 분출을 한 후 새로운《커블랙홀》의 천궁(天宮)을 만든 후《태양수 ⊕9의 핵(核)》→《화이트홀》→《케이샤》→《황금알 대일(大一)》등의 일적(一積)의 과정을 거친 후《황금알 대일(大一)》의 폭발로 새로운 태양성(太陽星)을 탄생시킨 후 직접 폭발로 인한 물질로써 3성(星)을 만든 후 폭발로 인하여 간접적으로 만들어지는 물질(物質)로써 6성(星)을 만들어 거느릴 수 있는 능력을 태양수(太陽數) 9라고 한다. 태양성(太陽星)과 직접 폭발로 만들어진 3성(星)을 《석가모니 하나님 부처님》진신사성(眞身四星)이라고 한다. 상천궁(上天宮)에서 만들어진 《석가모니 하나님 부처님》의 육신성(肉身星) 사성(四星)이 곧 《석가모니 하나님 부처님》의 진신사성(眞身四星)이 되는 것이다. 즉, 진신사성(眞身四星)과 화신(化身)의 별(星) 6성(星)을 만들어 거느릴 수 있는 능력이 태양수(太陽數) 9인 것이다.

상기 설명에서 주의하셔야 될 점은 전체 우주를 크게 세 구분한 천(天)·지(地)·인(人)의 우주에 있어서 시계 방향의 회전 길에 있는 천(天)과 인(人)의 우주에 있어서는 9성(星) 외에 《여섯 뿌리의 법궁(法宮)》이 처음 자리하고 나머지 9성(星)이 자리하게 됨으로써《여섯 뿌리의 법궁》과 진신삼성(眞身三星)을 합하여 진신 4성(眞身四星)으로도 이름하며 만들어지는 별(星)은 모두 10성(星)이 된다. 즉, 천(天)과 인(人)의 우주에서는 태양수(太陽數) 9가 만드는 별(星)은 10성(星)이 되는 것이며, 시계 반대 방향의 회전길에 있는 지(地)의 우주에서는 태양수(太陽數) 9가 만드는 별(星)들의 수(數)는 7성(星)이 되는 것이다.

다> [오행(五行)의 작용(作用)]

　　태양성(太陽星)의 빛에 의해 우주간(宇宙間)에서는 많은 물질(物質)의 씨앗들이 탄생한다. 이러한 물질의 씨앗들과 만들어진 별(星)들 모두가 작용(作用) 반작용(反作用)을 되풀이 하면서 서로 결합하고 흩어지는 작용(作用)을 하는 것이다. 이러한 작용(作用)이 곧 《오행(五行)의 작용(作用)》이 되는 것이다.

※ 이와 같이 『삼일신고(三一神誥)』 제이장(第二章)은 현존우주를 탄생시키는 상천궁(上天宮)에 대하여 말씀하시는 장(章)으로써 상천궁(上天宮)의 모든 작용(作用)을 세분화한 내용이 제목(題目) 해설인 [석가모니 하나님 부처님 여섯 뿌리와 태양수(太陽數) 9에 의한 오행(五行)의 작용(作用)]이 되는 것이다.

② "소리 내어 기로써 원하고 기도드리면 반드시 친견할 수 있으니 너의 성(性)으로부터 하나님의 아들을 찾도록 하라. 너의 머릿속에 내려와 계시느니라"

　　상기 말씀의 이해를 위해서는 인간들에게 내려와 있는 《석가모니 하나님 부처님》의 나뉨인 《삼진(三眞) 10》과 마음(心)의 근본 뿌리가 되는 인간 육신(肉身) 속의 또 하나의 자기의 본체(本體)인 《성(性)의 30궁(宮)》에 대한 바른 이해가 있어야 하기 때문에 먼저 삼진(三眞)과 성(性)에 대해 살펴본 후 상기 말씀의 해설을 하여 드리겠다.

가> [삼진(三眞)]

 상천궁(上天宮) 1-6의 성(星)인 중성자 태양성(中星子太陽星)을 석가모니 하나님 부처님의《여섯 뿌리의 법궁(法宮)》이라고 한다. 이러한《여섯 뿌리의 법궁》은 물질 분출 후에는 반중성자성(反中性子星)인《슈바르츠실트 블랙홀》로 변화한다. 이와 같은 반중성자성(反中性子星)을 진성성(眞性星)이라고 한다. 이러한 진성성(眞性星)은 중심부가 반중성자(反中性子)인 진성(眞性)으로 이루어져 있고 그 외곽이 양전자(陽電子)인 진명(眞命)이 둘러싸고 있음을 근본진리(根本眞理)가 밝히고 있다.

 이러한 반중성자(反中性子)인 진성(眞性)과 양전자(陽電子)인 진명(眞命)과 중성자(中性子)인 진정(眞精)을 '삼진(三眞)'이라고 한다. 이러한 삼진(三眞) 중 진성(眞性) 1과 진명(眞命) 3과 진정(眞精) 6의 합(合) 10이《석가모니 하나님 부처님》의 나눔으로써 모든 인간들에게 내려와 있다.『천부경(天符經)』「81자(字)」에서 등장하는《만왕만래(萬往萬來)》하는 당체가 이 삼진(三眞) 10이다. 즉, 육도윤회(六道輪廻)하는 인간이 인간의 육신(肉身)을 가지고 태어날 때는 만 번이라도 내려 와서 임하다가 육신(肉身)의 죽음을 맞이할 때는 인간의 육신(肉身)을 떠나 온 곳으로 만 번이라도 떠난다고 하여 붙여진 이름이다.

나> 「성(性)」

 만물(萬物)은 각각 개체수가 다른 성(性)을 가지고 있다. 이러한 성(性)에 있어서 인간의 성(性)은 양자(陽子) 24와 전자(電子) 6으로써 30궁(宮)을 이루

고 있다. 이러한 인간의 성(性)의 30궁(宮)을 '마음(心)의 근본 뿌리'라고 하
며 인간 스스로의 본체(本體)로써 죽을래야 죽을 수가 없는 진화(進化)의 당
체가 성(性)의 30궁(宮)이다. 이와 같은 성(性)의 30궁(宮)에 있어서《양자(陽
子) 18》를 영(靈)이라고 하며《양자(陽子) 6》과《전자(電子) 6》을 영신(靈身)이라
고 한다. 인간 육신(肉身)의 죽음 이후, 이러한 영(靈)이 영신(靈身)을 가지고
있기 때문에 차원이 다른 세계에서 또 하나의 자기로 존재하는 당체가
영(靈)과 영신(靈身)임을 석가모니 하나님 부처님께서는 밝히고 계신다.《게
놈 프로젝트》에서 밝히고 있는 염기서열 24계열이 바로 성(性)의《양자(陽
子) 18》과《영신(靈身)》을 이루고 있는《양자 6》의 합《양자(陽子) 24》를 말
하는 것으로써《전자(電子) 6》과 함께 인체내(人體內)의 속성(屬性)인 유전자 4
만 개와 100억조(億兆) 개의 세포를 다스리는 주인공이 바로《성(性)의 30
궁(宮)》인 것이다.

이와 같은《성(性)의 30궁(宮)》에 있어서《양자(陽子) 6》과《전자(電子) 6》이
양음(陽陰) 짝을 한 6이 육근(六根)인, 안(眼), 이(耳), 비(鼻), 설(舌), 신(身), 의(意)
를 다스리는 주인공이다. 이와 같은 인간의 성(性)의 30궁(宮)이 만들어지
기까지는 100억 년(億年)의 진화(進化) 기간이 소요되었음을 석가모니 하나
님 부처님께서는 밝히고 계시는 것이다.

다> [삼진(三眞)과 성(性)의 30궁(宮)과의 관계]

《성(性)의 30궁(宮)》은 영체(靈體)의 진화(進化)를 함으로써《구석기인》으로
자리하였을 때가《성(性)의 30궁(宮)》만으로《구석기인》이 육신(肉身)을 이
루게 된다. 이후 하늘(天)의 불(佛), 보살(菩薩)들께서《일곱 한님》,《한웅》,
《파라오》 등으로 이름하고 하늘로부터 대거 내려오시어《구석기인》에

게 《삼진(三眞)》을 심으신 후 이들을 교화하여 《신석기인》으로 전환케 한 후 이후 농경사회를 열게 하고 문명기(文明期)를 도래하게 한 것이다. 때문에 《삼진(三眞)》이 심겨진 《신석기인》이후를 《인간(人間)》으로 이름하며 《구석기인》들은 《족(族)》, 《무리》 등으로써 표현을 하는 것이다.

　　삼진(三眞)이 《구석기인》에게 심겨진 목적이 《구석기인》의 성(性)의 30궁(宮)을 《밝음》과 《맑음》으로 진화(進化)시켜 궁극적으로 《지혜(智慧)의 완성》을 이룸과 동시에 인간 육신(肉身) 진화(進化)의 완성을 이루게 하기 위함이 목적인 것이다. 인간 육신(肉身) 내(內)에서는 《삼진(三眞) 10》과 《성(性)의 30궁(宮)》이 모두 40궁(宮)을 이룬 후 삼진(三眞) 중의 진정(眞精)인 중성자(中性子) 6과 성(性)의 30궁(宮)은 36궁(宮)을 이루고 인간의 심장에 자리하며 진명(眞命)인 양전자(陽電子) 2는 《양자(陽子)》와 《음양(陰陽)》 짝을 한 후 36궁(宮)과 작용(作用)을 하면서 들숨(入息)과 날숨(出息)을 주관한다.

　　진성(眞性) 1은 《음양(陰陽)》 분리되어 《음(陰)의 1》은 《우뇌(右腦)》에 자리하고 《양(陽)의 1》은 왼쪽 눈 동공으로 자리하는 것이며 《진명(眞命) 1》은 오른쪽 눈(眼)의 눈동자로 자리하는 것이다. 이렇게 자리한 《삼진(三眞)》과 《성(性)의 30궁(宮)》의 관계를 노래한 고대 인도의 『우파니샤드』에서 필요 부분을 소개하여 드리면 다음과 같다.

　　『문다까 우파니샤드』「제3장 제1편 [1]~[2]」

　　[1]
　　"언제나 함께 있는 두 마리 새가

한 그루 나무에 앉아 있다.
한 마리는 서로 다른 맛을 내는 열매를 쪼아 먹고 있고,
다른 한 마리는 먹지 않고 그저 바라만 보고 있다."

『우파니샤드』(옮긴이 : 이재숙, 펴낸 곳 : (주)도서출판 한길사, 1996)

'한 그루 나무'는 인간의 육신(肉身)을 비유한 것이며 '두 마리 새'는 인간의 육신(肉身) 속에 자리하고 있는 진성(眞性), 진명(眞命), 진정(眞精)인 삼진(三眞) 10과 진화(進化)의 주인공으로서 육신(肉身) 속에 있는 또 하나의 자기인 영(靈)과 영신(靈身)으로써의《성(性)의 30궁(宮)》을 두 마리 새로 비유한 내용으로써 행위로 얻은 열매를 계속 쪼아 먹고 있는 쪽은《성(性)의 30궁(宮)》이며 그저 보고만 있는 쪽은《삼진(三眞) 10》이다.

이러한《삼진(三眞)》을 하늘(天)의 씨앗으로써《석가모니 하나님 부처님》의 나뉨이라고 한다. 삼진(三眞) 10은 반중성자(反中性子)인 진성(眞性) 1과 양전자(陽電子)인 진명(眞命) 3과 중성자(中性子)인 진정(眞精) 6으로 이루어져 있으며,《성(性)의 30궁(宮)》은《양자(陽子)》인《성(性) 24》와《전자(電子)》인《명(命) 6》으로 이루어져 있다.《삼진(三眞) 10》은《성(性)의 30궁(宮)》의 진화(進化)를 돕기 위해 하늘(天)의 씨앗이 심겨진 것이다. 이러한《삼진(三眞)》과《성(性)의 30궁(宮)》의 작용(作用)의 역할을 두 마리 새로 비유하여 절묘하게 노래한 내용이다.

[2]
"같은 나무에 앉아서
개체아(個體我)는 자신의 무능력을 비관하며 슬퍼한다.

그의 옆에는 다른 숭배 받는 하나님이 있었으니
그 위대함을 보고 나면 그때 비로소 슬픔에서 벗어나도다."

『우파니샤드』(옮긴이 : 이재숙, 펴낸 곳 : (주)도서출판 한길사, 1996)

'개체아'는 진화(進化)의 당체인 《성(性)의 30궁(宮)》을 이름함이며 옆의 다른 최고의 신(神)은 《삼진(三眞)》을 이름한 것이다.

라> [삼진(三眞)과 성(性)의 30궁(宮)의 작용(作用)과 마음(心)]

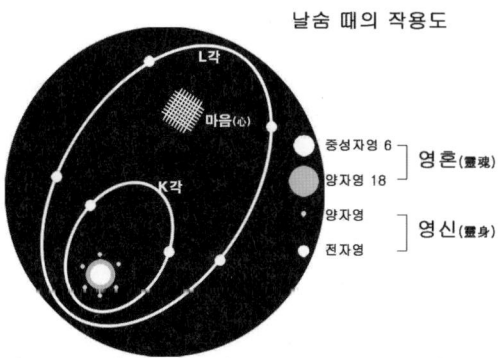

[도형] 마음(心) A

[도형] 마음(心) B

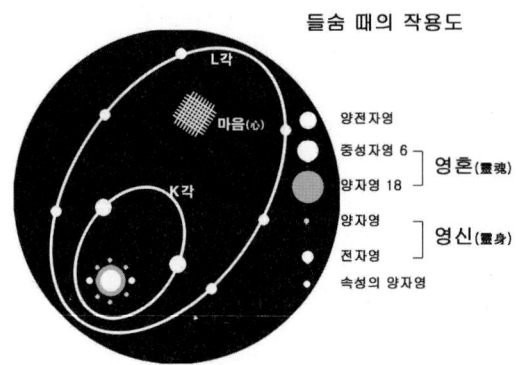

상기 도형은 [마음(心) A]의 도형이 날숨(出息) 때의 마음(心)의 작용도(作用圖)이며 [마음(心) B]의 도형이 들숨(入息) 때의 마음(心)의 작용도(作用圖)이다. 도형내의 전자(電子)와 양전자(陽電子), 양자(陽子), 중성자(中性子)의 수(數)가 거느리는 속성인 유전자의 수(數)는 《기초 원소의 수(數)×1000》이다.

인간의 성(性)이 양(陽)의 육신(肉身)을 가졌을 때는 영체(靈體)를 이룬 양자(陽子) 24와 전자(電子) 6이 성(性)의 30궁(宮)을 이루고《석가모니 하나님 부처님》의 개체의 나뉨으로써 삼진(三眞)인 진성(眞性) 1과 진명(眞命) 3과 진정(眞精) 6의 합(合) 10이 만물(萬物) 중에서 유일하게 인간만이 받게 되는 삼진(三眞) 10이 된다. 《진성(眞性)》은 《반중성자(反中性子)》이며 《진명(眞命)》은 《양전자(陽電子)》가 되며 《진정(眞精)》은 《중성자(中性子)》가 된다. 이로써 인간 육신(肉身) 내(內)에는 40궁(宮)을 이루어 영체(靈體)를 이루게 되며 이러한 40궁(宮)×10000이 4만 개의 유전자 수(數)가 된다.

인간의 성(性)은 진정(眞精)인 중성자(中性子)가 합하여져 36궁(宮)을 이루어 《영혼(靈魂)》과 《영신(靈身)》을 이루고 《삼진(三眞)》 중의 《진성(眞性) 1》은 《음양(陰陽)》 분리되어 《음(陰)의 진성 1》은 우뇌(右腦)에 남고 《양(陽)의 진성 1》은 왼쪽 눈의 눈동자가 되며 《진명(眞命) 1》은 오른쪽 눈의 눈동자가 되며 《진명(眞命) 3》 중 《진명(眞命) 2》는 《속성》의 《양자 2》와 《음양(陰陽)》 짝을 하여 36궁(宮)과 합하여져 작용(作用)을 하게 된다. 상기 도형들은 뇌(腦)와 눈동자에 머물고 있는 진성(眞性) 1과 진명(眞命) 1을 제외한 나머지가 일으키는 작용도(作用圖)이다.

인간의 《성(性)의 30궁(宮)》에 있어서 《영혼》을 이루는 《양자(陽子) 18》은 개체의 양자군(陽子群)들이 탄소 C의 원자핵(核)의 과정과 산소 O의 원자핵(核)의 과정을 겪고 삼합(三合) 활동에 의해 《양자(陽子) 18》의 덩어리를 이룬 것으로써 100억 년(億年) 우주 역사의 정보를 담고 있다. 이와 같은 과정을 겪지 않은 개체의 양자(陽子)를 석가모니 하나님 부처님께서는 12인연법에서 무명(無明)이라고 말씀하고 계신다.

이와 같이 삼합(三合)을 한 《양자(陽子) 18》의 주위를 《양자(陽子) 6》과 《전자(電子) 6》이 회전을 하고 있다. 이러한 전자(電子) 6이 성(性)에 따른 명(命)으로써 인간의 육신(肉身)을 떠났을 때 성(性)이 생명력(生命力)을 가지는 이유가 바로 이 전자(電子)인 명(命)의 여섯 때문이며 육신(肉身) 안의 영체(靈體)를 이루고 있는 일반 전자(電子)와는 구분이 되는 전자(電子)로써 일반 전자(電子)보다는 훨씬 더 진화(進化)된 전자(電子)들이다. 이러한 《전자(電子) 6》과 성(性)의 양자(陽子) 24 중 《양자(陽子) 6》이 음양(陰陽) 짝을 하여 안(眼), 이(耳), 비(鼻), 설(舌), 신(身)의 다섯 감각 기관과 하나의 지식(智識)의 창고를 좌뇌(左腦)에 두고 관리하는 주인공들이 되는 것이다.

상기 설명에서 중요한 부분이 《성(性)의 양자(陽子) 24》는 감각 기관을 담당하는《전자(電子)》의 안쪽에 있게 되므로 모든 일들을 정보로써 알고는 있으나 감각 기관을 벗어난 곳에 있기 때문에 스스로는 감각 기관으로부터 아무런 영향을 받지 않는다는 점이다. 이러한 양자(陽子) 24는 본래의 선천적인 결합욕(結合慾)을 가지고 있는 관계로 이를 '욕망(慾望)의 화신'으로도 부른다. 우주 전체를 꿀꺽 삼켜도 만족하지 않는 선악(善惡)의 분별력도 없는 대단한 욕망체(慾望體)이나 스스로의 바탕은 선(善)한 바탕과《악(惡)》한 바탕을 동시에 가지고 있는 것이다. 이러한《성(性)의 양자(陽子) 24》가《게놈 프로젝트》에서 이야기하는《염기서열 24계열》의 주인공이다. 이와 같은《성(性)의 30궁(宮)》이《진정(眞精)》인《중성자(中性子) 6》과 결합하여 36궁(宮)을 이루고 자리하였을 때가 인간이 육신(肉身)을 가지고 있을 때의 심장 속에서《영혼(靈魂)》과《영신(靈身)》을 이루고 있는 때인 것이다. 이와 같은 설명을 염두에 두고 마음(心)의 작용도(作用圖)를 설명 드리겠다.

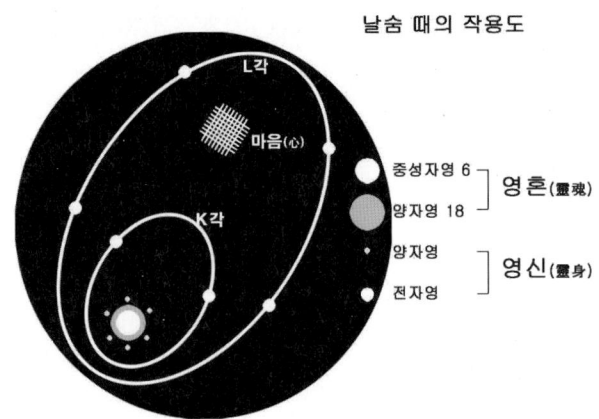

[도형] 마음(心) A

날숨 때의 작용도

[마음(心) A] 도형은 인간의 육신(肉身)을 가지고 호흡할 때 날숨(出息)의 작용(作用)을 나타낸 것이다. 인간의 혈액인 흰 핏돌과 붉은 핏돌을 근본진리(根本眞理)에서는 정(精)의 음양(陰陽)이라고 한다. 이러한 정(精)이 심장으로부터 공급받은 산소 O를 꽁무니에 달고 인체 내의 다섯 감각 기관과 연결된 유전인자와 유전인자가 거느린 수많은 세포들이 포진하여 있는 곳을 길을 따라 여행을 한다. 이러한 길의 양 옆에는 감각 기관과 연결된 신경망이 구축되어 있다. 이 길을 따라 여행을 하던 정(精)은 유전인자가 거느린 세포들이 발생시킨 이산화탄소 등을 만나 그곳에서 산소 O를 공급하고 발생된 이산화탄소를 달고 심장 속으로 귀환을 한다. 이러한 정(精)은 양자(陽子) 6과 전자(電子) 6을 가지고 있는 탄소 C의 원자핵(核)의 구조를 가진 일하는 소(牛)로써 비유를 한다. 이러한 정(精)은 심장 속으로 귀환을 한 후 6.6구조의 형태를 취한 성(性)에게 이산화탄소를 들여보내면 이산화탄소는 성(性)의 양자(陽子)들에게 부딪침으로써 정보(情報) 전달을 한 후 날숨(出息)이 되어 인체 밖으로 배출이 된다.

한편, 인체 내에서 신경망을 구축하고 있는 영체화된 전자(電子)들은 감각 기관을 통하여 그들이 가진 정보를 성(性)의 30궁(宮)의 전자(電子) 6에게 부딪침으로써 수시로 정보 전달을 하는 것이다. 이때 6.6구조 형태를 취한 성(性)의 30궁(宮)의 양자(陽子) 6과 전자 6이 궤도를 이루고 있는 아래의 《속성》과의 사이에 있는 빈 공간에서 부딪칠 때 발생한 미세한 양자광(陽子光)과 전자광(電子光)이 서로 어우러져 있게 된다. 이렇게 어우러져 있는 《양자광(陽子光)》과 《전자광(電子光)》을 『우파니샤드』에서는 《다르마의 구름》이라고 이름한다. 이 자체가 마음(心)인 것이다. 이 때문에 《성(性)의 30궁(宮)》과 《중성자 6》이 결합된 《성(性)의 36궁(宮)》 모두를 마음(心)의 근본 뿌리라고 하는 것이며, 마음(心)을 성(性)의 집(家)이라고 하여 삼가(三家)로 분류하는 것이다.

성(性)의 30궁(宮)은 원천 정보 제공자인 육식(六識)을 거느리고 있는 유전인자와 유전인자들이 거느리고 있는 수많은 세포들을 통제하는 뿌리로써 다섯 감각 기관과 의식을 다스리기 때문에 수행은 원천적으로 마음(心)이 일어나지 않게 하는 수행이 되어야 하는 것이다.

유전인자 4만 개 중 40궁(宮)을 제외한 유전인자를 덧붙여진 성(性)으로써 속성(屬性)이라고 이름한다. 이러한 속성(屬性)으로 자리하였던 유전인자들이 육신(肉身) 곳곳에 자리하여 그들이 거느리는 수많은 세포들이 그들로부터 발생되는 이산화탄소를《성(性)의 30궁(宮)》과 부딪침으로써 형성되는 마음(心)은 사실상 속성(屬性)인 유전인자들과 그들이 거느리는《세포군》들이 만들게 되는 마음(心)으로써《속성(屬性)》이 전달하는 잘못된 어두운 정보는 점점 더 어두운 마음(心)을 만들게 되는 것이다. 이러한 어두운 마음(心)이《감각기관》인 여섯 뿌리를 통하여 우뇌(右腦)에 있게 되는 진리(眞理)의 대명사인 세 가지 참됨 중의《진성(眞性)》과《진명(眞命)》에 전달되었을 때 당연히 진리(眞理)는 이것을 거부하게 되는 것이다. 이렇게 망령된 마음(心)이 우뇌(右腦)의《음(陰)》의 진성(眞性) 1과 진명(眞命) 1을 괴롭힐 때 이것을 거부하는 형태가 머리 아픔으로 되어 드러나게 되는 것이다. 이와 같이 망령된 마음(心)이 우뇌(右腦)의 진리(眞理)를 괴롭히는 것을 번뇌(煩惱)라고 하는 것이다. 마음을 일어나게 하는 주인공인 날숨(出息)과 진정(眞精)인《중성자 6》과 결합한《성(性)의 30궁(宮)》이 36궁(宮)이 되어 6.6구조인 탄소C 원자핵(核)의 구조를 갖출 때가 인간의 오장육부와 육신(肉身)의 진화(進化)를 담당하는 탄소 C의 순환의 길을 주도하는 것이다.

[마음(心) B] 도형은 인간의 육신(肉身)을 가지고 호흡할 때 들숨(入息)의 작용(作用)을 나타낸 것이다. 이때의 성(性)으로서의 진정(眞精)인 36궁(宮)은 산소 O의 원자핵(核)의 구조인 8.8의 구조를 갖추게 되어 산소 O를 호흡하는 체제를 갖춤으로써 산소 O를 호흡기를 통하여 받아들여 날숨(出息) 때에 이산화탄소를 떼어 놓은 일하는 소(牛)인 정(精)에게 다시 산소 O를 공급하여 육신(肉身) 구석구석 길을 따라 여행을 하게 하는 것이다.

[도형] 마음(心) B

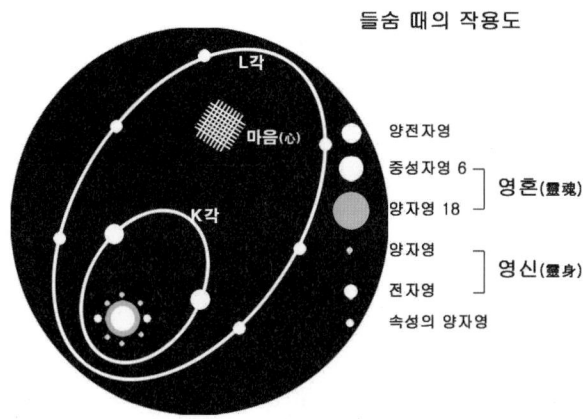

 산소 O 역시 성(性)의 30궁(宮)과 부딪쳐 생명력(生命力)을 불어 넣고 순화된 마음(心)을 만들게 된다. 궁극적으로 마음(心)은 날숨(出息) 때에 만들어진 마음(心)과 들숨(入息) 때에 만들어지는 마음(心)이 혼재되어 있는 곳으로써 마음(心) 자체의 밝고 어두움의 차이는 날숨(出息)과 들숨(入息) 때에 만들어진 《다르마의 구름》 비율에 따라 결정이 되는 것이다. 더러 분노가 치솟을 때 심호흡을 하게 되면 약간 진정되는 이유도 여기에서 기인한다.

 [마음(心) B] 노형의 특이한 섬은 성(性)으로서의 신정(眞精)이 산소 O의 원자핵(核)의 구조와 같은 8.8의 구조를 이룰 때 전자(電子)가 이루는 궤도에 있어서 K각을 이루는 내부에 진명(眞命)인 양전자(陽電子) 2가 임하여 양자(陽子) 8과 양전자(陽電子) 2와 전자(電子) 6의 합(合) 8이 8.8의 구조를 이루

게 됨으로써 산소 O의 생명력(生命力)을 더욱 밝게 한다는 사실이다.

진명(眞命)인 양전자(陽電子)는 전자(電子)가 진화된 반전자(反電子)로서 이를 원천 명(命)이라고 하며 진명(眞命)이라고 하는 것이다. 이러한 진명(眞命) 둘은 날숨(出息)의 구조로 36궁(宮)이 바뀔 때는 순간적으로 《편도》에 들어가 결합하는 것으로 알려져 있다. 그리고 다시 들숨(入息)의 구조로 바뀔 때 상기 도형과 같이 8.8의 구조를 이루게 되는 것이다. 결과적으로 숨(息)의 출입(出入)은 성(性)으로서의 진정(眞精)인 36궁(宮)이 양전자(陽電子)인 진명(眞命) 2와 함께 벌이는 작용(作用)인 것이다.

마음(心)을 일어나게 하는 주인공 중의 들숨(入息)과 성(性)으로서의 진정(眞精)인 36궁(宮)과 진명(眞命) 2가 이루는 8.8의 구조가 산소 O의 원자핵(核)의 구조를 갖출 때는 인간의 뇌(腦)의 부분과 인간을 지탱하는 뼈의 부분을 담당하는 산소 O의 순환의 길을 주도하는 것이다.

마> 본문(本文) 해설(解說)

지금까지 가>번, 라>번까지 설명된 내용을 참고하여 본문(本文) 해설에 임하겠다.

"소리 내어 기로써 원하고 기도드리면 반드시 친견할 수 있으니 너의 성(性)으로부터 하나님의 아들을 찾도록 하라. 너의 머릿속에 내려와 계시느니라."

'소리 내어 기로써 원하고 기도드리면'의 말씀의 뜻은 '소리 내어 기도드림'과 '기로써 원함'의 두 갈래 말씀을 한 곳에 묶은 말씀으로써 한단불교(桓檀佛敎)의 4대(四大) 경전(經典)인 『천부경(天符經)』, 『삼일신고(三一神誥)』, 『황제중경(皇帝中經)』, 『황제내경(皇帝內經)』 등의 경전(經典)을 소리 내어 독송하는 것을 '소리 내어 기도드림'으로 말씀하시고 이후 《복식 호흡》으로 고요히 정(定)에 머무르는 것을 '기로써 원함'으로 말씀하시는 것이다. 즉, 한단불교(桓檀佛敎)의 4대(四大) 경전(經典)을 소리 내어 독송(讀誦)하고 《복식 호흡》으로 고요히 선정(定)에 머무르게 되면 반드시 석가모니 하나님 부처님의 삼진(三眞)의 나뉨을 친견할 수 있음을 "소리 내어 기로써 원하고 기도드리면 반드시 친견할 수 있으니"라고 말씀하시는 것이다.

"너의 성(性)으로부터 하나님의 아들을 찾도록 하라. 너의 머릿속에 내려와 계시느니라."

'너의 성(性)'은 지금까지 설명된 여러분들 각각의 마음(心)의 근본 뿌리인 《성(性)의 30궁(宮)》을 말씀하시는 것이며 '하나님의 아들'은 《삼진(三眞)의 나뉨》을 말씀하시는 것이며 "너의 머릿속에 내려와 계시느니라"라는 말씀은 우뇌(右腦)에 자리한 진성(眞性) 1과 진명(眞命) 1이 양음(陽陰) 짝을 하고 있는 상태를 말씀하시는 것이다. 이러한 상태를 현대불교(現代佛敎)에서는 견성성불(見性成佛)이라고 하는 것이다. 즉, 견성성불(見性成佛)을 함으로써 삼진(三眞)의 존재를 알게 됨을 말씀하심으로써 궁극적으로는 견성성불(見性成佛)할 것을 재촉하는 말씀이 되는 것이다.

※ 講主

　상천궁(上天宮)의 첫째 자리에 있던 중성자 태양성(中性子太陽星)이 물질 분출 후 진성성(眞性星)으로 변화한 후 최근 대폭발을 일으킴으로써 개천이전(開天以前) 물질의 씨앗 생산과 물질 합성기 100억 년(億年)을 제외한 상천궁(上天宮)의 탄생으로부터 시작된 선천우주(先天宇宙)의 기간이 120억 년(億年)이 됨을 확인시켜 주는 기사가 신문에 게재된 적이 있어 이를 발췌하여 여러분들의 이해를 돕기 위해 소개드리는 바이다.

[120억 광년 우주서 대폭발]
(1998년 5월 8일자 동아일보에서)

[관측 이래 최대 규모 100억조 개 별(星) 분출 에너지양과 비슷]

『우주 관측 사상 가장 강력한 폭발이 지구로부터 1백 20억 광년 떨어진 곳에서 발생했다고 과학자들이 6일 밝혔다. GRB[감마선 폭발] 971214로 명명된 이번 폭발은 지난해 12월 14일 은하계 밖에서 발생해 지구와 태양에 미치는 영향은 없지만 그 폭발력이 우주(宇宙)의 모든 별들이 발산하는 에너지의 양과 같은 정도로 강력한 것으로 관측됐다.

　이번 폭발을 관측한 미국 캘리포니아대 기술연구소팀의 [슈리불카니] 박사는 이날 워싱턴 미국 항공우주국(NASA)에서 가진 기자 회견에서 이번 폭발은 과학자들이 예측할 수 있는 정도보다 수 백 배나 강력한 거의 상상할 수 없는 수준의 에너지를 분출했다고 말했다. 그에 따르면 약 2.10초 동안 계속된 이번 폭발은 우주 전체의 1백억 조 개의 별들이 같은 시간 동안 분출하는 에너지 양과 맞먹을 정도로 강력했던 것으로 추산된다.

천문학자들은 허블 우주 망원경을 통해 폭발 후 화염에 타오르는 것을 관측한 뒤 이를 분석, 폭발이 <u>1백 20억 광년</u> 떨어진 곳에서 일어났음을 밝혀냈다.』

[워싱턴 Ap. upi 연합]

[3] 제삼장(第三章) 천궁사십자(天宮四十字)

제삼장 천궁 사십자

하늘은 하나님의 나라이니 하나님의 궁전이 있으며 만 가지 착함이라야 하나님 궁전 계단을 오를 수 있고
만 가지 덕을 쌓아야 하나님 궁전 문을 들어설 수 있느니라.
하나님이 계신 곳을 많은 신령과 밝은 이들이 보호하고 모시고 있으니 크게 길하고 상서로우며 큰 빛으로 밝은 곳이니라. 오로지 성(性)을 통하고 힘들여 이루어낸 결과가 완전한 사람만이 영원한 즐거움을 얻게 되리라.

---

(1) 제목 해설(題目解說)

제삼장(第三章) 천궁(天宮) 사십자(四十字)

40은 4×10으로써 석가모니 하나님 부처님 용(用)의 수(數) 4의 완성을 뜻함으로써 상천궁(上天宮) 탄생 이후 만들어지는 《천일궁(天一宮) 10의 궁(宮)》을 완성하시는 수리(數理)이다. 고로 제목(題目)의 해설은 다음과 같다.

제삼장(第三章)　천일궁(天一宮)의 완성

(2) 한글경(經) 해설

하늘은 하나님의 나라이니 하나님의 궁전이 있으며
만 가지 착함이라야 하나님 궁전 계단을 오를 수 있고
만 가지 덕을 쌓아야 하나님 궁전 문을 들어설 수 있느니라.
하나님이 계신 곳을 많은 신령과 밝은 이들이 보호하고 모시고 있으니 크게 길하고 상서로우며 큰 빛으로 밝은 곳이니라. 오로지 성(性)을 통하고 힘들여 이루어낸 결과가 완전한 사람만이 영원한 즐거움을 얻게 되리라.

① "하늘은 하나님의 나라이니 하나님의 궁전이 있으며,"

　하늘(天)은 음양(陰陽) 짝을 하고 있다. 이러한 하늘(天)에 있어서《선천우주(先天宇宙)》음(陰)의 하늘(天)이 지금은 진화(進化)되어 사라진《상천궁(上天宮)》이 되며 양(陽)의 하늘(天)이《천일궁(天一宮) 10의 궁(宮)》이 되어《음양(陰陽)》짝을 하는 것이며, 다음으로《후천우주(後天宇宙)》《음(陰)》의 하늘(天)이《중앙천궁상궁(中央天宮上宮)》이 되며《양(陽)》의 하늘(天)이《중앙우주(中央宇宙) 100의 궁(宮)》이 됨으로써《음양(陰陽)》짝을 하는 것이다. 이러한 하늘(天)을 일시적으로 두 구분하여 설명하게 되나 후천우주(後天宇宙)의《중앙천궁상궁(中央天宮上宮)》과《중앙우주(中央宇宙) 100의 궁(宮)》이 모두 만들어졌을 때는 상천궁(上天宮)과 천일궁(天一宮)이 진화(進化)되어 사라져 진공(眞空)을 이루게 되는 것이다. 이와 같은 음양(陰陽)의 하늘에 있어서 대공(大空)의 근본 바탕과 경계가 된 진화된《상천궁(上天宮)》과《음양(陰陽)》짝을 한《천일궁(天一宮)》을 "하늘은 하나님의 나라이니"라고 말씀하시는 것이다.

　이와 같은《선천우주(先天宇宙)》와《후천우주(後天宇宙)》하늘(天)에 있어서 '하나님의 궁전'이 있는 곳은 상천궁(上天宮)과 중앙천궁상궁(中央天宮上宮)이다. 이러한 궁전에 있어서 현재의 시점으로 상천궁(上天宮)은 진화(進化)되어 진공(眞空)을 이루고 있는 관계로 석가모니 하나님 부처님의 궁전은 현대 별자리 이름으로《오리온좌 성단》으로 불리우는 천일일(天一一) 우주로 옮겨와 있으며 상천궁(上天宮)의 석가모니 하나님 부처님의 여섯 뿌리의 법궁(法宮)과 육신성(肉身星) 삼성(三星)의 축은 우리들 태양계(太陽界)의 목성(木星)과 달(月)과 화성(火星)과 지구(地球)로 옮겨와 있다. 후천우주(後天宇宙)에 들어서면서 우리들 태양계(太陽界)는 중앙천궁상궁(中央天宮上宮)으로 변화되어 있으나 중앙천궁상궁(中央天宮上宮) 운행은 이루어지지 않고 있는 상태이다.

　이러한 중앙천궁상궁(中央天宮上宮)에 있어서 중앙천궁상궁(中央天宮上宮) 운행

(運行)인 3-1-4의 길 운행이 이루어지고 나면 목성(木星)을 중심한 달(月), 화성(火星), 지구(地球)가 3-1의 길을 이루고 법공(法空) 전체의 O(ZERO) 지점에 자리하게 된다. 이러한 O(ZERO) 지점이 석가모니 하나님 부처님의 궁전이 되는 것이다. 이러한 '하나님의 궁전'은 항상 우주의 중심을 이루는 것이다. '하나님의 궁전' 외에 우주간(宇宙間)에는 수도 헤아릴 수 없는 모든 부처님들의 음양(陰陽)의 천궁(天宮)들이 있음을 아시기 바란다.

② "만 가지 착함이라야 하나님 궁전 계단을 오를 수 있고"

현재의 우주를 바탕하며 경계하는 대공(大空)의 경계가 되는 근본 바탕이 진성광(眞性光)과 진명광(眞命光)이 양음(陽陰) 짝을 한 《여섯 뿌리 진공(眞空)》으로써 진화된 《상천궁(上天宮)》역시 마찬가지이다. 이러한 《여섯 뿌리 진공(眞空)》의 근본 바탕이 착함인 선(善)인 것이다. '만 가지 착함'이란 수행으로 대공(大空)의 근본 바탕과 하나된 진화된 《상천궁(上天宮)》과 같이 하나 되는 경지를 말한다. 이러한 경지를 《적멸(寂滅)한 경계》에 들었다고 한다. 이와 같은 적멸(寂滅)한 경계에 들어가는 첫걸음을 걷는 분들을 《보살도(菩薩道) 성취의 보살(菩薩)》이라고 하는 것이다. 즉, '만 가지 착함'을 갖춘 자는 《보살도 성취의 보살》이 되는 것이다.

'하나님 궁전 계단'은 하나님 궁전으로 들어갈 수 있는 길(道)도 몇 단계를 거쳐야 함을 '계단'으로 표현하신 것이다. 이러한 '계단'의 첫 관문이 《보살도(菩薩道) 입문(入門)》의 보살이 되는 것이며 다음 단계가 《보살도 성취의 보살》이다. 이러한 단계에 있어서 '계단을 오를 수 있는' 단계가 불가(佛家)의 삼승(三乘)인 성문승(聲聞乘), 연각승(緣覺乘), 보살승(菩薩乘)에 있어서 모든 부처님들이 천궁(天宮)으로 들어가는 1-3의 보살승(菩薩乘)의 길을 '계단을 오를 수 있는' 단계로 말씀하시는 것이다. 이러한 단계를 《반야바라밀다(般若波羅蜜多)》에 의지해 천궁(天宮)으로 들어간다고 하는 것이다.

고로 상기 말씀의 전체적인 뜻은 "보살도(菩薩道) 성취의 보살(菩薩) 이룸으로써 반야바라밀다(般若波羅蜜多)에 의지해 모든 부처님들의 천궁(天宮)으로 들어가는 과정을 지나야 하며"라는 뜻의 말씀이다. 이러한 보살(菩薩)을 만행(萬行)의 보살(菩薩)이라고 한다.

③ "만 가지 덕을 쌓아야 하나님 궁전 문을 들어설 수 있느니라."

상기 말씀은 반야바라밀다(般若波羅蜜多)에 의지해 모든 부처님들의 천궁(天宮)으로 들어간 《보살도 성취의 보살》이 다음 단계인 《보살마하살》의 단계를 겪음으로써 불성(佛性)을 이루고 천궁(天宮)의 변화상을 겪은 후 밝은 별(星)을 법궁(法宮)으로 하여 우주간(宇宙間)에 그 모습을 드러내신 이후 많은 물질(物質)을 만들어 우주공간(宇宙空間)으로 흩어지게 한다. 이러한 물질(物質)을 공급받은 성단(星團)을 이룬 많은 별(星)들이 나름대로 진화(進化)를 하여 가는 행(行)을 "만 가지 덕을 쌓아야"라고 말씀하시는 것이다. 우리들 태양계(太陽界)를 《예》를 들어 말씀드리면, 토성(土星), 천왕성(天王星), 해왕성(海王星), 명왕성(冥王星) 같은 별(星)들을 법궁(法宮)으로 하신 《보살마하살》들로서 대표되시는 분이 《지장보살마하살》과 《약상보살》, 《약왕보살》 등이시다. 이러한 《보살마하살》들을 만덕(萬德)의 보살들이라고 한다. 이와 같은 과정의 다음 단계가 불법(佛法) 일치를 이루신 부처님들의 자리가 된다. 이러한 과정에 있어서 최소한 《보살마하살》의 지위에 들어야 석가모니 하나님 부처님의 궁전 문을 들어설 수 있음을 말씀하시는 것이다.

④ "하나님이 계신 곳을 많은 신령과 밝은 이들이 보호하고 모시고 있으니 크게 길하고 상서로우며 큰 빛으로 밝은 곳이니라."

　신령과 밝은 이들은 대신선보살(大神仙菩薩)들과 보살마하살 및 부처님들을 말씀하시는 것이다. 이러한 대신선보살(大神仙菩薩)들과 보살마하살들과 부처님들께서 석가모니 하나님 부처님 궁(宮)을 둘러싸고 보호하는 모습과 하나님 부처님 궁(宮)의 모습을 말씀하고 계시는 것이다. 《예》를 들어 말씀드리면, 현재의 별자리 이름으로 《오리온좌 성단》이 있는 곳이 대표적인 《예》이며 후천우주(後天宇宙)에 돌입한 지금의 때 《중앙천궁상궁(中央天宮上宮)》으로 변화한 우리들의 태양계(太陽界)가 좋은 예가 되는 것이다. 《중앙천궁상궁(中央天宮上宮)》으로 변화한 우리들 태양계(太陽界)에 있어서 《지구(地球)》에 거주하는 대부분의 인간들은 《중앙천궁상궁(中央天宮上宮) 운행(運行)》이 시작될 때 모두 바깥의 우주로 떠나야 하는 것이다.

⑤ "오로지 성(性)을 통하고 힘들여 이루어낸 결과가 완전한 사람만이 영원한 즐거움을 얻게 되리라."

　'오로지 성(性)을 통하고 힘들여 이루어낸 결과가 완전한 사람'을 《견성성불(見性成佛)》한 사람이라고 한다. 이와 같이 《견성성불(見性成佛)》한 자가 바로 《보살도(菩薩道) 성취의 보살(菩薩)》을 이룬 분을 말하며 이러한 보살(菩薩)을 《인간 완성의 부처(佛) 이루신 분》이라고 한다. 적어도 보살도 성취의 보살(菩薩)이 되어야 뒤로 물러나지 않는 영원한 즐거움을 얻는 대열에 들게 되는 것이다. 이와 같은 뜻을 말씀하신 내용이 된다.

[4] 제사장(第四章) 세계칠십이자(世界七十二字)

제사장 세계 칠십이자

너희들은 총총하게 널려 있는 별들을 보아라.
그 별들의 수가 다함이 없으며
크고 작고 밝고 어두우며 고통스럽고 즐거운 것이
모두 같은 것이 없느니라.
하나님께서 무리의 세계를 만드시고
태양이 비추는 세계를 다스릴 사람을 시켜
칠백 세계를 거느리게 하시니
너희들 땅덩어리가 스스로 큰 듯해도
하나의 평범한 세계일 따름이다.
불덩어리 가운데서 진동하여 흔들려
바다로 변하고 육지를 옮겨
이에 지금 보이는 현상이 이루어진 것이며,
하나님께서 기운을 불어넣어 바닥까지 감싸시고
햇빛을 비추어 열로써 색깔을 내시니
걸어 다니고 날아다니고 탈바꿈하고 헤엄치는 것을
헤아림으로써 만물이 많이 불어나고
늘어서 퍼졌느니라.

(1) 제목 해설(題目解說)

> 제사장(第四章)　세계 칠십이자(世界七十二字)

　72자(七十二字)의 72수리(數理)는 36과 36의 합수(合數)로써 36궁(宮)을 중심한 상계(上界)의 지(地)의 우주 세계와 36궁(宮)을 중심한 상계(上界)의 인(人)의 우주 세계를 뜻하는 수리이다. 이러한 36궁(宮)을 중심한 상계(上界)의 지(地)의 우주가 지일일(地一一), 지일이(地一二) 우주이며, 36궁(宮)을 중심한 상계(上界)의 인(人)의 우주는 인일일(人一一), 인일이(人一二), 인일삼(人一三) 우주이다. 고로 이의 해설은 다음과 같다.

> 제사장(第四章)
> 지일일(地一一), 지일이(地一二) 우주의 세계와
> 인일일(人一一), 인일이(人一二), 인일삼(人一三) 우주의 세계

※ 지일일(地一一), 지일이(地一二) 우주는 현재의 별자리 이름으로 《거문고 성단》, 마차부자리, 황소자리, 폴리아데스 성단 등이 되며 인일일(人一一), 인일이(人一二), 인일삼(人一三) 우주는 《오리온좌 성단》 아래로부터 은하수(銀河水)까지 별자리들이 여기에 소속한다.

(2) 한글경(經) 해설

> 너희들은 총총하게 널려 있는 별들을 보아라.
> 그 별들의 수가 다함이 없으며
> 크고 작고 밝고 어두우며 고통스럽고 즐거운 것이
> 모두 같은 것이 없느니라.
> 하나님께서 무리의 세계를 만드시고
> 태양이 비추는 세계를 다스릴 사람을 시켜
> 칠백 세계를 거느리게 하시니
> 너희들 땅덩어리가 스스로 큰 듯해도
> 하나의 평범한 세계일 따름이다.
> 불덩어리 가운데서 진동하여 흔들려
> 바다로 변하고 육지를 옮겨
> 이에 지금 보이는 현상이 이루어진 것이며,
> 하나님께서 기운을 불어넣어 바닥까지 감싸시고
> 햇빛을 비추어 열로써 색깔을 내시니
> 걸어 다니고 날아다니고 탈바꿈하고 헤엄치는 것을
> 헤아림으로써 만물이 많이 불어나고
> 늘어서 퍼졌느니라.

① "너희들은 총총하게 널려 있는 별들을 보아라.
　　그 별들의 수가 다함이 없으며
　　크고 작고 밝고 어두우며 고통스럽고 즐거운 것이
　　모두 같은 것이 없느니라."

우주 공간(空間)에 있는 수도 헤아릴 수 없는 많은 별(星)들은 진화(進化)의 과정에 있어서 밝은 별(星)로 진화(進化)를 할 때가 되면 별(星)의 핵(核)과 별(星) 자체가 분리되어 진화(進化)를 하게 된다. 이러한 과정에 있어서 별들 핵(核)의 진화가 영체(靈體)의 진화(進化)를 하게 된다. 이러한 영체(靈體)의 진화 과정이 인간 육신(肉身)을 가지고 태어나 마음(心)의 근본 뿌리인 성(性)의 30궁(宮)의《맑음과 밝음》을 갖추어 가는 과정이 된다.

영체(靈體)의 진화(進化)의 과정을 크게 여섯 구분한 것이 불가(佛家)의 육도(六道)로써《지옥, 아귀, 축생, 수라, 인간, 천인(天人)》이다. 이러한《육도(六道)》중 지옥, 아귀, 축생을《삼악도(三惡道)》라고 하며 인간들의 진화(進化)의 과정이《아수라, 인간, 천인(天人)》이다. 이와 같이 5도(五道)에 머문 인간이 다음으로 진화(進化)하여야 되는 단계가 천인(天人)이다. 이러한 천인(天人)을 크게 세 구분한 것이 삼승(三乘)인 성문승(聲聞乘), 연각승(緣覺乘), 보살승(菩薩乘)이라고 하며 이외에도 연각승(緣覺乘)과 동행을 하는《그림자 우주》진화(進化)의 길을 독각승(獨覺乘)이라고 하는 것이다. 이와 같이 삼승(三乘)과 독각승(獨覺乘)들이 인간 육신(肉身)을 가지고 태어났을 때를《성문, 연각, 보살, 독각》이라고 하는 것이다.

이러한《천인(天人)》대열에 있는 성문승(聲聞乘), 연각승(緣覺乘), 보살승(菩薩乘) 등의 삼승(三乘)과 독각승(獨覺乘) 등이《별(星)들의 핵(核)》과《별(星)》자체가《음양(陰陽)》일치를 이루고 있는 상태인 것이다. 이 때문에 부처님들께서는 공간(空間)의 별(星)들과 인간을 동일시(同一視)하시는 것이다. 즉, 수많은 인간들이 각각 다른 모습을 가지듯이 공간(空間)의 별(星)들도 "**크고 작고 밝고 어두우며 고통스럽고 즐거운 것이 모두 같은 것이 없느니라.**" 라고 말씀하시는 것이다.

영체(靈體)의 태어남을 크게 네 구분한 것이 불가(佛家)의 사생(四生)으로써

《습기로 태어나는 것》,《알로써 태어나는 것》,《태로써 태어나는 것》, 《화하여 태어나는 것》등의 습생(濕生), 난생(卵生), 태생(胎生), 화생(化生)에 있어서 제일 진화(進化)된 태어남이 화생(化生)인 《화하여 태어나는 것》이 다. 인간의 진화(進化)에 있어서 《태로써 태어나는》때는 광대한 우주적 시간(時間) 개념으로 볼 때 극히 짧은 시간에 지나지 않으며, 이러한 태생 (胎生)의 과정을 거쳐야 진화(進化)하여 화생(化生)의 단계로 넘어가는 것이다. 즉, 천인(天人)으로 태어날 때는 모두가 화(化)하여 태어남을 부처님들께서 는 밝히고 계시며 이후의 인간 진화(進化)의 과정은 모두 화생(化生)으로써 진화(進化)를 하는 것이다.

이 때문에 인간 육신(肉身)을 가지고 태어났을 때 마음(心)의 근본 뿌리 인 《성(性)의 30궁(宮)》이 《맑음과 밝음》을 갖추든지 보살심(菩薩心)의 근본 뿌리인 《성령(性靈)의 30궁(宮)》을 이루었을 때, 또 하나의 자기(自己)의 육신 (肉身)인 저 공간(空間)의 별(星)을 육신(肉身)으로 하여 그 중심부에서 화(化)한 인간이 영신(靈身)의 궁(宮)을 갖게 되는 것이다. 이렇듯 별(星)을 육신(肉身)으로 한 화(化)하여 태어난 인간의 역량에 따라 별(星)의 크고 작음과 밝고 어두움의 차이와 고통과 즐거움의 차이가 각양각색인 것이다. 이러한 점을 이 단원에서는 말씀하시는 것이다. 현재 지상(地上)으로 태어나는 인간들 마음(心)의 근본 뿌리인《성(性)의 30궁(宮)》중《영(靈) 18》은 모두가 《100억 년(億年)》에서 《800억 년》의 진화(進化)의 기간을 거쳤음을 부처님들께서 밝히시고 있는 점을 깊이 인식하시기 바란다.

② "하나님께서 무리의 세계를 만드시고
　　태양이 비추는 세계를 다스릴 사람을 시켜
　　칠백 세계를 거느리게 하시니"

상기 말씀은 《석가모니 하나님 부처님》께서 우주를 크게 세 구분한 천(天)·지(地)·인(人)의 우주를 창조하시는 장면을 "하나님께서 무리의 세계를 만드시고"라고 말씀하시는 것이며 이러한 천(天)·지(地)·인(人)의 우주에 있어서 천(天)과 인(人)의 우주는 《석가모니 하나님 부처님》께서 직접 관여하여 천(天)의 우주는 석가모니 하나님 부처님 분신불(分身佛)이신 《아미타불(佛)》께서 다스리게 하시며 《인(人)》의 우주는 《석가모니 하나님 부처님》께서 직접 다스리시는 것이다. 이러한 다스림을 '1-3-1의 길 다스림'이라고 한다.

한편, 《지(地)》의 우주는 《석가모니 하나님 부처님》의 우주적 장자(長子)이신 《노사나불(佛)》로 하여금 다스리시게 하는 것이다. 이러한 다스림을 '1-4-1의 길 다스림'이라고 하며, 이와 같은 다스림의 정상에 노사나불(佛)의 분신불(分身佛)과 화신불(化身佛)로 이루어진 《북두칠성(北斗七星)》의 칠성불(七星佛)이 계신다. 이러한 노사나불(佛)과 칠성불(七星佛)을 '태양이 비추는 세계를 다스릴 사람'으로 말씀하시는 것이다.

다음으로 '칠백세계'는 7×100의 수리(數理)를 가짐으로써 7의 수리는 천(天)·지(地)·인(人)의 우주 중 지(地)의 우주 전체를 뜻하는 수리이며, 100의 수리는 81궁(宮) 100세계(世界)를 뜻하는 수리이다. 천(天)·지(地)·인(人)의 우주에 있어서 지(地)의 우주 1세계(一世界)는 81궁(宮)을 이야기한다. 360의 1개 대은하성단(星團)에 있어서 중심을 이룬 36궁(宮)을 제외한 324를 4등분하면 1세계(一世界)가 되는 것이다. 이와 같은 일세계(一世界)가 100이 될 때 은하성단은 《25》이 되는 것이다. 이러한 《25》의 대은하성단 각각은 《36궁(宮)》을 가짐으로써 이들의 계산은 《36×25=800》으로써 《360》 2개 성단과 《80》이 남게 되는데 이러한 《80》에는 《노사나불수(數) 1》이 함께 함으로써 《81궁(宮)》이 된다. 그러므로 전체적으로는 《대은하성단(大銀河星團)》 27개와 81궁(宮) 하나를 다스린다는 뜻이다. 이러한 대은하성단 《27》과 《81궁(宮)》 하나가 지(地)의 우주 전체의 세계를 대은하성단으로 계산한 수(數)가 되는 것이다. 그러므로 이의 뜻은 《선후천(先後天) 지(地)의 우주 전체》를 거느리게 하신다는 뜻을 "칠백세계를 거느리게 하시니"라고 말씀하시는 것이다. 이러한 뜻의 말씀을 모두 종합 정리하면 다음과 같다. "석가모니 하나님 부처님께서 천(天)·지(地)·인(人)의 우주 세계를 만드시고 태양이 비추는 세계 중 노사나불(佛)과 칠성불(七星佛)을 시켜 선후천(先後天) 지(地)의 우주 전체를 거느리게 하시니"라고 해설이 된다.

③ "너희들 땅덩어리가 스스로 큰 듯해도
　 하나의 평범한 세계일 따름이다.
　 불덩어리 가운데서 진동하여 흔들려
　 바다로 변하고 육지를 옮겨
　 이에 지금 보이는 현상이 이루어진 것이며"

상기 말씀은 우리들이 살고 있는 지구(地球)를 두고 하시는 말씀이다. 우리들의 지구(地球)는 인일이(人一二) 우주에서 탄생한 후 뒤따라 탄생하는 달(月)과 화성(火星)과 함께 《석가모니 하나님 부처님》의 여섯 뿌리의 법궁(法宮)인 목성(木星)을 중심으로 자리한 후 이동하여 중계(中界)의 우주로 들어와서 《석가모니 하나님 부처님》께서 《수미산》으로 비유하는 지이삼(地二三) 우주 외곽에서 《지일(地一)》의 7성(星)과 함께 한세계(一世界)를 이룬 것이 우리들의 태양계(太陽界)이다. 이러한 우리들의 태양계(太陽界)는 지구계 시간 서기(西紀) 2000년을 기점으로 후천우주(後天宇宙)에 들어서면서 46억 살의 주기에 처음 들어섰으며, 이때를 기점으로 우리들의 태양계(太陽界)도 지금까지 소속하여 있던 지이삼(地二三) 우주로부터 벗어나서 우주의 중앙점(中央點)인 《O(ZERO)》 지점에 도착하여 《중앙천궁상궁(中央天宮上宮)》으로 변화되었으나 중앙천궁상궁(中央天宮上宮)의 운행(運行)은 아직까지 일어나지 않고 있다. 이러한 우리들 태양계(太陽界)에 소속하여 있는 《지구(地球)》가 "스스로 큰 듯해도 하나의 평범한 세계일 뿐이니라."라고 말씀하시는 것이며, 지구(地球) 탄생으로부터 지금까지, 45억 년(億年)의 생성 변화의 장면을 간략히 "불덩어리 가운데서 진동하여 흔들려 바다로 변하고 육지를 옮겨, 이에 지금 보이는 현상이 이루어진 것이며"라고 말씀하시는 것이다.

④ "하나님께서 기운을 불어 넣어 바닥까지 감싸시고
　 햇빛을 비추어 열로써 색깔을 내시니
　 걸어 다니고 날아다니고 탈바꿈하고 헤엄치는 것을
　 헤아림으로써 만물이 많이 불어나고
　 늘어서 퍼졌느니라."

상기 말씀은 우리들이 살고 있는 지구(地球)에서 만물(萬物)이 자랄 수 있는 환경이 조성됨으로써 만물(萬物)이 많이 불어나고 늘어서 퍼져 나갔음을 말씀하시는 장면이다. 이러한 만물(萬物)의 진화(進化)도 크게 나누면, 우주의 법칙 중 이음일양(二陰一陽)의 법칙을 따르고 향하는 영체(靈體)의 진화(進化)의 길과 일음이양(一陰二陽)의 법칙을 따르는 물질(物質)의 진화(進化)의 길이 있다. 이러한 진화(進化)의 길에서 이음일양(二陰一陽)의 법칙을 따르는 영체(靈體)의 진화(進化)의 길을 석가모니 하나님 부처님께서 크게 여섯 구분한 것이 육도(六道)로써 《지옥, 아귀, 축생, 수라, 인간, 천인》이다. 이러한 육도(六道)에 있어서 《지옥, 아귀, 축생》을 삼악도(三惡道)라고 하며 《수라, 인간, 천인》이 인간들의 진화(進化)의 길이다. 또한 이러한 육도(六道)에서 태어남(生)을 네 구분한 것이 사생(四生)으로써 《습생(濕生), 난생(卵生), 태생(胎生), 화생(化生)》이다.

이와 같은 육도(六道)와 사생(四生)에 있어서 제일 진화(進化)가 많이 된 것이 천인(天人)과 화생(化生)이다. 이러한 구분에서 사생(四生)의 움직임인 행(行)을 네 구분한 것이 '걸어 다니고 날아다니고 탈바꿈하고 헤엄치는 것'으로써 《인간 영신(靈身)》과 《짐승 영신(靈身)》과 《물고기》, 《어패류 영신(靈身)》과 《곤충 영신(靈身)》 진화를 하는 무리들을 총체적으로 말씀하시는 것이다. 이와 같은 만물(萬物)이 진화(進化)를 하는데 필수적으로 필요한 것이 태양성(太陽星)의 햇빛과 따뜻한 열(熱)이다. 이러한 점을 "**햇빛을 비추어 열로써 색깔을 내시니**"라고 말씀하시는 것이며, 또한 진화(進化)의 환경 조성 첫 번째 조건이 지구(地球)의 대기권 형성이다. 이러한 지구 대기권의 형성을 "**하나님께서 기운을 불어 넣어 바닥까지 감싸시고**"라고 말씀하시는 것이다.

[5] 제오장(第五章) 인물일백육십칠자(人物一白六十七字)

제오장 인물 일백육십칠자

사람과 만물이 한 가지로 받으나, 삼진(三眞)을 생각하면
사람들이 땅 위에 살면서, 미혹에 빠져, 삼망이 뿌리에 붙음으로 삼진과 삼망이 삼도에서 대작하게 되었다.
가로되 성과 명과 정으로 인간은 온전하게 받고
만물은 편중되게 받았으니
진성은 착함이니 악함이 없어 상철이 통하고
진명은 맑음이니 흐림이 없어 중철인이 이를 알고
진정은 후함이니 박함이 없어 하철인이 이를 보전하며
삼진을 하나로 하여 하나님에게 되돌리는 것이다.
가로되 마음과 기와 몸은
마음은 성(性)에 의지하여 선과 악을 가지고 있으니 선하면 복이 되고 악하면 화를 입는다.
기(氣)는 명(命)에 의지하여 맑음과 탁함을 가지고 있으니 맑으면 오래 살고 탁하면 일찍 죽는다.
몸은 정(精)에 의지하여 후함과 박함을 가지고 있으나 후하면 길하고 박하면 천하다.
가로되 느낌과 호흡과 촉감이 함께 굴러서 열여덟 가지 경계를 이루느니라.

느낌은 기쁨, 놀람, 슬픔, 성냄, 욕심냄, 미워함이며
호흡은 분기, 란기, 한기, 열기, 진기, 습기이며
촉감은 소리와 색깔과 냄새와 맛과 성욕의 접촉이
다.
착함과 악함과 맑음과 흐림과 후함과 박함이 서로
뒤섞이어 갈림길의 경계를 넘어 멋대로 달리다가
낳고 자라고 병들고 죽고 고통 받는 등의 나락으로
떨어지니 밝은 사람은 느낌을 그치고 호흡을 조절
하고
촉감을 금하여 오직 하나님의 뜻으로 화(化)하여
나아감으로써 헛됨을 바꾸니 이는 곧 참됨이니
빛이 크게 일어나는 기틀이 되어
성(性)을 통하는 힘들여 노력한 결과가 완성이 되는
것이다.

(1) 제목 해설(題目解說)

제오장(第五章)   인물(人物)   일백육십칠자(一百六十七字)

　인물(人物)은 인간들과 물질(物質)을 뜻하는 용어이며, 167의 수리(數理)는 9와 19와 72와 72의 수리를 합한 수리로써 9의 수리는 모든 태양성(太陽星)들이 가지는 태양수(太陽數) 9를 뜻하는 수리이며, 19의 수리는 창조주

의 수리로써 십거일적(十鉅一積)을 뜻하는 수리이며, 72의 수리는 36궁(宮)과 36궁(宮) 둘을 뜻하는 수리로써 이를 '72궁(宮)'이라고 한다. 이러한 뜻을 감안한 제목의 직역(直譯)은 다음과 같다.

제오장(第五章)
태양성(太陽星)들의 십거일적(十鉅一積)으로 만든
72궁(宮)과 72궁(宮)이 창조한 인간들과 물질(物質)

※ 용어(用語) 해설

1. 십거일적(十鉅一積)

모든 태양성(太陽星)들의 가시적(可視的)인 수명은 《석가모니 하나님 부처님》의 《여섯 뿌리》의 법궁(法宮)을 제외하고는 모두가 100억 년(億年)이다. 이러한 100억 년(億年)에 있어서 왕성한 활동기가 50억 년(億年)이며 이후 태양성(太陽星) 핵(核)의 붕괴로 흑점 활동 등이 일어나는 기간이 5억 년(億年)이다. 이와 같은 왕성한 활동기 50억 년(億年)과 핵(核)의 붕괴기 5억 년(億年)을 합한 55억 년(億年)을 왕성한 물질(物質) 생산기로써 '십거(十鉅)의 기간'이라고 한다. 가시적인 수명 100억 년(億年)에서 십거(十鉅)의 기간 55억 년(億年)을 감한 45억 년(億年)이 태양성(太陽星)의 《수축 기간》이 된다.

이와 같은 십거(+鉅)의 기간 55억 년(億年)에 있어서 태양성(太陽星) 핵(核)의 붕괴 기간 5억 년(億年) 동안은 흑점 활동 등에 의한《항성풍》에 의해 새로운 천궁(天宮)인《커블랙홀》이 만들어지는 때가 된다. 이렇게 만들어진《커블랙홀》은 이후《태양수(太陽數) ⊕9의 핵(核)》→《화이트홀》→《퀘이샤》→《황금알 대일(大一)》의 과정을 거치면서 수많은 별(星)들을 생산한다. 이와 같은《커블랙홀》이 4단계의 과정을 거친 기간이 45억 년(億年)이다. 이러한 45억 년(億年)을 하나를 쌓아 아홉을 이룬다고 하여 이를 '일적(一積)의 기간'이라고 하는 것이며 이를 일러 천궁(天宮)의 변화상이라고 하는 것이다.

이와 같은 십거(+鉅) 기간과 일적(一積)의 기간을 합쳐 십거일적(+鉅一積)이라고 하며《기독인》의『요한계시록』에 등장하는《알파와 오메가》가 바로 창조주의 수(數)인 19수(數)를 말하는 것이며 이를 일러 '십거일적(+鉅一積)'이라고 하는 것이다. 이러한 십거일적(+鉅一積)의 기간 내에 많은 물질(物質)의 씨앗과 별(星)들이 탄생하게 됨으로 이를《창조주의 수(數)》라고 하는 것이다.

2. 72궁(宮)

이 장에서의 72궁(宮)은 36궁(宮)과 36궁(宮) 둘을 뜻함으로써 우주를 크게 세 구분한 천(天)·지(地)·인(人)의 우주에 있어서 중계(中界)의 우주 천(天)과 인(人)의 우주 36궁(宮)들로써 36궁(宮)을 중심한 천이삼(天二三) 우주와 36궁(宮)을 중심한 인이삼(人二三) 우주들의 36궁(宮) 둘을 뜻하는 용어인 것이다. 고로 이의 의역(意譯)은 천이삼(天二三) 우주와 인이삼(人二三) 우주가 되는 것이다.

또 다른 의미의 72궁(宮)은 36궁(宮)과 36궁(宮) 둘을 뜻함으로써 우주를 크게 세 구분한 천(天)·지(地)·인(人)의 우주에 있어서 중계(中界)의 우주 지(地)의 우주 36궁(宮)과 지(地)의 우주 변두리에 자리한 36궁(宮)을 이룬 우리들의 태양계(太陽界)를 뜻하는 36궁(宮)으로써 36궁(宮)을 중심한 지이삼(地二三) 우주와 우리들의 태양계(太陽界)를 뜻하는 용어인 것이다. 고로 이의 의역(意譯)은 지이삼(地二三) 우주와 우리들 태양계(太陽界)가 되는 것이다.

※ 이러한 의역(意譯)을 감안한 제목(題目)의 해설은 다음과 같다.

제오장(第五章)
태양성(太陽星)의 십거일적(十鉅一積)으로 만든 천이삼(天二三), 인이삼(人二三), 지이삼(地二三) 우주와 우리들 태양계(太陽界)가 창조한 인간들과 물질(物質)

---

(2) 한글경(經) 해설

사람과 만물이 한 가지로 받으나, 삼진(三眞)을 생각하면
사람들이 땅 위에 살면서, 미혹에 빠져, 삼망이

뿌리에 붙음으로 삼진과 삼망이 삼도에서 대작하게 되었다.
가로되 성과 명과 정으로 인간은 온전하게 받고 만물은 편중되게 받았으니
진성은 착함이니 악함이 없어 상철이 통하고
진명은 맑음이니 흐림이 없어 중철인이 이를 알고
진정은 후함이니 박함이 없어 하철인이 이를 보전하며
삼진을 하나로 하여 하나님에게 되돌리는 것이다.
가로되 마음과 기와 몸은
마음은 성(性)에 의지하여 선과 악을 가지고 있으니 선하면 복이 되고 악하면 화를 입는다.
기(氣)는 명(命)에 의지하여 맑음과 탁함을 가지고 있으니
맑으면 오래 살고 탁하면 일찍 죽는다.
몸은 정(精)에 의지하여 후함과 박함을 가지고 있으나 후하면 길하고 박하면 천하다.
가로되 느낌과 호흡과 촉감이 함께 굴러서 열여덟 가지 경계를 이루느니라.
느낌은 기쁨, 놀람, 슬픔, 성냄, 욕심냄, 미워함이며
호흡은 분기, 란기, 한기, 열기, 진기, 습기이며
촉감은 소리와 색깔과 냄새와 맛과 성욕의 접촉이다.
착함과 악함과 맑음과 흐림과 후함과 박함이 서로 뒤섞이어 갈림길의 경계를 넘어 멋대로 달리다가
낳고 자라고 병들고 죽고 고통 받는 등의 나락으로 떨어지니 밝은 사람은 느낌을 그치고 호흡을 조절하고
촉감을 금하여 오직 하나님의 뜻으로 화(化)하여
나아감으로써 헛됨을 바꾸니 이는 곧 참됨이니

> 빛이 크게 일어나는 기틀이 되어
> 성(性)을 통하는 힘들여 노력한 결과가 완성이 되는
> 것이다.

① "사람과 만물이 한 가지로 받으나, 삼진(三眞)을 생각하면
　사람들이 땅 위에 살면서, 미혹에 빠져, 삼망이
　뿌리에 붙음으로 삼진과 삼망이 삼도에서 대작하게 되었다.
　가로되 성과 명과 정으로 인간은 온전하게 받고 만물은
　편중되게 받았으니"

　상기 말씀 중의 "사람과 만물이 한 가지로 받으나"의 한 가지로 받는 것은 각각의 개체수가 다른 《성(性)》을 말씀하시는 것이다. 이러한 성(性)을 세분화한 것이 《성(性), 명(命), 정(精)》으로써 이를 《삼본(三本)》이라고도 한다. 이와 같은 각각의 개체수가 다른 성(性)에 있어서 인간의 성(性)을 《성(性)의 30궁(宮)》이라고 한다. 이러한 《성(性)의 30궁(宮)》은 《양자(陽子) 24》와 《전자(電子) 6》으로 이루어져 있는 인간 진화(進化)의 주인공이 된다. 이와 같은 《성(性)의 30궁(宮)》을 세분화하면 《양자(陽子) 18》을 《성(性)》이라고 하며 《전자(電子) 6》을 《명(命)》이라고 하며 인간 육신(肉身)의 개체의 양자(陽子)들을 다스리는 《양자(陽子) 6》을 《정(精)》이라고 한다. 또한, 《전자(電子) 6》과 육신(肉身)을 담당하는 《양자(陽子) 6》을 음양합일(陰陽合一)된 육근(六根)을 다스리는 《여섯 뿌리》라고 하는 것이다.

　삼진(三眞)은 세 가지 참됨으로써 진성(眞性), 진명(眞命), 진정(眞精)을 이름하며 이를 《석가모니 하나님 부처님》의 나뉨을 이야기한다. 《진성(眞性)》

은 반중성자(反中性子)이며《진명(眞命)》은 양전자(陽電子)이며《진정(眞精)》은 중성자(中性子)이다.《석가모니 하나님 부처님》께서 하나님의 자리에 머무르실 때가《진성성(眞性星)》에 머무실 때이다. 이러한 진성성(眞性星)이 반중성자(反中性子)가 중심이 되고 양전자(陽電子)가 그 외곽을 둘러싼 진성성(眞性星)으로써 현대 과학에서는 이를《슈바르츠실트 블랙홀》이라고 한다. 이러한《석가모니 하나님 부처님》의 법궁(法宮)이 지금의 별자리 이름으로《오리온좌 성단》이 있는 천일일(天一一) 우주에 존재하고 있다. 그리고 우리들 태양계(太陽界)의《목성(木星)》이 중성자(中性子) 태양성(太陽星)으로써 이를《석가모니 하나님 부처님》의《여섯 뿌리의 법궁(法宮)》이라고 한다. 이와 같이《석가모니 하나님 부처님》의 법궁(法宮)인《진성성(眞性星)》과《목성(木星)》으로부터 나뉨을 받은 것이 삼진(三眞)인 것이다.

석가모니 하나님 부처님의《여섯 뿌리》의 법궁(法宮)인 목성(木星)은 이제막 목성(木星) 핵(核)의 붕괴기에 돌입하여 많은 진공(眞空) 뿌루샤들을 외부로 분출하고 있다. 이러한 핵(核)의 붕괴 기간이 끝이 나면 목성(木星) 역시《슈바르츠실트 블랙홀》로 바뀔 것임을《석가모니 하나님 부처님》께서는 밝히고 계신다.

가>"삼진(三眞)을 생각하면 사람들이 땅 위에 살면서, 미혹에 빠져, 삼망이 뿌리에 붙음으로 삼진과 삼망이 삼도에서 대작하게 되었다."

상기 말씀 중 중요한 대목이 "**삼망이 뿌리에 붙음으로**"이다. 이때의《삼망(三妄)》은 악(惡), 탁(濁), 박(薄)을 말씀하시는 것이며 '뿌리'는 육근(六根)인 안(眼), 이(耳), 비(鼻), 설(舌), 신(身), 의(意)를 있게 하는 성(性), 명(命), 정(精)을 말씀하시는 것이다. 삼망(三妄)인《악, 탁, 박》이 육근(六根)을 있게 하는 성(性), 명(命), 정(精)에 붙음으로써라는 뜻의 말씀이다. 삼도(三途)는 세 갈래 길로써 감(感), 식(息), 촉(觸)을 말씀하시는 것이다.

이러한 뜻을 감안한 전체적인 뜻을 재구성하면 다음과 같다. "진성(眞性), 진명(眞命), 진정(眞精)을 생각하면, 사람들이 땅 위에 살면서 미혹에 빠져 악(惡), 탁(濁), 박(薄)이 육근(六根)을 있게 하는 성(性), 명(命), 정(精)에 붙음으로 진성(眞性), 진명(眞命), 진정(眞精)과 악(惡), 탁(濁), 박(薄)이 세 갈래 길인 감(感), 식(息), 촉(觸)에서 대작하게 되었다."라는 뜻의 말씀이 된다.

인간 진화(進化)의 주인공은 마음(心)의 근본 뿌리인《성(性)의 30궁(宮)》이다. 이러한《성(性)의 30궁(宮)》이 여러분들의 육신(肉身) 속에 자리한 본체(本體)로서 또 하나의 자기(自己)로서 육신(肉身)의 주인공이 되는 것이다. 이와 같이 또 하나의 자기(自己) 진화(進化)를 돕기 위해 여러분들의 본체(本體)인《성(性)의 30궁(宮)》에 임하게 되는 것이《석가모니 하나님 부처님》의 나뉨인《삼진(三眞) 10》이다. 이러한 삼진(三眞) 10이《성(性)의 30궁(宮)》에 임하는 때가 처음 어머니(母)의 자궁(子宮)에서 수태가 이루어질 때이다. 이러한 과정을 석가모니 하나님 부처님께서는 십이인연법(十二因緣法)으로 설명을 하고 계신다.

이와 같이《삼진(三眞) 10》이 진화(進化)의 주인공인《성(性)의 30궁(宮)》과 함께 40궁(宮)을 이루어 작용(作用)하는 내용을 [제이장(第二章) 일신(一神) 오십일자(五十一字)]편의《②항 다>, 라>》에서 상세히 설명 드린 바가 있으니 이를 참고하시고 상기 대목의 이해를 위해 상기 인용분의 일부분을 재인용하여 설명 드리겠다.

[도형] 마음(心) B

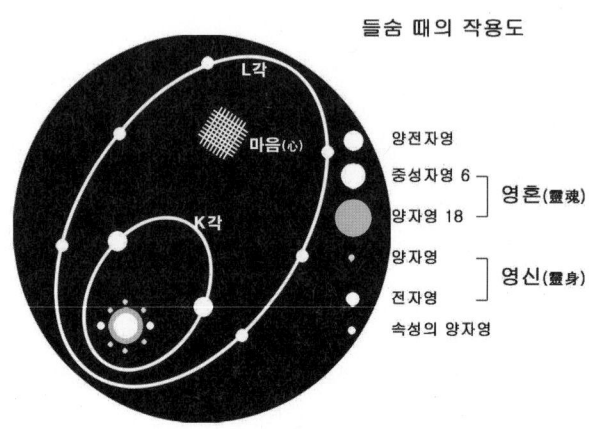

상기 도형은 《삼진(三眞) 10》과 《성(性)의 30궁(宮)》이 합하여져 《40궁(宮)》을 이룬 것 중 《진성(眞性) 1》은 《음양(陰陽)》 분리되어 《음(陰)의 진성 1》은 《우뇌(右腦)》에 남고 《양(陽)의 진성 1》은 왼쪽 눈(眼)동자로 자리하고 《진명(眞命) 1》은 오른쪽 눈동자로 자리하며 이를 제외한 《38궁(宮)》이 여러분들의 심장에 자리하여 들숨(入息) 작용(作用)을 할 때의 작용도로써 《석가모니 하나님 부처님》께서 밝히시는 작용도이다.

이러한 작용도에 있어서 《양자(陽子) 6》과 《전자(電子) 6》이 육근(六根)인 안(眼), 이(耳), 비(鼻), 설(舌), 신(身), 의(意)를 다스리는 근원적 뿌리이다. 이러한 안(眼), 이(耳), 비(鼻), 설(舌), 신(身), 의(意)는 사실상 인간 육신(肉身) 전체를 이야기한다. 이와 같은 육신(肉身)을 이루고 있는 안(眼), 이(耳), 비(鼻), 설(舌), 신(身), 의(意)는 신경망을 통한 감각과 호흡과 육신(肉身)의 접촉에 의해 그 정보(情報)가 꾸준히 육근(六根)을 다스리는 양자(陽子) 6과 전자

(電子) 6에 전달이 됨과 동시에 육근(六根)을 이루고 있는 수많은 개체의 양자(陽子)와 전자(電子)에게도 입력이 된다.

　　이러한 정보(情報)의 입력에 있어서 좋은 정보(情報)만 입력이 되는 것이 아니고, 삼망(三妄)인 악(惡), 탁(濁), 박(薄)에 의한 나쁜 정보(情報)도 입력이 되는 것이다. 이러한 정보(情報) 중에서 《육근(六根)》을 다스리는 양자(陽子) 6과 전자(電子) 6에 입력되는 정보는 정보 중의 뼈대가 되는 공통분모(分母)로써 밝은 것을 '혜(慧)'라고 하며, 어두운 나쁜 것을 '업(業)'이라고 한다.

　　마음(心)의 근본 뿌리인 《성(性)의 30궁(宮)》을 세분화하면, 《양자(陽子) 18》이 성(性)이 되고 전자(電子) 6이 명(命)이 되며 양자(陽子) 6이 정(精)이 되어 인체 내의 영체(靈體)를 이루고 있는 개체의 전자(電子)들과 양자(陽子)들을 다스리는 것이다. 이와 같이 세분화된 구분에서 명(命)인 전자(電子) 6과 정(精)인 양자(陽子) 6이 육근(六根)을 다스리는 것이다. 성(性)의 양자(陽子) 18 중 8은 인간의 뇌(腦)를 다스리며 나머지 10은 밝음을 완성한 양자(陽子)로써 삼진 중의 중성자 6과 결합하여 《성(性)의 36궁(宮)》의 중심에 자리하여 인체 내의 열(熱)을 공급하는 주인공이 되는 것이다. 이러한 작용(作用)에서 《성(性)의 36궁(宮)》으로 들어오는 모든 정보(情報)가 세 갈래 길인 감(感), 식(息), 촉(觸)을 통하여 육근(六根)인 안(眼), 이(耳), 비(鼻), 설(舌), 신(身) 다섯 감각 기관과 좌뇌(左腦)의 의식(意識)의 창고로부터 이다.

　　즉, 이러한 모든 정보(情報)의 통제는 《성(性)의 30궁(宮)》이 하게 되는 것이다. 이와 같은 《성(性)의 30궁(宮)》이 악(惡), 탁(濁), 박(薄)에 물들게 되면 진화(進化)는 역행을 하게 되므로 《성(性)의 30궁(宮)》의 바른 진화(進化)를 위해 석가모니 하나님 부처님의 세 가지 참됨인 《삼진(三眞)》이 내려와 진화(進化)를 돕게 되는 것이다. 이러한 《삼진(三眞)》이 《삼도(三途)》에서 《삼망(三妄)》과 대작하는 이유는 오로지 《삼본(三本)》인 성(性), 명(命), 정(精)의 진화(進

化)를 돕기 위한 것임을 아시기 바란다.

《삼진(三眞) 10》과《성(性)의 30궁(宮)》이 함께 자리한 40궁(宮)이 육근(六根)을 다스리는 것이 인체 내의《유전자 4만 개》이다. 이러한 유전자 4만 개 중《성(性)의 40궁(宮)》을 제외한《39,960》를《속성(屬性)》이라고 하며《속성(屬性)》이 다스리는 것이 인체 내의《백억조(百億兆) 개》의 세포인 것이다.

나> "가로되 성과 명과 정으로 인간은 온전하게 받고 만물은 편중되게 받았으니"

인간의 마음(心)의 근본 뿌리인《성(性)의 30궁(宮)》을 세분화한 것이 성(性)과 명(命)과 정(精)이다. 이러한《성, 명, 정》이 육근(六根)인《안, 이, 비, 설, 신, 의》를 있게 하고 다스리는 진화(進化)의 주인공이다. 이와 같은《성, 명, 정》은 만물(萬物)이 각각 개체수는 다르나 골고루 가지고 있다. 그러나 인간만이《석가모니 하나님 부처님》의 나뉨인《삼진(三眞)》을 편중되게 받고 있는 것을 "가로되 성과 명과 정으로 인간은 온전하게 받고 만물은 편중되게 받았으니"라고 말씀하고 계시는 것이다.

석가모니 하나님 부처님께서 영체(靈體)의 진화(進化)를 크게《여섯 구분》한 것이 지옥, 아귀, 축생, 수라, 인간, 천인(天人)으로써 이를 '육도(六道)'라고 한다. 이러한 진화(進化)에 있어서 5도(道)에 있는 인간 진화(進化)의 다음 단계가 천인(天人)이다. 이와 같은 천인(天人)을 불가(佛家)에서는 성문승(聲聞乘), 연각승(緣覺乘), 보살승(菩薩乘) 등 삼승(三乘)으로 이름한다.

육도(六道)에 있어서 4도(道)에 있는 《수라》가 《아수라》로서 인간 탈을 쓴 짐승들을 이야기하는 것이다. 즉, 《구석기인》들이 《아수라》에 해당한다. 이러한 《구석기인》들을 우리들 조상님들께서는 《무리》 또는 《족(族)》으로 이름한 것이다. 이 때문에 육도(六道)에 있어서 《지옥, 아귀, 축생》을 '삼악도(三惡道)'라고 하며 《수라, 인간, 천인》을 '인간 진화(進化)의 도(道)'라고 하는 것이다.

이와 같이 진화(進化)하여 온 《구석기인》들의 진화(進化)를 돕기 위해 하늘(天)로부터 대거 불(佛), 보살(菩薩), 신선(神仙)들께서 내려 오셔서 《한님》, 《한웅(桓熊)》, 《단군(檀君)》, 《파라오》 등으로 이름하시고 인간 지도자들이 되시어 같이 내려온 분들과 함께 《구석기인》들에게 하늘(天)의 씨앗을 심은 것이 《삼진(三眞)》이다. 이렇게 《구석기인》들이 삼진(三眞)의 씨앗을 받음으로써 《신석기인》으로 전환이 되어 농경 사회를 열고 계속 진화를 이루어 문명기(文明期)를 열게 됨으로써, 인간으로 자리하게 된 것이다. 때문에 《신석기인》 이후를 인간이라고 이름하는 것이며, 삼진(三眞)을 받고 안받고의 경계가 《신석기인》과 《구석기인》의 차이가 되는 것이다.

② "진성은 착함이니 악함이 없어 상철인이 통하고
　　진명은 맑음이니 흐림이 없어 중철인이 이를 알고
　　진정은 후함이니 박함이 없어 하철인이 이를 보전하며
　　삼진을 하나로 하여 하나님에게 되돌리는 것이다."

삼진(三眞) 중의 진성(眞性)은 반중성자(反中性子)로써 근본 바탕이 착함인 선(善)이며, 진명(眞命)은 양전자(陽電子)로써 근본 바탕이 맑음이며 진정(眞精)은 중성자(中性子)로써 그 근본 바탕이 넉넉함인 후(厚)함이다. 이러한 삼진(三眞)

의 근본 바탕인 착함과 맑음과 후함을 《삼체(三體)》라고 한다. 《진성(眞性)》인 《반중성자(反中性子)》와 《진정(眞精)》인 《중성자(中性子)》는 부딪치게 되면 《진성광(眞性光)》으로 진화(進化)를 하게 된다. 그러나 세간(世間)에서는 《진성(眞性)》인 《반중성자(反中性子)》를 《진명(眞命)》인 《양전자(陽電子)》가 《양음(陽陰)》짝을 하여 항상 둥글게 싸게 됨으로써 진정(眞精)인 중성자(中性子)와의 충돌을 막게 되는 것이다.

석가모니 하나님 부처님의 궁(宮)인 《진성성(眞性星)》이 《슈바르츠실트 블랙홀》임을 밝혀 드렸다. 이와 같은 《진성성(眞性星)》의 중심부는 《진성(眞性)》인 반중성자(反中性子)가 자리하고 그 외곽을 《진명(眞命)》인 《양전자(陽電子)》가 둥글게 싸고 있다. 이러한 《진성성(眞性星)》은 우주간(宇宙間)에서 진화(進化)를 완성한 《진정(眞精)》인 개체의 중성자(中性子)들을 끌어 들여 충돌함으로써 《음(陰)의 진성광(眞性光)》과 《양(陽)의 진성광(眞性光)》을 발생시키며 진화(進化)를 완성한 개체의 전자(電子)들을 끌어 들여 양전자(陽電子)와 부딪치게 함으로써 《양(陽)의 진명광(眞命光)》과 《음(陰)의 진명광(眞命光)》을 발생시킨다. 이렇게 발생된 《양(陽)의 진성광(眞性光)》과 《양(陽)의 진명광(眞命光)》은 서로가 양음(陽陰) 짝을 함으로써 《여섯 뿌리의 진공(眞空)》을 이루어 현재의 우주를 바탕하며 경계하는 대공(大空)을 이룬다. 또한, 《음(陰)의 진성광(眞性光)》과 《음(陰)의 진명광(眞命光)》은 서로가 양음(陽陰) 짝을 하여, 현재의 우주를 바탕하며 경계하는 대공(大空)의 크기보다 1.5배 크기의 두터운 《암흑물질》층을 뚫고, 1.5배 크기의 두터운 암흑물질층 외곽에서 암흑물질층을 둥글게 싸고 있는 불(火)꽃 없는 무색투명한 불(火)의 바퀴인 《적멸보궁》으로 들어가 《적멸보궁》의 일원이 되는 것이다. 이렇듯 현재의 우주를 바탕하며 경계하는 《대공(大空)》과 《적멸보궁(寂滅寶宮)》은 《석가모니 하나님 부처님》의 진신(眞身) 중의 진신(眞身)이 《양음(陽陰)》짝을 한 것이다.

즉, 《삼진(三眞)》이 진화(進化)를 함으로써 《석가모니 하나님 부처님》의 진신(眞身) 중의 진신(眞身)으로 돌아가는 것을 "삼진을 하나로 하여 하나님에게 되돌리는 것이다"라고 말씀하시는 것이다. 이러한 《삼진(三眞)》과 《삼본(三本)》인 《성(性), 명(命), 정(精)》의 진화(進化) 관계를 간단히 나타내면 다음과 같다.

[성(性), 명(命), 정(精)의 진화(進化) 관계]

양자(陽子)　　　→　중성자(中性子)　→　반중성자(反中性子)　→　진성광
성(性)과 정(精)　　　　진정(眞精)　　　　진성(眞性)　　　　　　(眞性光)

전자(電子)　　　→　양전자(陽電子)　→　진명광(眞命光)
명(命)　　　　　　　　진명(眞命)

※ 《진성(眞性)》의 자리는 <u>《석가모니 하나님 부처님》의 고유 권한의 자리이자 절대자의 자리</u>이며 모든 부처님들의 자리는 중성자(中性子)인 진정(眞精)과 양전자(陽電子)인 진명(眞命)이 양음(陽陰) 짝을 한 자리가 되는 것이다.

③ "가로되 마음과 기와 몸은 마음은 성(性)에 의지하여 선과 악을 가지고 있으니 선하면 복이 되고 악하면 화를 입는다."

<u>마음(心)과 기(氣)와 몸(身)</u>을 《삼본(三本)》인 《성(性), 명(命), 정(精)》의 집이라고 하여 《삼가(三家)》라고 이름한다. 《성(性)의 30궁(宮)》의 작용(作用)에 있어서 마음(心)을 설명 드린 적이 있다. 이러한 <u>마음(心)이 성(性)의 양사군(陽子群)</u>들에게 의지하기 때문에 마음(心)의 근본 뿌리가 성(性)임을 『삼일신고(三一神誥)』에서도 밝히고 있는 것이다. 이 장에서 말씀하시는 성(性)은 《성(性)의 30궁(宮)》 중의 《양자(陽子) 18》을 말씀하시는 것이다. 개체의 양자(陽子)

145

가 정보체(情報體)임을 현대 과학은 분명히 밝혀 놓고 있다. 이러한 개체의 양자(陽子)가 인간의 본체(本體)인《성(性)의 30궁(宮)》을 이루기까지는 100억 년(億年)의 진화(進化)의 기간을 가졌음을 부처님들께서는 밝히고 계신다.

이러한 인간의《성(性)의 30궁(宮)》에 있어서《양자(陽子) 24》에 입력되는 정보(情報)는 밝은 정보의 이치와 어두운 정보의 이치가 동시에 입력이 된다. 이때 입력되는 밝은 정보의 이치를 지혜(智慧)의《혜(慧)》로써 이름하며, 어두운 정보의 이치를《업(業)》이라고 한다. 이러한 정보(情報)의 이치 중 밝은 정보의 이치인《혜(慧)》는 착함인 선(善)의 바탕으로부터 비롯되며, 어두운 정보의 이치인《업(業)》은 악(惡)함의 바탕인《암흑물질》로부터 비롯된다. 이러한 정보(情報)의 이치 중《혜(慧)》의 축적이 많이 되면 많이 될수록 인간의《성(性)》은 밝아져 어두움의 이치인《업(業)》으로부터는 멀어지게 되나 반대의 경우는 고통스러운《업(業)》의 굴레를 벗어나지 못하게 되는 것이다. 이러한 뜻을 "마음(心)은 성(性)에 의지하여 선과 악을 가지고 있으니 선하면 복이 되고 악하면 화를 입는다."라고 말씀하시는 것이다.

④ "기(氣)는 명(命)에 의지하여 맑음과 탁함을 가지고 있으니 맑으면 오래 살고 탁하면 일찍 죽는다."

《성(性)의 30궁(宮)》을 세분화하였을 때《전자(電子) 6》을《명(命)》이라고 한다. 이러한《명(命)》은 인체내(人體內)의 수많은 개체의 전자(電子)들을 다스린다. 이러한 개체의 전자(電子)들을 '기(氣)'라고 하는 것이다. 기(氣)란 엄밀하게 규정을 하면 다섯 기초 원소가 만들어지기 전의 오온(五蘊)의 단계에 있는 미세한 물질들 모두를 기(氣)라고 하나 상기 대목에서는 전자(電

子)를 이름하고 있다. 이와 같은 개체의 전자(電子)들이 영체(靈體)를 이루고 있는 대표적인 예가 인체의 2/3가 수분(水分)으로 이루어져 있다는 사실이며 이러한 수분(水分)을 이루고 있는 모두가 개체의 전자(電子)들이 다른 원소와 복합체를 이루어 영체(靈體)와 신경망을 이루고 있는 것이다. 총체적인 작용(作用)은 개체의 전자(電子)들이 주도하는 것을 말한다. 이러한 수도 헤아릴 수 없는 개체의 전자(電子)들을 성(性)의 명(命)인 전자(電子) 6이 다스리고 있는 것이다.

　이러한 《명(命)》인 《전자(電子) 6》은 《맑음》이 그 본체이나 육신(肉身)의 욕망(慾望)에 의해 《흐르고 탁하여》지는 것이다. 이와 같은 《명(命)》이 맑음을 항상 유지하였을 때 오래 살며 흐리고 탁하여졌을 때 일찍 죽는 것이다. 이러한 갈림길이 육신(肉身)의 욕망(慾望)에 의한 《집착(執着)》이 되는 것이다. 《성(性)의 30궁(宮)》에 있어서 성(性)을 이루는 《양자(陽子) 18》을 《영(靈)》이라고 하며 명(命)을 이루는 《양자(陽子) 6》과 《전자(電子) 6》을 《영신(靈身)》이라고 한다. 인간이 죽음을 맞이하여 육신(肉身)을 벗었을 때 여러분들의 본체인 《영(靈)과 영신(靈身)》은 하나가 되어 육신(肉身)을 빠져나와 다시 그 모습을 드러낼 때는 《화(化)하여》 태어나는 것이다. 다만, 사후(死後)의 세계와 차원이 다른 관계로 여러분들의 육안(肉眼)으로 보지 못할 뿐인 것이다.

　《석가모니 하나님 부처님》께서는 태어남(生)을 사생(四生)으로 구분하신다. 즉,《습생》,《난생》,《태생》,《화생》으로써 습기로 태어나는 것, 알로써 태어나는 것, 태로써 태어나는 것, 화하여 태어나는 것으로써, 이러한 태어남에 있어서 제일 진화(進化)된 태어남이 화하여 태어나는 《화생(化生)》인 것이다. 이와 같은 화생(化生)을 하였을 때 보면 명(命)이 흐리고 탁한 자는 다 떨어진 남루한 옷을 입고 있는 것을 보게 된다. 성(性)과 정(精)에 입력된 나쁜 정보(情報)의 이치보다 명(命)이 흐리고 탁한 것이 육도윤회(六道輪廻)에 있어서 업장이 두터운 자들이 걷는 삼악도(三惡道) 윤회의 직접적인 원인이 되는 것이다.

⑤ "몸은 정(情)에 의지하여 후함과 박함을 가지고 있으나 후하면 길하고 박하면 천하다."

몸(身)은 피부와 근육, 오장육부 등을 이름한다. 이러한 몸(身)은 《성(性)의 30궁(宮)》 중의 《정(精)》으로 이름되는 《양자(陽子) 6》이 거느리는 육신(肉身) 속의 수많은 개체의 양자(陽子)들이 영체(靈體)를 이룬 흰 핏돌, 붉은 핏돌 등의 혈액(血液)에 의해 만들어진다. 이와 같이 《정(精)》인 《양자(陽子) 6》에 의해 관리되는 육신(肉身) 속의 영체(靈體)를 이룬 수많은 개체의 양자(陽子)들에 의해 유지되는 몸(身)을 말씀하시는 것으로써, 이러한 《정(精)》인 《양자(陽子) 6》과 그가 거느리는 영체를 이룬 개체의 양자(陽子)들은 《넉넉함》과 《인색함》을 가지고 있으므로 넉넉하면 길하고 박하면 천하다고 말씀하시는 내용이다. 인간이 인간 육신(肉身)을 가지고 태어나는 목적을 여러분들께서는 똑바로 아셔야 될 때가 온 것 같다.

《석가모니 하나님 부처님》께서는 《영체(靈體)》의 《진화(進化)》의 길을 크게 묶어 여섯 구분한 것이 《육도(六道)》인 지옥, 아귀, 축생, 아수라, 인간, 천인(天人)이라고 말씀드렸다. 이러한 진화(進化)의 길에서 《5도(道)》의 자리까지 진화(進化)하여 온 인간이 다음으로 진화(進化)하여야 하는 자리가 《천인(天人)》으로서 이를 《삼승(三乘)》인 성문승(聲聞乘)과 연각승(緣覺乘)과 보살승(菩薩乘)으로 《석가모니 하나님 부처님》께서는 말씀하고 계신다. 삼승(三乘)의 승(乘)자는 《수레 승》자이다. 이의 뜻하는 바는 우주 공간(空間)의 수많은 별(星)들을 《수레》로써 나타낸 용어가 승(乘)자인 것이다. 즉, 《천인(天人)》들은 모두가 자기의 《별(星)》을 가지고 있다는 뜻이며 자기의 별

(星)에 태어날 때가 화(化)하여 태어나는 화생(化生)인 것이다.

이렇듯 천인(天人)으로 태어날 때의 조건이 인간이 진화(進化)를 이루어 각각의 본체인 《성(性)의 30궁(宮)》이 《맑음과 밝음》을 모두 갖추거나 보살도(菩薩道) 성취의 보살(菩薩)을 이루어야 하는 것이다. 이와 같은 인간 진화(進化)에 있어서 육신(肉身)이 갖추어야 하는 것이 《아름다움》인 것이다. 이러한 《아름다움》이 곧 사무량심(四無量心)인 《자비희사(慈悲喜捨)》인 것이다. 이와 같은 아름다움을 갖추는 정점에 《정(精)》인 《양자(陽子) 6》과 거느리는 수많은 영체화된 개체의 양자(陽子)들이 있는 것이다. 이와 같은 아름다움을 갖추기 위해 인간들은 숙명적(宿命的)으로 고통을 감내하는 《사바세계》에 태어나 몸(身)의 단련을 받아 진화(進化)를 하여야 《성(性)의 30궁(宮)》에 입력된 암흑물질을 모두 청소하게 됨으로써 《맑음과 밝음》을 이룰 수 있는 것이며 이러한 가르침을 위해 『삼일신고(三一神誥)』가 있는 것이며, 《석가모니 하나님 부처님》과 우주간에 《실존(實存)》하시는 모든 《부처님들》의 가르침이 있는 것이다. 이러한 《정(精)》인 《양자(陽子) 6》에 의지한 몸(身)의 관계가 잘 나타난 내용이 필자의 저서(著書) 『(改訂版) 불교기초교리 핵심 81강』(2015)편에 있어서 이를 인용하여 여러분들의 이해를 도우고자 한다.

※ [사바세계(娑婆世界)란 무엇입니까?]

사바(娑婆)는 범어(梵語)로 Sabha가 되며 인토(忍土), 감인토(堪忍土), 인계(忍界)로 번역되므로 사바세계(娑婆世界)란 인토(忍土), 감인토(堪忍土), 인계(忍界)의 세계(世界)라는 뜻이 된다. 세 가지로 번역된 뜻말의 우리말 풀이는 《탄소 C》의 순환의 세계라는 뜻과도 통하는 말이 된다. 즉, 우리들이 살아가는 세계(世界)는 탄소 C의 순환의 세계로써 모든 식물은《탄소 동화 작용》에 의지해 생장(生長)하며 이러한 생장(生長)의 결과물인 식물 및 열매에 의지한 동물의 세계가 있으며 식물의 세계와 동물의 세계에 먹이사슬을 가지고 있는 것이 육신(肉身)을 가지고 있는 인간(人間)들이다.

이러한 점을 볼 때, 인간의 육신은 이들로부터 영양분을 흡수하여 만들어진《탄소 화합물(化合物)》에 지나지 않는 것이다. 이와 같은《탄소 화합물》은 진화(進化)적인 면으로 볼 때 숙명적으로 단련을 받게 되어 있는 것이다. 비유로써 말씀을 드리면, 철강(鐵鋼)에 있어서 탄소 C의 함유량이 많은 철강(鐵鋼)이 강한 철강으로 알려져 있다. 이러한 철강의 일부를 칼(刀)을 만들기 위해 고열로 벌겋게 달구어 대장장이가 두들겨서 철강의 불순물을 제거하기를 계속하여 철강의 불순물이 모두 제거되었을 때 이 칼(刀)은 쇠(鐵)가 쇠(鐵)를 자르는 명검(名劍)으로 변화하는 것이다.

《석가모니 하나님 부처님》께서는 이러한《명검(名劍)》을 곧잘《지혜(智慧)》로써 비유를 하신다. 이와 같이 인간의 육신(肉身) 역시 인간 마음(心)의 근본 뿌리인《성(性)의 양자(陽子) 24》의 단련을 위해 마치 대장장이가 벌겋게 달구어진 쇠(鐵)를 불순물을 제거하기 위해 두들기듯이 단련을 하여야 하는 숙명적인 운명을 가지게 되는 것이다. 이 때문에 옛 어른들은 만석꾼은 만 가지 걱정, 천석꾼은 천 가지 걱정을 가지고 있다고 하신 것이다. 부자는 부자대로 가난한 자는 가난한 대로 육신(肉身)을 가진 인간은 누구나 똑같이 단련을 받아야 하므로 차라리 가난한 쪽이 한결 더 가벼이 단련을 받게 되므로 가난을 서러워할 필요까지는 없는 것이다.

이와 같이《탄소 C의 순환의 세계》에 있어서 숙명적으로 인간들이 받아야 하는 단련의 대상 용어가 인토(忍土), 감인토(堪忍土), 인계(忍界)의 세계로써 참고 견디어 내야만 하는 세계(世界)로써 사바세계(娑婆世界)라고 하는 것이다. 특히, 우리들이 살고 있는 지구는 현재로서는 태양성(太陽星)을 중심으로 회전을 하고 있다. 이 때문에 태양성(太陽星)의 빛에 의한 탄소 동화작용이 일어나는 것이다.

    이러한 태양성(太陽星)의 핵(核)은 양전자(陽電子) 덩어리로 이루어져 있음을 근본진리(根本眞理)가 밝히고 있다. 태양성(太陽星)의 핵(核)도 태양 흑점 활동에 의해 거의 붕괴되어 태양성(太陽星) 외부로 빠져나온 상태로 있다.《태양성(太陽星)》이 활발한 활동을 할 때 강력한 태양광(太陽光)을 외부로 발산한다. 이때 많은《전자(電子)》가 생산되기 때문에 우리들이 살고 있는 현재의 세계는 전자(電子)가 바탕으로 하는 세계라고 한다. 먼저 진행한 비유에서 쇠(鐵)를 두들기는 대장장이가 바로 인간들에게는 이러한 전자(電子)가 되며 쇠(鐵)는 마음(心)의 근본 뿌리인《성(性)의 양자(陽子) 24》가 되며《양자(陽子) 24》를 벌겋게 달구는 역할은《중성자(中性子) 6》의 몫이다. 이러한 점에 대해서도 깊이 사고(思考)해 보시기 바란다.

---

⑥ "가로되 느낌과 호흡과 촉감이 함께 굴러서 열여덟 가지 경계를 이루느니라. 느낌은 기쁨, 놀람, 슬픔, 성냄, 욕심냄, 미워함이며 호흡은 분기, 란기, 한기, 열기, 진기, 습기이며 촉감은 소리와 색깔과 냄새와 맛과 성욕의 접촉이다."

    상기 말씀은《정(精)》인 양자(陽子) 6에게 삼도(三途)인 느낌(感)과 호흡(息)과 촉감(觡)으로부터 들어오는 18경계를 말씀하시는 것으로써《정(精)》인《양자(陽子) 6》과 이들이 거느리는 인체 내의 영체를 이루고 있는 수많은 개체의 양자(陽子)들이 삼도(三途)를 통하여 들어오는 18경계의 정보(情報)를 가지게 됨으로써 육신(肉身)이 지배당하는 장면을 말씀하고 계시는 것이다. 이와 같은 18경계로부터 비롯되는 육신(肉身)의 욕망이 집착(執着)이 됨으로써 죽음이라 불리는 육신(肉身)의 떠남 이후 인간들이 육도윤회(六道輪廻)의 괴로움과 고통으로 가득 찬 길을 걷게 되는 것이다. 이러한 괴로움과 고통으로부터 벗어나는 가르침을 위해 상기 말씀을 하시는 것이다.

이와 같은 삼도(三途)를 통한 18경계로부터 벗어나는 수행을 마음(心)을 겨냥한 양(陽)의 18경계 참선(參禪) 수행이라고 한다.『삼일신고(三一神誥)』에서 가르치는 마음(心)을 겨냥한 양(陽)의 18경계 선(禪) 수행의 대전제 조건은《성(性)》의《밝음》을 전제로 한 수행으로써 오늘날 성(性)의 밝음을 도외시한 마음(心) 타령만 하는 중원 대륙으로부터 한민족(韓民族) 말살을 위해 유입된 교외별전(敎外別傳)으로 이름되는《간화선, 여래선, 조사선, 묵조선》등과는 크게 차이가 나는 이상적인 수행이라는 사실을 분명히 인식하셔야 하는 것이다. 이러한 마음(心)을 겨냥한 양(陽)의 18경계 선(禪) 수행을 다시 정리하면 다음과 같다.

[마음(心)을 겨냥한 양(陽)의 18경계]

삼가(三家) ─┬─ 심(心) : 마음
           ├─ 기(氣) : 호흡
           └─ 신(身) : 육신

이와 같은 마음(心)을 겨냥한 양(陽)의 18경계 선(禪) 수행과 짝을 하는 수행이《석가모니 하나님 부처님》께서 전하신 보살도(菩薩道) 수행의 선정(禪定)이 마음(心)의 근본 뿌리인《성(性)》을 직접 겨냥한 수행으로써 이를 《음(陰)의 18경계 수행》이라고 한다. 이러한《음(陰)의 18경계》를 상기 《양(陽)의 18경계 이해》를 위해 정리하면 다음과 같다.

[마음(心)을 겨냥한 음(陰)의 18경계]

성(性)의 30궁(宮)	삼본(三本)	성(性)	양자 18	영혼(靈魂)의 영(靈)
		명(命)	전자 6	영신(靈身)
		정(精)	양자 6	
음(陰)의 18경계	육근(六根)	: 안(眼), 이(耳), 비(鼻), 설(舌), 신(身), 의(意)		
	육경(六境)	: 색(色), 성(聲), 향(香), 미(味), 촉(觸), 법(法)		
	육식(六識)	: 안식(眼識), 이식(耳識), 비식(鼻識), 설식(舌識), 신식(身識), 의식(意識)		

※ 육근(六根), 육경(六境), 육식(六識)이 음(陰)의 18경계가 된다. 마음(心)을 겨냥한《양(陽)의 18경계》와《성(性)의 30궁(宮)》을 직접 겨냥하는《음(陰)의 18경계》가 선(禪) 수행의《양음(陽陰) 36 경계》가 되는 것이다.

※ 講主

　　세계사(世界史)에 유례없는 한민족(韓民族)의 고대 종교가 한단불교(桓檀佛敎)였으며 4대(四大) 경전(經典)이『천부경(天符經)』「81자(字)」와『삼일신고(三一神誥)』와『황제중경(皇帝中經)』과『황제내경(皇帝內經)』이었음을《삼일신고(三一神誥)》해설(解說)을 하면서 줄기차게 밝혀 왔다. 이러한 4대 경전(經典)이 사실상 한민족(韓民族) 역사의 중심에 있는 경전들임을 후손(後孫)들은 분명히 알아야 하는 것이다. 한단불교(桓檀佛敎)가 시작된 시점은 지금의 중앙아시아에 있는《타클라마칸 사막》으로써《천상(天上)》의 재앙(災殃)으로 사막으로 변화하기 이전 한민족(韓民族)의 국가가 있었을 때의 명칭이《배달국》이며《수메르 신화(神話)》에서는《밝은 땅 딜문(Dilmun)》이라고 하였다.

　　이러한《배달국》에서 북방(北方) 경로를 통하여 101년의 대장정 끝에 한민족(韓民族) 주력 세력이 도착한 곳이 한(韓)반도이며 이때의 나라 이름이《한국(韓國)》이였음을 부처님들께서는 밝히고 계신다. 이때의《한국(韓國)》은 한반도 내의《구석기인》들을《신석기인》으로 전환을 시키고 농경 사회를 열 때이며 이후 한반도 내의 인간 교화가 끝이 난 후 교화의 축을 도시 국가인 신시(神市)를 만들어 거점으로 상고 교화의 축을 옮겨 가면서 배달국 쪽으로 서진(西進)함으로써 중원 대륙 전체를 교화하게 된다. 이로써《한국(韓國)》의 10대《갈고 한웅님》(재위 3071BC~2971BC) 때에는 이미 중원 대륙 심장부에서 교화 활동을 하셨음을『한단고기(桓檀古記)』의 역사 기록은 전하고 있다.

　　이와 같이《한국(韓國)》때부터 있어 왔던 한민족(韓民族)의 역사(歷史)는《BC 3898년》부터 시작이 되었으니 지금으로부터 약 6,000년 전(前)이 되는 것이다.『삼일신고(三一神誥)』가 경전으로 등장한 때가 5대《태우의 한웅님》(재위 3512BC~3419BC) 이후가 된다. 이러한 《태우의 한웅님》의 막내 아들로 태어난 자(者)가 《문수보살(文殊菩薩)》의 후신(後身)인 《복희씨》이며 이 때 한웅님들의 교화의 축은 중원 대륙의 산동반도로 옮겨와 활동을 하실 때이다. 이때 한민족(韓民族)의 한단불교(桓檀佛敎)에서는 수행으로써 《선(禪)》 수행을 하였음을 밝혀 주는 기록이 상기 기록인 것이다. 여러 번 밝혔다시피, 한국(韓國) 때의 교화의 정점에 계셨던 18분(分)의 《한웅님》들이 모두 《창조주 부처님》들께서 인간 지도자로 오셨을 때의 호칭이라는 점을 인정하셔야 될 때인 것이다.

이로써 《한웅님》들의 《교화》의 기간이 끝이 나고 다음으로 단군(檀君)들에 의한 《치화》의 시대가 시작되는 첫걸음이 단군왕검(檀君王儉)이 《단군조선(檀君朝鮮)》을 열게 됨으로써 시작이 된 것이다. 이러한 《단군조선(檀君朝鮮)》은 BC 2333년부터 BC 232년까지 47대 단군들에 의해 다스린 기록이 한민족(韓民族)의 상고사(上古史) 일부 기록으로 전하여져 오고 있다. 그러나 한문(韓文)으로 된 이러한 기록들을 《한글》 해석까지는 하였으나 《한글》 해석한 내용도 제대로 알아보지 못하는 자들이 급기야는 이러한 천금보다도 더 귀중한 기록을 부정하고 팽개쳐 버리다보니 급기야 오늘날의 중국 지도자들은 《동북공정》이라는 이름으로 찬란하였던 한민족(韓民族)의 역사를 송두리째 삼킬려고 하고 있는 것이다. 한민족(韓民族)의 상고사(上古史)가 정리되면 지구계(地球界) 역사뿐만 아니라 종교가 한단불교(桓檀佛敎)가 최초의 종교(宗敎)임을 아시게 될 것이다. 그러므로 현재의 때로 봐서 동양 3국인 한국, 중국, 일본의 역사는 새로 써야 하며 그러하므로 모든 역사적 시비는 사라지게 될 것이다.

꼭 하나 더 여러분들께 당부드릴 말씀은 지금으로부터 4,000년 전부터 지금까지 중원 대륙의 지배자와 지도층들은 어느 때 누가 되든지 간에 한결같이 한민족(韓民族)의 역사 말살과 함께 한민족(韓民族) 자체 말살을 획책하고 있다는 사실과 하층민으로의 전락을 목표로 하고 있다는 사실

155

을 깊이 인식하셔야 될 것이며 이로써 정신들을 바짝 차려야 할 것이다. BC 2333년(年)부터 BC 232년(年)까지 존속하였던 중원 대륙에서의 한민족(韓民族) 고대 국가인《단군조선(檀君朝鮮)》의 최고 통치자들을 단군(檀君)으로 이름하였다. 이러한 단군(檀君)의 단(檀)이 선(禪)의 고자(古字)임이 밝혀진 바가 있다. 즉, 단군(檀君)은 곧 선군(禪君)이라는 뜻이다. 이러한 호칭을 한 선(禪)이 이미 한민족의 수행의 방편으로 있었다는 사실이《선교(仙敎)》의 실체를 증명하고 있는 것이다.

그리고 단군(檀君)에 대한 이야기가 나온 김에 한 가지 분명히 해야 할 일이 있다. 즉,《단군신화(檀君神話)》에 관한 사항을 분명히 하고자 한다. 현재의 북극성(北極星)을 중심한 북두칠성(北斗七星)과 백조자리 성단이 있는 곳을《천일우주(天一宇宙) 100의 궁(宮)》이라고 한다. 이러한 천일우주(天一宇宙)로부터 내려오신 불(佛), 보살(菩薩), 대신선(大神仙)들께서 인간으로 태어나 인간의 지도자가 되었을 때의 호칭이《단군(檀君)》들임을《석가모니 하나님 부처님》께서는 남기신 경전(經典)에서 밝히고 계신다.

이렇듯 거창한 자취를 지우기 위해《고구려》에 의해 멸망한《수나라》이후 이에 자극을 받은 당(唐)나라 조정이《AD 627년》당 현장(唐玄奘)으로 하여금 인도로 들어가 당대 인도에 퍼져 있던《석가모니 하나님 부처님》의 경전(經典)을 모두 수집하여 와서 한문(韓文) 번역을 하면서《석가모니 하나님 부처님》말씀 중 한단불교(桓檀佛敎)와 한민족(韓民族) 역사와 관련 있는 부분을 삭제하거나, 한문(韓文)이 뜻글자임을 악용하여 글자를 고치는 수법으로《석가모니 하나님 부처님》의 경전(經典)마저 스스럼없이 왜곡하여 불법(佛法)을 파괴시킨 것이다.《당 현장》의 번역 이전의 경전(經典)들을 구역(舊譯)이라고 하며 당 현장 번역 이후를 신역(新譯)이라 하여 지금도 이 나라 불교 승단은 왜곡된 경전(經典)을 가지고 공부를 하고 있는 것이다. 즉, 당 현장은 당나라 조정의 사주를 받고 불경(佛經) 왜곡의 명분을 쌓기 위해 인도로 들어간 것임이 드러나는 것이다.

이후 당(唐)의 《측천무후》는 노골적으로 불경(佛經)을 왜곡하여 한반도로 전한 것이다. 이러한 왜곡된 불교(佛敎)를 하게 되면 불교(佛敎)가 썩게 되어 있는 것이며, 그 좋은 《예》가 《고려불교》인 것이다. 이렇듯 불법(佛法)을 썩게 하는 왜곡된 당(唐)나라 불교(佛敎)가 한반도에 들어온 때가 통일신라 이후이며 이때 들어온 당나라 불교를 계승한 것이 오늘날 이 나라 최대 승단을 이루고 있는 《조계종》이다. 이러한 《조계종》은 안타깝게도 스스로가 당(唐)나라 계략의 선봉장 역할을 하면서 민족(民族)의 역사 말살과 민족(民族)을 하층민으로 전락시키려는 일에 깊이 빠져 있다는 사실마저 모르는 채 《석가모니 하나님 부처님》의 불법(佛法)을 끝 간 데 없이 타락시키고 있는 것이다. 이와 같은 당(唐)으로부터 유입된 불교를 이 나라 일부 승단에서 이를 정리하지 않으면 이러한 사실을 깨달은 이 나라 백성들에 의해 가혹한 응징을 받을 것임을 분명히 알아야 할 것이다.

《고려불교》이후 《조선왕조》는 이렇듯 썩은 불교(佛敎)를 도려내고 극심한 불교 탄압을 하게 된다. 이후 《조선왕조》의 몰락과 함께 《일제 식민지》때를 거치면서 이웃한 섬나라의 무지(無知)한 학자(學者)가 한민족(韓民族) 역사 왜곡의 일환으로 만들어낸 것이 중원 대륙 통치의 역사를 가진 《한국(韓國)》을 중심한 《구막한제국(寇莫韓帝國)》과 《단군조선(檀君朝鮮)》의 문명(文明)을 《황하문명》으로 바꾸어 놓고 《단군조선》의 통치자들인 단군(檀君)들을 폄하하기 위해 그 뜻을 왜곡하여 만들어 놓은 것이 단군신화(檀君神話)인 것이다.

고대 한민족(韓民族) 국가들에 있어서 《신화(神話)》는 존재하지 않는다. 여타 민족에게 있어서는 그들 민족의 역사의 정수를 《신화화(神話化)》하였으나 한민족(韓民族) 사회는 한단불교(桓檀佛敎)에서도 드러나듯이 지구계(地球界) 북반구(北半球) 문명 기간을 선도한 민족으로써, 교화(敎化)와 치화(治化)를 주도한 하늘(天) 민족이라는 사실을 분명히 알아야 하는 것이다. 그런 의미에서 그들이 말하는 단군 신화(檀君神話)의 실체를 분명히 하기 위해 필자의 저서(著書) 『문명권 신화속의 숨겨진 진리』(2002)편에서 발췌하여 소개드리면 다음과 같다.

"時有一熊一虎同隣而居嘗祈于神壇樹願化爲神戒之氓
雄聞之曰可敎也乃以呪術換骨移神先以神遺靜解靈其艾
一炷蒜二十枚戒之曰爾輩食之不見日光百日便得人形熊
虎二族皆得而食之忌三七日熊能耐飢寒遵戒而得儀容虎
則放慢不能忌而不得善業是二性之不相若也熊女者無與
爲歸故每於壇樹下呪願有孕乃假化爲桓而使與之爲婚懷
孕生子有帳"

[한단고기(桓檀古記), 임승국 번역·주해, 정신세계사간, 1986.](삼성기 전하편)

"때에 한 곰과 한 범이 이웃하여 살더니 일찍이 신단수에서 빌었다. '원컨대 변하여 신계(神戒)의 한 무리가 되어지이다'하니 한웅이 이를 듣고 말하기를 '가르쳐 줄지어다'라고 하였다.

마침내 주술로써 몸을 바꾸고 정신을 바꾸었다. 먼저 신(神)이 만들어 놓은 영혼을 고요하게 하는 것을 내놓았으니 즉, 쑥 한 다발과 마늘 스무 개라. 이에 경계하여 가로되, '너희들이 이를 먹고 햇빛을 백일 동안 보지 않으면 쉽사리 인간다움을 얻으리라'하니 곰과 호랑이 두 무리가 모두 이를 얻어먹고 삼칠일 동안 기(忌)하였는데 곰은 기한을 잘 지켜서 타이름을 따르매 모습을 얻게 되었지만, 범은 게으르고 참을성이 없어서 금지하는 바를 제대로 실행하지 못하니 좋은 결과를 얻지 못하였다. 이는 이들의 두 성질이 닮지 않았기 때문이라.

웅녀는 더불어 혼인할 곳이 없었으므로 단수(壇樹)의

무성한 숲 밑에서 잉태하기를 간곡히 원하였다. 그래
서 임시로 변화하여 한(桓)이 되고 그와 더불어 혼인
하니 잉태하여 아들을 낳고 호적에 실리게 되었다."

상기 대목이 《배달국》을 떠나 101년의 대장정 끝에 한민족(韓民族) 구성
원들이 한반도에 들어와서 《구석기인》을 《신석기인》으로 전환시킨 이후
《중원대륙》의 지금의 《하얼빈시》인근의 《완달산》부근에서 첫 번째 《
신시(神市)》인 《도시 국가》를 열고 《요하 일대》인간 무리들을 교화할 때
《돈황》지방으로부터 이동하여온 《관세음보살》후손들인 《구려족》과 《
천왕불》과 《야훼 신(神)》인 《반고(盤固)》와 공공(共工)의 후손들인 《호족 세
력》들이 《홍산문화》가 일어나는 인근 지역까지 진출하였을 때 《한웅(桓
熊)》님들께서 처음 교화(敎化)를 시작하면서 하늘(天)의 씨앗인 《삼진(三眞)》을
심을 때의 장면을 기록한 것이다. 이때의 '한 곰과 한 범'은 《구석기
인》들로서 웅족(熊族)과 호족(虎族) 무리 중의 하나를 말한다.

이러한 《웅족과 호족》에 있어서 웅족(熊族)은 《석가모니 하나님 부처
님》직계 《음(陰)의 곰족(熊族)》과 《관세음보살》후손들인 《구려족》과 《다
보불》후손들인 《양(陽)》의 곰족(熊族)들을 말하며, 1-2의 진화(進化)의 길인
《그림자 우주》진화(進化)의 길을 걷는 무리를 우주간(宇宙間)에서는 《뱀족
(族)》이라고 하며, 지상에서는 《사나운 호랑이족(族)》이라고 하며 이러한
《사나운 호랑이족》의 정상에 중원 대륙 한족(漢族)의 원천 조상으로서
《반고(盤固)와 공공(共工)》이 있는 것이다. 이와 같은 상기 기록을 무지(無知)
한 학자가 단군신화(檀君神話)로 날조한 것이다. 진리(眞理)는 언제인가는 꼭
밝혀진다는 사실을 모르는 자들이 무지(無知)하다고 할 수 밖에 없는 것이
다.

또한, 상기 내용은 한웅께서 인간 교화를 위해 가르치신 첫 방법의 실

체가 드러나는 대목이 된다. 즉, 이 방법이 바로 《직구(直灸) 쑥뜸법(法)》을 방편으로 말씀하고 있는 것이다. 직구(直灸) 쑥뜸법이란 마른 약쑥을 줄기를 제외한 잎사귀를 부드럽게 갈아 체로 쳐서 원뿔 모형을 만들되 불을 붙여 5분 정도 타는 크기로 만들어 관원혈(일명 단전이라고 함)에 올려놓고 불을 붙이는 직접 뜸법을 말하는 것이다. 이 뜸법은 삼칠(7.7.7) 일간, 즉 21일간을 일정한 시간대에 계속하는 것이다. 이 뜸법은 처음 며칠간은 극심한 고통을 수반하나 일정 기간이 지나면 오히려 시원한 감을 주는 특이한 뜸법이다. 한 번 뜸에 5분 정도 타는 원뿔형 쑥을 보통 5장 내지 7장 정도 올려놓게 되는데 처음 며칠간은 강한 화력(火力)에 의해 극도의 인내심이 요구된다. 그 이후부터는 고통의 정도가 시원할 정도로 감소한다.

이때부터 쑥의 신비한 효능에 따라 신체(身體) 내의 삿된 기운들이 고름이나 피고름이 되어 외부로 배출이 된다. 특히, 관원혈은 인간의 척추내의 등골과 통하는 통로를 가지고 있다. 이 혈을 통하여 등골 내의 삿된 기운을 모두 쫓아 배출시키는 것을 환골(換骨)이라고 한다. 이러한 작용에 의해 정신(精神)이 맑아지는 것이다. 이러한 결과로써 나타나는 것이 육신(肉身) 내의 질병이 자연히 치유되게 되며 육신(肉身) 자체로 완전히 자연(自然)과 일치를 이루게 된다.

마음(心)의 근본 뿌리인 성(性)을 단시간 내에 맑게 하는 법은 이 방법 이외의 방법에서는 찾아보기 힘들다. 이 쑥뜸이 1회 마쳐지고 난 후 생마늘을 1개 정도를 까서 날 것으로 적당량을 씹어 먹는다. 생마늘은 쑥뜸 이후의 인체 내 멸균 작용을 위해서 먹는 것이다. 이러한 뜸법을 하였을 때 관원혈 쪽의 피부는 마치 우물을 판 듯이 움푹 패이게 된다.

21일간의 뜸 기간이 마쳐지고 난 후에도 불순물은 한동안 배출이 된다. 이후 움푹 파진 관원혈에 새 살이 차오르기 시작하는데 관원혈 새 살이 모두 차서 활동을 활발히 할 수 있기까지가 쑥뜸 기간을 포함하여 정확히 100일이 걸리며 단 하루의 오차도 없다. 이 100일간은 활동을 할 수가 없는 것을 "햇빛을 백일 동안 보지 않으면 쉽사리 인간다움을 얻으리라."고 표현을 한 것이다.

이 쑥뜸을 할 때 제일 중요한 것이 삼칠 동안의 금기(禁忌) 사항이 있는데 이를 해석문에서는 "삼칠 동안 기(忌)하였는데"라고 표현하고 있다. 이 금기(禁忌) 사항 중 중요한 것을 나열하면,

    <가> 부부관계(SEX)는 절대 금물이다.
        이 이유는 관계 후는 체력 소모 때문에 근본적으로 쑥뜸을 계속할 수가 없다. 특히, 쑥뜸 자체가 본인에게 고통을 배가시킨다.

    <나> 부정한 음식을 취할 수가 없다.
        특히, 돼지고기, 닭고기 등은 금물이며 상가집 음식, 미역, 술, 생선 등을 일체 금하여야 한다. 한 예를 들면, 쑥뜸 기간 동안 술을 먹게 되면, 쑥뜸 동안 뱃속에 얼음덩이가 있는 것을 느낄 것이다. 다음으로 생선을 취하게 되면 온몸이 가려움의 고통 속에 빠지게 된다.

    <다> 부정한 장소의 출입을 삼가하여야 한다.
        즉, 기도하는 자세로 뜸에 임하여야 하는 것이다.

이상 대표되는 금기사항 몇 가지를 열거하였다. 이 금기사항을 지키지 못하였을 경우, 쑥뜸의 효과는 별로 기대할 바가 못 되는 것이다. 이를 "범은 게으르고 참을성이 없어서 금지하는 바를 제대로 실행하지 못하니 좋은 결과를 얻지 못하였다"고 표현하고 있는 것이다.

"웅녀는 더불어 혼인할 곳이 없었으므로 단수의 무성한 숲 밑에서 잉태하기를 간곡히 원하였다. 그래서 임시로 한(桓)이 되고, 그와 더불어 혼인하니 잉태하여 아들을 낳고 호적에 실리게 되었다."

이 장면은 영육(靈肉)이 모두 깨끗한 바탕에 한(桓)의 씨를 심음으로써 태어난 아들은 삼진(三眞)을 받은 아들이 되므로 호적에 실리게 되었다고 표현한 것이다. 이 《삼진(三眞)》이 무엇인가? 바로 《석가모니 하나님 부처님》의 나눔인 것이다. 이로써 그 아들은 완전한 인간(人間)의 면목을 갖추게 되는 것이다. 이를 두고 깨닫지 못한 자들이 깨달은 채 하고 《단군신화(檀君神話)》라고 이름한 부끄러움은 어찌할꼬? 잘라서 말씀드리되, 한(韓)민족사에는 단군신화(檀君神話)란 존재하지 않는다.

모든 분들에게 이 장을 빌려 당부 드리고 싶은 말은 《직구 쑥뜸법》은 《석가모니 하나님 부처님》께서 전해 준 쑥뜸법이니 이를 행함으로써 마음의 근본 뿌리인 성(性)의 맑음을 찾는다. 그 이후가 성(性)의 밝음으로의 전환이다. 때맞춰 고통스럽기는 하나 숙세의 업연을 퇴치할 수 있는 길이 성(性)의 맑음으로의 이행과 다음 수순의 밝음으로의 이행이다. 이를 적극 활용하시면 좋은 결과를 기대하실 수 있을 것이다.

⑦ "착함과 악함과 맑음과 흐림과 후함과 박함이 서로 뒤섞이어
    갈림길의 경계를 넘어 멋대로 달리다가
    낳고 자라고 병들고 죽고 고통 받는 등의 나락으로 떨어지니"

　상기 말씀은 인간 진화(進化)의 주인공으로서 《삼본(三本)》인 《성명정(性命精)》에 《삼체(三體)》인 착함과 맑음과 후함의 이치와 《삼망(三忘)》인 악함과 흐림과 박함의 이치가 함께 정보(情報)로써 입력이 되어 자리함으로써 이것이 업(業)이 되어 인간도(人間道) 이하의 길(道)을 윤회(輪廻)함으로써 낳고 자라고 병들고 죽는 괴로운 고통을 짊어지게 됨을 말씀하시는 것이다.

※ 講主

　지금까지 인물(人物) 167자(字)에 등장한 중요한 용어와 음양(陰陽) 관계를 정리하면 다음과 같다.

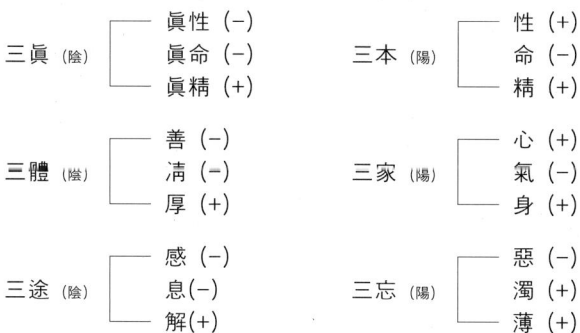

[용어 정리와 음양(陰陽) 관계]

```
           ┌ 眞性 (-)                ┌ 性 (+)
  三眞 (陰) ┤ 眞命 (-)       三本 (陽) ┤ 命 (-)
           └ 眞精 (+)                └ 精 (+)

           ┌ 善 (-)                  ┌ 心 (+)
  三體 (陰) ┤ 淸 (-)        三家 (陽) ┤ 氣 (-)
           └ 厚 (+)                  └ 身 (+)

           ┌ 感 (-)                  ┌ 惡 (-)
  三途 (陰) ┤ 息 (-)        三忘 (陽) ┤ 濁 (+)
           └ 解 (+)                  └ 薄 (+)
```

1. 삼진(三眞)과 삼체(三體)와 삼도(三途)는 《2음(陰)1양(陽)》의 법칙을 띠고 있다. 특히, 중요하게 기억할 사항은 삼진이 법성(法性)의 1-6체계로 돌아갈 때는 진성(眞性)이 (-)로써 법성(法性)의 1이 되고 진명이 여섯 고리 중 (-)3이 되고 진정이 (+)3이 된다.

2. 삼본(三本)과 삼가(三家)와 삼망(三忘)은 《1음(陰) 2양(陽)》의 법칙을 내외부적으로 같이 띠고 있다.

3. 「제오장(第五章) 인물(人物) 167자(字)」는 크게 보아서 두 단원으로 나누어진다. 즉, 《반진일신(反眞一神)》을 경계로 하여 앞은 《삼진(三眞)》에 대한 것이며 뒤는 《삼본(三本)》에 대한 것이다.

---

⑧ "밝은 사람은 느낌을 그치고 호흡을 조절하고 촉감을 금하여
  오직 하나님의 뜻으로 화(化)하여 나아감으로써
  헛됨을 바꾸니 이는 곧 참됨이니
  빛이 크게 일어나는 기틀이 되어
  성(性)을 통하는 힘들여 노력한 결과가 완성이 되는 것이다."

'지혜(智慧)로운 자'는 삼도(三途)인 감(感), 식(息), 촉(觸)을 통하여 성(性), 명(命), 정(精)으로 들어오는 악(惡), 탁(濁), 박(薄)을 멀리하는 수행을 함으로써, 마음(心)의 근본 뿌리인 《성(性), 명(命), 정(精)》에 입력된 망령된 이치를 점차적으로 제거하게 된다. 이렇듯 점차적으로 제거하는 것이 숙세로부터 쌓여온 《업(業)》을 청산하게 되는 것이다. 이러한 점을 "밝은 사람은 느

낌을 그치고 호흡을 조절하고 촉감을 금하여"라고 말씀하시는 것이며, 이후 《성(性)과 정(精)》은 《밝음》을 최고로 하며 명(命)은 《맑음》을 최고로 하는 수행을 하는 것을 "오직 하나님의 뜻으로 화(化)하여 나아감으로써, 헛됨을 바꾸니 이는 곧 참됨이니"라고 말씀하시는 것이다. 이와 같이 《성(性), 명(命), 정(精)》이 《밝음과 맑음》을 최고로 하였을 때를 "빛이 크게 일어나는 기틀이 되어"라고 말씀하시는 것이며, 이로써 《밝음과 맑음》이 최고를 이루었을 때 삼매(三昧) 수련 중 상온(常溫)에서 핵(核)융합 반응이 일어남으로써 명(命)을 담당하는 전자(電子) 6이 중성자(中性子) 2와 양전자(陽電子) 4로 전환이 됨으로써 지혜(智慧)의 완성을 이룬 양자(陽子) 24와 함께 《성령(性靈)의 30궁(宮)》을 이루게 된다. 이러한 《성령(性靈)의 30궁(宮)》을 '보살심(菩薩心)의 근본 뿌리'라고 하며 이때를 《보살도(菩薩道) 성취의 보살을 이룬 때》로써 이름한다. 또한 이때가 《인간 완성의 부처》를 이룬 때가 되는 것이다. 이러한 때를 "성(性)을 통하는 힘들여 노력한 결과가 완성이 되는 것이다"라고 말씀하심으로써 《견성성불(見性成佛)》을 말씀하시는 것이다. 이러한 《견성성불(見性成佛)》 다음이 《법(法)》의 완성으로써 《법(法)》의 완성이 끝났을 때가 불법(佛法) 일치된 완전한 깨달음을 이룬 때로써 이때를 석가모니 하나님 부처님께서는 《아뇩다라삼먁삼보리》라고 이름하시는 점을 같이 기억하시기 바란다.

제 4 부

『삼일신고(三一神誥)』《천부수리(天符數理)》
에 의한 근본진리(根本眞理) 정리

1. 제일장(第一章) 허공삼십육자(虛空三十六字)
2. 제이장(第二章) 일신오십일자(一神五十一字)
3. 제삼장(第三章) 천궁사십자(天宮四十字)
4. 제사장(第四章) 세계칠십이자(世界七十二字)
5. 제오장(第五章) 인물일백육십칠자(人物一百六十七字)

1. 제일장(第一章) 허공삼십육자(虛空三十六字)

> **한문경**
>
> 『第一章 虛空三十六字』 (제일장 허공삼십육자)
>
> 帝曰 爾五加众 (제왈 이오가중)
>
> 蒼蒼非天 玄玄非天 (창창비천 현현비천)
>
> 天旡形質 旡端倪 (천무형질 무단예)
>
> 旡上下四方 (무상하사방)
>
> 虛虛空空 旡不在 旡不容 (허허공공 무부재 무불용)

[1] 제일장(第一章) 자구(字句) 획수 수리(數理) 풀이 및 근

본진리(根本眞理)

(1)
帝	曰	爾	五	加	众
제	왈	이	오	가	중
9	4	14	4	5	6

① 자구(字句) 획수 수리(數理) 풀이

가> 帝(제) : 9획
9의 수리(數理)는 십거(十鉅)가 끝난 후의 상천궁(上天宮) 9성(星)을 뜻하는 수리이다.

나> 曰(왈) : 4획
4의 수리(數理)는 석가모니 하나님 부처님 용(用)의 수(數) 4를 뜻하는 수리이다.

ㄷ> 爾(이) : 14획
14의 수리(數理)는 5와 9의 수리의 합수(合數)로써 5의 수리(數理)는 시계방향의 회전인 1-3-1의 길을 뜻하며 9의 수리(數理)는 아미타불(佛)께서 이루신 태양수(太陽數) ⊕9의 핵(核)을 가진 천궁(天宮)을 뜻하는 수리이다.

다> 五(오) : 4획
4의 수리는 불(佛)의 용(用)의 수(數) 4로써 관음불(佛)을 뜻하는 수리이다.

라> 加(가) : 5획

5의 수리는 천일우주(天—宇宙) 1-3-1의 길을 뜻하는 수리이다.

마> 众(중) : 6획

6의 수리는 여섯 뿌리의 상대 개념인 여섯 가지의 우주를 뜻하는 수리이다.

② 근본진리(根本眞理)

※ 근본진리는 지구 획수 수리 풀이의 종합이 된다.

> 상천궁(上天宮) 9성(星)은 석가모니 하나님 부처님의 화(化)이며 이와 연결을 이룬 1-3-1의 길에서 아미타불(佛)의 태양수(太陽數) ⊕9는 관음불(佛)과 함께 자리하심으로써 1-3-1의 길을 이루고 여섯 가지의 우주를 이루신 것이다.

(2)

蒼	蒼	非	天		玄	玄	非	天
창	창	비	천		현	현	비	천
14	14	8	4		5	5	8	4

① 자구(字句) 획수 수리(數理) 풀이

가> 蒼(창) : 14획
14의 수리(數理)는 5와 9의 합수(合數)로써 5의 수리는 현재의 북극성(北極星)으로부터 북두칠성(北斗七星)에 이르는 4-1의 길을 뜻하는 수리이며 9의 수리는 노사나불(佛) 태양수(太陽數) 9를 뜻하는 수리이다.

나> 蒼(창) : 14획
14의 수리(數理)는 5와 9의 합수(合數)로써 5의 수리는 1-3-1의 길을 뜻하는 수리이며 9의 수리는 다보불(佛)께서 이루신 태양수(太陽數) ⊕9의 핵(核)을 가진 천궁(天宮)을 뜻하는 수리이다.

다> 非(비) : 8획
8의 수리(數理)는 현재의 북극성(北極星)을 제외한 작은곰자리 별 6성(星)과 현재의 북극성(北極星)과 인근한 지역에 있는 1성(星)과 용자리 알파성(星)을 합한 8성(星)을 두우성(斗牛星) 8성(星)이라고 하며 수리는 이를 뜻하는 것이다.

라> 天(천) : 4획
4의 수리(數理)는 3-1의 길을 뜻하는 수리이다.

마> 玄(현) : 5획
5의 수리(數理)는 4-1의 길을 뜻하는 수리이다.

바> 玄(현) : 5획
5의 수리(數理)는 1-3-1의 길을 뜻하는 수리이다.

사> 非(비) : 8획
8의 수리(數理)는 두우성(斗牛星) 8성(星)을 뜻하는 수리이다.

아> 天(천) : 4획
4의 수리(數理)는 다보불(佛) 용(用)의 수(數) 4를 뜻함으로써 다보불(佛)을 뜻하는 수리이다.

② 근본진리(根本眞理)

※ 근본진리는 자구 획수 수리 풀이의 종합이 된다.

이러한 가운데 4-1의 길을 노사나불(佛) 태양수(太陽數) 9가 이루게 되고 1-3-1의 길에서는 다보불(佛)의 태양수(太陽數) ⊕9가 두우성(斗牛星) 8성(星)을 3-1의 길을 이루고 탄생시킴으로써 4-1의 길과 1-3-1의 길이 이루어져 두우성 8성(星)에는 다보불(佛)께서 자리하시는 것이다.

(3)

天	无	形	質		无	端	倪
천	무	형	질		무	단	예
4	4	7	15		4	14	10

① 자구(字句) 획수 수리(數理) 풀이

가> 天(천) : 4획

4의 수리(數理)는 불(佛)의 용(用)의 수(數) 4로써 현재의 북극성(北極星)을 법궁(法宮)으로 하신 일월등명불(日月燈明佛)을 뜻하는 수리이다.

나> 兂(무) : 4획
4의 수리(數理)는 불(佛)의 용(用)의 수(數) 4로써 일월등명불(佛)과 몸(身)을 나누신 노사나불(佛)을 뜻하는 수리이다. 이러한 노사나불(佛)께서는 북두칠성(北斗七星)의 알파성(星)을 법궁(法宮)으로 하신다.

다> 形(형) : 7획
7의 수리(數理)는 북두칠성(北斗七星)을 뜻하는 수리이다.

라> 質(질) : 15획
15의 수리(數理)는 9와 6의 합수(合數)로써 태양수(太陽數) 9와 태음수(太陰數) 6을 뜻하는 수리이다.

마> 兂(무) :4획
4의 수리(數理)는 불(佛)의 용(用)의 수(數) 4로써 다보불(佛)을 뜻하는 수리이다.

바> 端(단) : 14획
14의 수리(數理)는 5와 9의 합수(合數)로써 5의 수리는 1-3-1의 길을 뜻하는 수리이며 9의 수리는 태양수(太陽數) 9를 뜻하는 수리이다.

사> 倪(예) : 10획
10의 수리(數理)는 천일궁(天一宮) 10의 궁(宮)을 뜻하는 수리이다.

② 근본진리(根本眞理)

※ 근본진리는 자구 획수 수리 풀이의 종합이 된다.

일월등명불(佛)과 몸을 나누신 노사나불(佛)께서 북두칠성(北斗七星)을 태양수(太陽數) 9와 태음수(太陰數) 6의 작용으로 만드실 때 다보불(佛)께서는 1-3-1의 길에서 태양수(太陽數) 9를 이룸으로써 천일궁(天一宮) 10의 궁(宮)을 완성하시게 되는 것이다.

(4)
旡	上	下	四	方
무	상	하	사	방
4	3	3	5	4

① 자구(字句) 획수 수리(數理) 풀이

가> 旡(무) : 4획
4의 수리(數理)는 불(佛)의 용(用)의 수(數) 4로써 석가모니 하나님 부처님을 뜻하는 수리이다.

나> 上(상) : 3획
3의 수리(數理)는 석가모니 하나님 부처님의 상천궁(上天宮) 육신성(肉身星) 삼성(三星)을 뜻하는 수리이다.

다> 下(하) : 3획
3의 수리(數理)는 다보불(佛) 진신삼성(眞身三星)을 뜻하는 수리이다.

라> 四(사) : 5획

5의 수리(數理)는 1-3-1의 길을 뜻하는 수리이다.

마> 方(방) : 4획
4의 수리(數理)는 불(佛)의 용(用)의 수(數) 4로써 다보불(佛)을 뜻하는 수리이다.

② 근본진리(根本眞理)

※ 근본진리는 자구 획수 수리 풀이의 종합이 된다.

> 석가모니 하나님 부처님의 상천궁(上天宮) 육신성(肉身星) 삼성(三星)이 탈겁하여 다보불(佛) 진신삼성(眞身三星)으로 재잉태되어 1-3-1의 길을 이루고 다보불(佛)께서 자리하신 것이다.

(5)

虛 虛 空 空	旡 不 在	旡 不 容
허 허 공 공	무 부 재	무 부 용
12 12 8 8	4 4 6	4 4 10

① 자구(字句) 획수 수리(數理) 풀이

가> 虛(허) : 12획

12의 수리(數理)는 6과 6수의 합수(合數)로써 여섯 뿌리와 여섯 가지의 우주를 뜻하는 수리이다.

나> 虛(허) : 12획
12의 수리(數理)는 3과 9수의 합수(合數)로써 3의 수리는 다보불(佛) 진신삼성(眞身三星)을 뜻하는 수리이며 9의 수리는 태양수(太陽數) 9를 뜻하는 수리이다.

다> 空(공) : 8획
8의 수리(數理)는 다보불(佛) 태양수(太陽數) 9의 물질 분출 후 남은 8성(星)을 뜻하는 수리이다.

라> 空(공) : 8획
8의 수리(數理)는 두우성(斗牛星) 8성(星)을 뜻하는 수리이다.

마> 旡(무) : 4획
4의 수리(數理)는 불(佛)의 용(用)의 수(數) 4로써 다보불(佛)을 뜻하는 수리이다.

바> 不(부) : 4획
4의 수리(數理)는 불(佛)의 용(用)의 수(數) 4로써 석가모니 하나님 부처님을 뜻하는 수리이다.

사> 在(재) : 6획
6의 수리(數理)는 상천궁(上天宮)을 뜻하는 수리이다.

아> 旡(무) : 4획
4의 수리(數理)는 3-1의 길을 뜻하는 수리이다.

자> 不(불) : 4획

177

4의 수리(數理)는 불(佛)의 용(用)의 수(數) 4로써 일월등명불(佛)을 뜻하는 수리이다.

차> 容(용) : 10획
10의 수리(數理)는 천일궁(天一宮) 10의 궁(宮)을 뜻하는 수리이다.

② 근본진리(根本眞理)

※ 근본진리는 자구 획수 수리 풀이의 종합이 된다.

> 여섯 뿌리와 여섯 가지의 관계를 이룬 다보불(佛) 진신삼성(眞身三星)의 태양수(太陽數) 9는 물질 분출 후 8성(星)을 이루게 되며 이러한 두우성(斗牛星) 8성(星)은 다보불(佛)께서 석가모니 하나님 부처님의 상천궁(上天宮)으로부터 3-1의 길을 이루고 자리한 것이며, 이로써 일월등명불(佛)을 중심으로 천일궁(天一宮) 10의 궁(宮)을 이루는 것이다.

※ 講主

　자구(字句) 획수 수리(數理)를 천부수리(天符數理)라고 한다. 이러한 천부수리(天符數理) 해설은 근본진리(根本眞理)의 모든 내용을 확실히 이해하였을 때에야만 수리(數理) 풀이를 할 수가 있는 어려움이 있으니 수리(數理) 풀이에 너무 연연하지 마시기를 당부 드린다. 다만, 근본진리(根本眞理)의 근거로써 천부수리(天符數理)가 바탕을 하고 있음을 이해하시기 바란다.

2. 제이장(第二章) 일신오십일자(一神五十一字)

한문경

『第二章 一神五十一字』(제이장 일신오십일자)

神在旡上一位 (신재무상일위)

有大德 大慧大力 (유대덕 대혜대력)

生天主旡數 世界 (생천주무수 세계)

造㐰㐰物 (조신신물)

纖塵旡漏 (섬진무루)

昭昭靈靈 (소소영영)

不敢名量 (불감명량)

聲氣願禱 絶親見 (성기원도 절친견)

自性求子 降在爾𦢙 (자성구자 강재이뇌)

[1] 제이장(第二章) 자구(字句) 획수 수리(數理) 풀이 및 근본진리(根本眞理)

(1)

禃	在	旡	上	一	位
신	재	무	상	일	위
15	6	4	3	1	7

① 자구(字句) 획수 수리(數理) 풀이

가> 禃(신) : 15획
15의 수리(數理)는 7과 8의 합수(合數)로써 7의 수리는 북두칠성(北斗七星)을 뜻하는 수리이며 8의 수리는 두우성(斗牛星) 8성(星)을 뜻하는 수리이다.

나> 在(재) : 6획
6의 수리(數理)는 상천궁(上天宮)을 뜻하는 수리이다.

다> 旡(무) : 4획
4의 수리(數理)는 1-3의 길을 뜻하는 수리이다.

라> 上(상) : 3획
3의 수리(數理)는 노사나불(佛) 진신(眞身) ⊕3을 뜻하는 수리이다.

마> 一(일) : 1획
1의 수리(數理)는 현재의 북극성(北極星)을 뜻하는 수리이다.

바> 位(위) : 7획

7의 수리(數理)는 지일(地一)을 뜻하는 수리이다.

② 근본진리(根本眞理)

※ 근본진리는 자구 획수 수리 풀이의 종합이 된다.

북두칠성과 두우성 8성(星)이 만들어지는 중반 무렵, 상천궁(上天宮)으로부터 시작된 1-3의 길을 따라 노사나불(佛) 진신(眞身) ㊂이 현재의 북극성으로부터 탈겁하여 천궁(天宮)을 이루어 지일(地一)을 이룬다.

---

(2)

有	大	德	大	慧	大	力
유	대	덕	대	혜	대	력
6	3	15	3	15	3	2

① 자구(字句) 획수 수리(數理) 풀이

가> 有(유) : 6획

6의 수리(數理)는 여섯 가지의 우주를 뜻하는 수리이다.

나> 大(대) : 3획

3의 수리(數理)는 노사나불(佛) 진신(眞身) ⊕3을 뜻하는 수리이다.

다> 德(덕) : 15획

15의 수리(數理)는 9와 6의 합수(合數)로써 태양수(太陽數) 9와 태음수(太陰數) 6의 작용(作用)을 뜻하는 수리이다.

라> 大(대) : 3획

3의 수리는 북두칠성(北斗七星)의 노사나불(佛) 진신(眞身) 3성(星)을 뜻하는 수리이다.

마> 慧(혜) : 15획

15의 수리(數理)는 9와 6의 합수(合數)로써 인(人)의 우주 태양수(太陽數) 9와 태음수(太陰數) 6의 작용을 뜻하는 수리이다.

바> 大(대) : 3획

3의 수리(數理)는 다보불(佛) 진신(眞身) 3성(星)을 뜻하는 수리이다.

사> 力(력) : 2획

2의 수리(數理)는 노사나불(佛)과 다보불(佛) 두 분을 뜻하는 수리이다.

② 근본진리(根本眞理)

※ 근본진리는 자구 획수 수리 풀이의 종합이 된다.

여섯 가지의 우주를 이루게 되는 노사나불(佛) 진신 ⊕3이 천궁을 이루게 되는 것은 지(地)의 우주 태양수 9와 태음수 6의 작용으로 (북두칠성의) 노사나불(佛) 진신 3성(星)이 만들어지고 인(人)의 우주 태양수 9와 태음수 6의 작용으로 다보불(佛) 진신 3성(星)이 탄생됨으로써 노사나불(佛)과 다보불(佛) 두 분이 자리하신 이후가 되는 것이다.

(3)　生　天　主　旡　數　　世　界
　　 생　천　주　무　수　　세　계
　　 5　4　5　4　15　　5　9

① 자구(字句) 획수 수리(數理) 풀이

가> 生(생) : 5획
5의 수리(數理)는 4-1의 길을 뜻하는 수리이다.

나> 天(천) : 4획
4의 수리(數理)는 불(佛)의 용(用)의 수(數) 4로써 노사나불(佛)을 뜻하는 수리이다.

다> 主(주) : 5획
5의 수리(數理)는 1-3-1의 길을 뜻하는 수리이다.

라> 旡(무) : 4획
4의 수리(數理)는 불(佛)의 용(用)의 수(數) 4로써 다보불(佛)을 뜻하는 수리이다.

마> 數(수) : 15획
15의 수리(數理)는 7과 8의 합수(合數)로써 북두칠성(北斗七星)과 두우성(斗牛星) 8성(星)을 뜻하는 수리이다.

바> 世(세) : 5획
5의 수리(數理)는 4-1의 길을 뜻하는 수리이다.

사> 界(계) : 9획
9의 수리(數理)는 태양수(太陽數) 9를 가진 현재의 북극성(北極星)을 뜻하는 수리이다.

② 근본진리(根本眞理)

※ 근본진리는 자구 획수 수리 풀이의 종합이 된다.

> 이후 4-1의 길을 이룬 노사나불(佛)과 1-3-1의 길을 이룬 다보불(佛)께서는 각각 북두칠성과 두우성 8성(星)을 이룬 것이며, 4-1의 길 축으로는 태양수 9를 가진 북극성이 자리한 것이다.

(4)

造	稇	稇	物
조	신	신	물
11	12	12	8

① 자구(字句) 획수 수리(數理) 풀이

가> 造(조) : 11획
11의 수리(數理)는 11성(星)을 뜻하는 수리이다.

나> 稇(신) : 12획
12의 수리(數理)는 6.6의 우주인 천일우주(天一宇宙)를 뜻하는 수리이다.

다> 稇(신) : 12획
12의 수리(數理)는 3과 9의 합수(合數)로써 3의 수리는 상천궁(上天宮) 석가모니 하나님 부처님 육신성(肉身星) 3성(星)을 뜻하는 수리이며 9의 수리는 태양수(太陽數) ⊕9를 뜻하는 수리이다.

라> 物(물) : 8획
8의 수리(數理)는 두우성(斗牛星) 8성(星)을 뜻하는 수리이다.

② 근본진리(根本眞理)

※ 근본진리는 자구 획수 수리 풀이의 종합이 된다.

> 상천궁(上天宮)은 한때 11성(星)을 이룬 적이 있으며 천일우주(天一宇宙)가 만들어질 때 상천궁(上天宮)의 석가모니 하나님 부처님 육신성(肉身星) 삼성(三星)으로부터 출발한 태양수 ⊕9가 천궁(天宮)을 이루고 최종 두우성 8성(星)을 이루고 있는 것이다.

(5)

纖	塵	旡	漏
섬	진	무	루
23	14	4	14

① 자구(字句) 획수 수리(數理) 풀이

가> 纖(섬) : 23획

23의 수리(數理)는 4와 19의 합수(合數)로써 4의 수리는 상천궁(上天宮) 1-3의 길을 뜻하는 수리이며 19의 수리는 십거일적(十鉅一積)을 뜻하는 수리이다.

나> 塵(진) : 14획

14의 수리(數理)는 5와 9의 합수(合數)로써 5의 수리는 1-3-1의 길을 뜻하는 수리이며 9의 수리는 태양수(太陽數) 9를 뜻하는 수리이다.

다> 旡(무) : 4획

4의 수리(數理)는 불(佛)의 용(用)의 수(數) 4로써 노사나불(佛)을 뜻하는 수리이다.

라> 漏(루) : 14획

14의 수리(數理)는 5와 9의 합수(合數)로써 5의 수리는 현재의 북극성(北極星)에서 북두칠성(北斗七星)에 이르는 4-1의 길을 뜻하는 수리이며 9의 수리는 태양수(太陽數) 9를 뜻하는 수리이다.

② 근본진리(根本眞理)

※ 근본진리는 자구 획수 수리 풀이의 종합이 된다.

상천궁(上天宮) 1-3의 길에서 십거일적(十鉅一積)함으로써 1-3-1의 길 다보불(佛) 태양수(太陽數) 9가 잉태되며 노사나불(佛)께서는 4-1의 길에서 태양수 9를 이루는 것이다.

---

(6)
昭	昭	㡰	㡰
소	소	영	영
9	9	14	14

① 자구(字句) 획수 수리(數理) 풀이

가> 昭(소) : 9획

9의 수리(數理)는 노사나불(佛) 태양수(太陽數) 9를 뜻하는 수리이다.

나> 昭(소) : 9획

9의 수리(數理)는 다보불(佛) 태양수(太陽數) 9를 뜻하는 수리이다.

다> 㔾(영) : 14획

14의 수리(數理)는 5와 9의 합수(合數)로써 5의 수리는 1-3-1의 길을 뜻하는 수리이며 9의 수리는 노사나불(佛)께서 이루신 태양수(太陽數) ⊕9의 천궁(天宮)을 뜻하는 수리이다.

라> 㔾(영) : 14획

14의 수리(數理)는 5와 9의 합수(合數)로써 5의 수리는 1-3-1의 길을 뜻하는 수리이며 9의 수리는 다보불(佛)께서 이루신 태양수(太陽數) ⊕9의 천궁(天宮)을 뜻하는 수리이다.

② 근본진리(根本眞理)

※ 근본진리는 자구 획수 수리 풀이의 종합이 된다.

노사나불(佛) 태양수(太陽數) 9와 다보불(佛) 태양수(太陽數) 9가 탈겁(脫劫)을 함으로써 1-3-1의 길을 이루고 노사나불(佛) 태양수(太陽數) ⊕9의 천궁(天宮)이 이루어지며 같은 1-3-1의 길에서 다보불(佛) 태양수(太陽數) ⊕9의 천궁(天宮)도 이루어지는 것이다.

(7)

不	敢	名	量
불	감	명	량
4	12	6	12

① 자구(字句) 획수 수리(數理) 풀이

가> 不(불) : 4획
4의 수리(數理)는 불(佛)의 용(用)의 수(數) 4로써 일월등명불(佛)을 뜻하는 수리이다.

나> 敢(감) : 12획
12의 수리(數理)는 6과 6의 합수(合數)로써 6.6의 우주인 천일우주(天一宇宙)를 뜻하는 수리이다.

다> 名(명) : 6획
6의 수리(數理)는 여섯 가지의 우주를 뜻하는 수리이다.

라> 量(량) : 12획
12의 수리(數理)는 7과 5의 합수(合數)로써 7의 수리는 지일(地一)을 뜻하는 수리이며 5의 수리는 1-3-1의 길을 뜻하는 수리이다.

② 근본진리(根本眞理)

※ 근본진리는 자구 획수 수리 풀이의 종합이 된다.

이로써 일월등명불(佛)이 중심이 된 천일우주(天一宇宙)에서 여섯 가지의 우주로 자리하게 되며, 지일(地一)이 1-3-1의 길에서 자리하게 된 것이다.

(8)
聲	氣	願	禱	絶	親	見
성	기	원	도	절	친	견
17	10	19	19	12	16	7

① 자구(字句) 획수 수리(數理) 풀이

가> 聲(성) : 17획
17의 수리(數理)는 8과 9의 합수(合數)로써 8의 수리는 두우성(斗牛星) 8성(星)을 뜻하는 수리이며 9의 수리는 다보불(佛)의 태양수(太陽數) 9를 뜻하는 수리이다.

나> 氣(기) : 10획
10의 수리(數理)는 상천궁(上天宮) 10의 궁(宮)을 뜻하는 수리이다.

다> 願(원) : 19획
19의 수리(數理)는 십거일적(十鉅一積)을 뜻하는 수리이다.

라> 禱(도) : 19획
19의 수리(數理)는 천일궁(天一宮)에서 시작되는 십거일적(十鉅一積)을 뜻하는 수리이다.

마> 絶(절) : 12획
12의 수리(數理)는 6과 6의 합수(合數)로써 6.6의 우주인 천일우주(天一宇宙)를 뜻하는 수리이다.

바> 親(친) : 16획
16의 수리(數理)는 9와 7의 합수(合數)로써 9의 수리는 태양수(太陽數) ⊕9를 뜻하는 수리이며 7의 수리는 지일(地一)의 천궁(天宮)을 뜻하는 수리이다.

사> 見(견) : 7획
7의 수리(數理)는 지일(地一)의 7성(星)인 우리들의 태양성(太陽星), 수성, 금성, 토성, 천왕성, 해왕성, 명왕성을 뜻하는 수리이다.

② 근본진리(根本眞理)

※ 근본진리는 자구 획수 수리 풀이의 종합이 된다.

> 두우성 8성(星)을 이룬 다보불(佛)의 태양수(太陽數) 9는 상천궁(上天宮) 10의 궁(宮)으로부터 십거일적에 의해 만들어진 후 다시 십거일적(+鋸一積)의 과정으로 돌입한 것이며, 천일우주(天一宇宙)에서 태양수 ⊕9를 이룬 노사나불(佛) 지일(地一)의 천궁은 이후 양(陽)이 지일(地)의 7성(星)으로 탄생되는 것이다.

(9)

自	性	求	子	降	在	爾	니
자	성	구	자	강	재	이	뇌
6	8	6	3	9	6	14	10

① 자구(字句) 획수 수리(數理) 풀이

가> 自(자) : 6획
6의 수리(數理)는 여섯 가지의 우주를 뜻하는 수리이다.

나> 性(성) : 8획
8의 수리(數理)는 두우성(斗牛星) 8성(星)을 뜻하는 수리이다.

다> 求(구) : 6획
6의 수리(數理)는 상천궁(上天宮)을 뜻하는 수리이다.

라> 子(자) : 3획
3의 수리(數理)는 석가모니 하나님 부처님 육신성(肉身星) 3성(星)을 뜻하는 수리이다.

마> 降(강) : 9획
9의 수리(數理)는 태양수(太陽數) 9를 뜻하는 수리이다.

바> 在(재) : 6획
6의 수리(數理)는 상천궁(上天宮)을 뜻하는 수리이다.

사> 爾(이) : 14획
14의 수리(數理)는 5와 9의 합수(合數)로써 5의 수리는 1-3-1의 길을 뜻하는 수리이며 9의 수리는 노사나불(佛) 태양수(太陽數) 9를 뜻하는 수리이다.

아> 剒(뇌) : 10획

10의 수리(數理)는 천일궁(天一宮) 10의 궁(宮)을 뜻하는 수리이다.

② 근본진리(根本眞理)

※ 근본진리는 자구 획수 수리 풀이의 종합이 된다.

| 여섯 가지의 우주 일원이 된 두우성(斗牛星) 8성(星)은 상천궁(上天宮)의 석가모니 하나님 부처님 육신성(肉身星) 3성(星)이 탈겁(脫劫)하여 태양수(太陽數) 9를 이룸으로써 만들어진 것이며 이로써 상천궁(上天宮)으로부터 1-3-1의 길을 이루고 노사나불(佛) 태양수(太陽數) 9와 함께 천일궁(天一宮) 10의 궁(宮)을 이룬 것이다. |

3. 제삼장(第三章) 천궁사십자(天宮四十字)

> **한문경**
>
> 『第三章 天宮四十字』(제삼장 천궁사십자)
>
> 天神國有天宮 (천신국유천궁)
>
> 階萬善 門萬德 (계만선 문만덕)
>
> 一神 攸居 (일신 유거)
>
> 羣靈諸喆護侍 (군령제철호시)
>
> 大吉祥 (대길상)
>
> 大光明處 (대광명처)
>
> 惟性通功完者 (유성통공완자)
>
> 朝 永得快樂 (조 영득쾌락)

[1] 제삼장(第三章) 자구(字句) 획수 수리(數理) 풀이 및 근본진리(根本眞理)

(1)
天	神	國	有	天	宮
천	신	국	유	천	궁
4	15	11	6	4	10

① 자구(字句) 획수 수리(數理) 풀이

가> 天(천) : 4획
4의 수리(數理)는 불(佛)의 용(用)의 수(數) 4로써 석가모니 하나님 부처님을 뜻하는 수리이다.

나> 神(신) : 15획
15의 수리(數理)는 9와 6의 합수(合數)로써 태양수(太陽數) ⊕9와 태음수(太陰數) ⊕6의 작용을 뜻하는 수리이다.

다> 國(국) : 11획
11의 수리(數理)는 5와 6의 합수(合數)로써 5의 수리는 1-3-1의 길을 뜻하는 수리이며, 6의 수리는 6.6.⑥의 우주인 천일일(天――) 우주를 뜻하는 수리이다.

라> 有(유) : 6획
6의 수리(數理)는 상천궁(上天宮)을 뜻하는 수리이다.

마> 天(천) : 4획

4의 수리(數理)는 1-3의 길을 뜻하는 수리이다.

바> 宮(궁) : 10획

10의 수리(數理)는 천일궁(天一宮) 10의 궁(宮)을 뜻하는 수리이다.

② 근본진리(根本眞理)

※ 근본진리는 자구 획수 수리 풀이의 종합이 된다.

> 석가모니 하나님 부처님께서 태양수(太陽數) ⊕9와 태음수(太陰數) ⊕6의 작용으로 1-3-1의 길을 이루고 천일일(天——) 우주를 이루심으로써 상천궁(上天宮) 1-3의 길에 있는 천일궁(天—宮) 10의 궁(宮)과 연결을 이루고 자리하신 것이다.

(2)
階	萬	善	門	萬	德
계	만	선	문	만	덕
12	13	12	8	13	15

① 자구(字句) 획수 수리(數理) 풀이

가> 階(계) : 12획

12의 수리(數理)는 6과 6의 합수(合數)로써 6.6의 우주인 천일우주(天一宇宙)를 뜻하는 수리이다.

나> 萬(만) : 13획

13의 수리(數理)는 4와 9의 합수(合數)로써 4의 수리는 1-3의 길을 뜻하는 수리이며, 9의 수리는 다보불(佛) 태양수(太陽數) ⊕9의 천궁(天宮)을 뜻하는 수리이다.

다> 善(선) : 12획

12의 수리(數理)는 6과 6의 합수(合數)로써 6의 수리는 여섯 뿌리를 뜻하는 수리이며, 6의 수리는 6.6.6의 우주인 천일일(天一一) 우주를 뜻하는 수리이다.

라> 門(문) : 8획

8의 수리(數理)는 8의 우주 천궁(天宮)을 뜻하는 수리이다.

마> 萬(만) : 13획

13의 수리(數理)는 4와 9의 합수(合數)로써 4의 수리는 1-3의 길을 뜻하는 수리이며, 9의 수리는 석가모니 하나님 부처님의 태양수(太陽數) ⊕9를 뜻하는 수리이다.

바> 德(덕) : 15획

15의 수리(數理)는 7과 8의 합수(合數)로써 7의 수리는 지일(地一)의 천궁(天宮)을 뜻하는 수리이며 8의 수리는 8의 우주 천궁(天宮)을 뜻하는 수리이다.

② 근본진리(根本眞理)

※ 근본진리는 자구 획수 수리 풀이의 종합이 된다.

> 천일우주(天一宇宙)에서 1-3의 길을 따르던 다보불(佛) 태양수(太陽數) ⊕9의 천궁(天宮)은 여섯 뿌리가 자리한 천일일(天一一) 우주에서 8의 우주 천궁(天宮)으로 자리함으로써 1-3의 길을 이룬 석가모니 하나님 부처님 태양수(太陽數) ⊕9를 중심으로 합일(合一)을 이루게 됨으로써 지일(地一)의 천궁(天宮)과 8의 우주 천궁(天宮)이 상호작용을 하게 된다.

(3)
一	禋	攸	居
일	신	유	거
1	15	7	8

① 자구(字句) 획수 수리(數理) 풀이

가> 一(일) : 1획
1의 수리(數理)는 석가모니 하나님 부처님을 뜻하는 수리이다.

나> 禋(신) : 15획
15의 수리(數理)는 9와 6의 합수(合數)로써 태양수(太陽數) ⊕9와 태음수(太陰數) ⊕6의 작용(作用)을 뜻하는 수리이다.

다> 攸(유) : 7획
7의 수리(數理)는 지일(地一)의 천궁(天宮)을 뜻하는 수리이다.

라> 居(거) : 8획

8의 수리(數理)는 8의 우주 천궁(天宮)을 뜻하는 수리이다.

② 근본진리(根本眞理)

※ 근본진리는 자구 획수 수리 풀이의 종합이 된다.

> 이로써 석가모니 하나님 부처님을 중심으로 하여 태양수(太陽數) ⊕9
> 와 태음수(太陰數) ⊖6의 작용(作用)을 지일(地一)의 천궁(天宮)과 8의 우주
> 천궁(天宮)이 하게 되는 것이다.

(4)

羣	屈	諸	嚞	護	侍
군	령	제	철	호	시
13	14	16	18	21	8

① 자구(字句) 획수 수리(數理) 풀이

가> 羣(군) : 13획

13의 수리(數理)는 4와 9의 합수(合數)로써 4의 수리는 불(佛)의 용(用)의 수(數) 4로써 노사나불(佛)을 뜻하는 수리이며, 9의 수리는 태양수(太陽數) ⊕9의 천궁(天宮)을 뜻하는 수리이다.

나> 䨻(령) : 14획

14의 수리(數理)는 7과 7의 합수(合數)로써 7.7의 우주인 지일일(地一一) 우주를 뜻하는 수리이다.

다> 諸(제) : 16획

16의 수리(數理)는 7과 9의 합수(合數)로써 7의 수리는 지일(地一)을 뜻하는 수리이며, 9의 수리는 태양수(太陽數) ⊕9의 핵(核)을 가진 천궁(天宮)을 뜻하는 수리이다.

라> 嚞(철) : 18획

18의 수리(數理)는 6.6.6의 우주인 천일일(天一一) 우주를 뜻하는 수리이다.

마> 護(호) : 21획

21의 수리(數理)는 2와 19의 합수(合數)로써 2의 수리는 석가모니 하나님 부처님과 다보불(佛) 두 분을 뜻하는 수리이며, 19의 수리는 창조주의 수리로써 십거일적(十鉅一積)을 뜻하는 수리이다.

바> 侍(시) : 8획

8의 수리(數理)는 8의 우주 천궁(天宮)을 뜻하는 수리이다.

② 근본진리(根本眞理)

※ 근본진리는 자구 획수 수리 풀이의 종합이 된다.

노사나불(佛)의 태양수(太陽數) ⊕9의 천궁(天宮)은 지일일(地一一) 우주를 탄생시키기 위해 성단(星團) 재편성을 하여 지일(地一)의 태양수(太陽數) ㊉9의 천궁(天宮)으로 거듭나며 또한 천일일(天--)우주에서 석가모니 하나님 부처님과 다보불(佛)께서 십거일적(十鉅一積)의 과정에서 영육(靈肉) 일치를 이루심으로써 8의 우주 천궁(天宮)이 만들어지는 것이다.

(5)
大	吉	祥
대	길	상
3	6	11

① 자구(字句) 획수 수리(數理) 풀이

가> 大(대) : 3획
3의 수리(數理)는 노사나불(佛) 진신삼성(眞身三星)인 태양성(太陽星), 수성(水星), 금성(金星)을 뜻하는 수리이다.

나> 吉(길) : 6획
6의 수리(數理)는 1-4-1의 길을 뜻하는 수리이다.

다> 祥(상) : 11획
11의 수리(數理)는 2와 9의 합수(合數)로써 2의 수리는 연등불(佛)과 노사나불(佛) 두 분을 뜻하는 수리이며, 9의 수리는 태양수(太陽數) 9를 뜻하는 수리이다.

② 근본진리(根本眞理)

※ 근본진리는 자구 획수 수리 풀이의 종합이 된다.

> 이후 노사나불(佛)의 진신삼성(眞身三星)이 탄생됨으로써 1-4-1의 길이 이루어져 연등불(佛)을 중심으로 하여 노사나불(佛)께서 태양수(太陽數) 9를 이루고 자리하시는 것이다.

(6)

大	光	明	處
대	광	명	처
3	6	8	11

① 자구(字句) 획수 수리(數理) 풀이

가> 大(대) : 3획

3의 수리(數理)는 석가모니 하나님 부처님의 진신삼성(眞身三星)인 지구(地球), 달(月), 화성(火星)을 뜻하는 수리이다.

나> 光(광) : 6획

6의 수리(數理)는 6.6.6.⑥의 우주인 인일일(人一一), 인일이(人一二), 인일삼(人一三) 우주 중 인일일(人一一) 우주를 뜻하는 수리이다.

다> 明(명) : 8획

8의 수리(數理)는 8의 우주 천궁(天宮)을 뜻하는 수리이다.

라> 處(처) : 11획
11의 수리(數理)는 5와 6의 합수(合數)로써 5의 수리는 1-3-1의 길을 뜻하는 수리이며, 6의 수리는 인일이(人一二) 우주를 뜻하는 수리이다.

② 근본진리(根本眞理)

※ 근본진리는 자구 획수 수리 풀이의 종합이 된다.

이때 석가모니 하나님 부처님의 진신삼성(眞身三星)은 인일일(人一一) 우주의 자리로 이동한 8의 우주 천궁(天宮)이 1-3-1의 길을 이루고 인일이(人一二) 우주를 이룸으로써 탄생이 되는 것이다.
---

(7)
惟	性	通	功	完	者
유	성	통	공	완	자
11	8	11	5	7	9

① 자구(字句) 획수 수리(數理) 풀이

가> 惟(유) : 11획

11의 수리(數理)는 6과 5의 합수(合數)로써 6의 수리는 인이일(人二一) 우주를 뜻하는 수리이며, 5의 수리는 1-3-1의 길을 뜻하는 수리이다.

나> 性(성) : 8획
8의 수리(數理)는 8의 우주인 지구(地球), 달(月), 화성(火星)을 뜻하는 수리이다.

다> 通(통) : 11획
11의 수리(數理)는 9와 2의 합수(合數)로써 9의 수리는 태양수(太陽數) 9를 뜻하는 수리이며, 2의 수리는 석가모니 하나님 부처님과 육신불(肉身佛)이신 다보불(佛)을 뜻하는 수리이다.

라> 功(공) : 5획
5의 수리(數理)는 1-4의 길을 뜻하는 수리이다.

마> 完(완) : 7획
7의 수리(數理)는 7.7.7의 우주인 지일이(地一二) 우주를 뜻하는 수리이다.

바> 者(자) : 9획
9의 수리(數理)는 노사나불(佛)의 태양수(太陽數) 9를 뜻하는 수리이다.

② 근본진리(根本眞理)

※ 근본진리는 자구 획수 수리 풀이의 종합이 된다.

207

> 인일일(人一一) 우주와 연결된 1-3-1의 길에서 8의 우주인 지구(地球), 달(月), 화성(火星)이 탄생하며 이때 태양수(太陽數) 9를 이루신 석가모니 하나님 부처님과 다보불(佛)께서 분리되시어 자리하시게 되며 1-4의 길에서는 지일이(地一二) 우주를 노사나불(佛) 태양수(太陽數) 9가 완성하시는 것이다.

(8) | 朝 | 永 | 得 | 快 | 樂 |
| --- | --- | --- | --- | --- |
| 조 | 영 | 득 | 쾌 | 락 |
| 12 | 5 | 11 | 7 | 15 |

① 자구(字句) 획수 수리(數理) 풀이

가> 朝(조) : 12획
12의 수리(數理)는 3과 9의 합수(合數)로써 3의 수리는 노사나불(佛) 진신삼성(眞身三星)인 태양성(太陽星), 수성(水星), 금성(金星)을 뜻하는 수리이며, 9의 수리는 태양수(太陽數) 9를 뜻하는 수리이다.

나> 永(영) : 5획
5의 수리(數理)는 1-4의 길을 뜻하는 수리이다.

다> 得(득) : 11획
11의 수리(數理)는 4와 7의 합수(合數)로써 4의 수리는 불(佛)의 용(用)의 수(數) 4로써 노사나불(佛)을 뜻하는 수리이며, 7의 수리는 지일(地一)을 뜻하는 수리이다.

라> 快(쾌) : 7획
7의 수리(數理)는 북두칠성(北斗七星)을 뜻하는 수리이다.

마> 樂(락) : 15획
15의 수리(數理)는 9와 6의 합수(合數)로써 9의 수리는 노사나불(佛)의 태양수(太陽水) 9를 뜻하는 수리이며, 6의 수리는 1-4-1의 길을 뜻하는 수리이다.

② 근본진리(根本眞理)

※ 근본진리는 자구 획수 수리 풀이의 종합이 된다.

> 노사나불(佛) 진신삼성(眞身三星)인 태양성(太陽星), 수성(水星), 금성(金星)이 이룬 태양수(太陽數) 9가 1-4의 길을 이룸으로써 노사나불(佛)의 지일(地一)과 북두칠성(北斗七星)이 연결되는 길을 비로소 갖게 된다. 이로써 노사나불(佛)의 태양수(太陽數) 9는 1-4-1의 길을 이루게 되는 것이다.

4. 제사장(第四章) 세계칠십이자(世界七十二字)

한문경

『第四章 世界七十二字』(제사장 세계칠십이자)

爾觀森列 (이관삼열)

星辰數亢盡 (성진수무진)

大小明暗 苦樂不同 (대소명암 고락부동)

一神 造羣 世界 (일신 조군 세계)

神 勅日世界使者 (신 칙일세계사자)

牽 七百世界 (할 칠백세계)

爾地自大 一凡世界 (이지자대 일범세계)

中火震盪 海幻陸遷 (중화진당 해환육천)

乃成見像 (내성현상)

神呵氣包底 (신가기포저)

```
煦日色熱 (후일색열)
行翥化游栽 (행저화유재)
物繁殖 (물번식)
```

[1] 제일장(第一章) 자구(字句) 획수 수리(數理) 풀이 및 근본진리(根本眞理)

(1)
爾	觀	森	列
이	관	삼	열
14	25	12	6

① 자구(字句) 획수 수리(數理) 풀이

가> 爾(이) : 14획
14의 수리(數理)는 5와 9의 합수(合數)로써 5의 수리는 1-3-1의 길을 뜻하는 수리이며, 9의 수리는 노사나불(佛) 태양수(太陽數) ⊕9의 천궁(天宮)을 뜻하는 수리이다.

나> 觀(관) : 25획

25의 수리(數理)는 19와 6의 합수(合數)로써 19의 수리는 십거일적(十鉅一積)을 뜻하는 수리이며, 6의 수리는 1-4-1의 길을 뜻하는 수리이다.

다> 森(삼) : 12획

12의 수리(數理)는 5와 7의 합수(合數)로써 5의 수리는 4-1의 길을 뜻하는 수리이며, 7의 수리는 7.⑦의 우주인 지일일(地一一) 우주를 뜻하는 수리이다.

라> 列(열) : 6획

6의 수리(數理)는 여섯 가지의 우주를 뜻하는 수리이다.

② 근본진리(根本眞理)

※ 근본진리는 자구 획수 수리 풀이의 종합이 된다.

> 1-3-1의 길에서 노사나불(佛) 태양수(太陽數) ⊕9의 천궁(天宮)이 십거일적(十鉅一積)을 마침으로써 1-4-1의 길을 이루게 되는 것은 4-1의 길을 이루고 지일일(地一一) 우주를 이루어 여섯 가지의 우주로 자리함으로써 이루게 되는 것이다.

(2)

星	辰	數	旡	盡
성	진	수	무	진
9	7	15	4	14

① 자구(字句) 획수 수리(數理) 풀이

가> 星(성) : 9획
9의 수리(數理)는 태양수(太陽數) 9를 뜻하는 수리이다.

나> 辰(진) : 7획
7의 수리(數理)는 7의 우주인 지일(地一)을 뜻하는 수리이다.

다> 數(수) : 15획
15의 수리(數理)는 9와 6의 합수(合數)로써 태양수(太陽數) 9와 태음수(太陰數) 6의 작용을 뜻하는 수리이다.

라> 叴(우) : 4획
4의 수리(數理)는 불(佛)의 용(用)의 수(數) 4를 뜻하는 수리로써 연등불(佛)을 뜻하는 수리이다.

마> 盡(진) : 14획
14의 수리(數理)는 7과 7의 합수(合數)로써 7.7의 우주인 지일일(地一一) 우주를 뜻하는 수리이다.

② 근본진리(根本眞理)

※ 근본진리는 자구 획수 수리 풀이의 종합이 된다.

태양수(太陽數) 9를 이룬 지일(地一)과 태양수(太陽數) 9와 태음수(太陰數) 6의 작용을 위해 연등불(佛)께서 천궁(天宮)을 이루고 자리함으로써 지일일(地一一) 우주가 완성이 되는 것이다.

(3)
大	小	明	暗	苦	樂	不	同
대	소	명	암	고	락	부	동
3	3	8	13	9	15	4	6

① 자구(字句) 획수 수리(數理) 풀이

가> 大(대) : 3획
3의 수리(數理)는 다보불(佛) 진신(眞身) ⊕3을 뜻하는 수리이다.

나> 小(소) : 3획
3의 수리(數理)는 석가모니 하나님 부처님의 진신(眞身) ⊕3을 뜻하는 수리이다.

다> 明(명) : 8획
8의 수리(數理)는 인이삼(人二三) 우주 천궁(天宮)을 뜻하는 수리이다.

라> 暗(암) : 13획
13의 수리(數理)는 4와 9의 합수(合數)로써 4의 수리는 불(佛)의 용(用)의 수(數) 4로써 석가모니 하나님 부처님을 뜻하는 수리이며, 9의 수리는 태양수(太陽數) 9로써 법궁(法宮)인 목성(木星)을 뜻하는 수리이다.

마> 苦(고) : 9획

9의 수리(數理)는 태양수(太陽數) 9를 가진 석가모니 하나님 부처님의 법궁(法宮)인 목성(木星)을 뜻하는 수리이다.

바> 樂(락) : 15획
15의 수리(數理)는 9와 6의 합수(合數)로써 태양수(太陽數) 9와 태음수(太陰數) 6의 작용을 뜻하는 수리이다.

사> 不(부) : 4획
4의 수리(數理)는 불(佛)의 용(用)의 수(數) 4로써 다보불(佛)을 뜻하는 수리이다.

아> 同(동) : 6획
6의 수리(數理)는 인일이(人一二) 우주를 뜻하는 수리이다.

② 근본진리(根本眞理)

※ 근본진리는 자구 획수 수리 풀이의 종합이 된다.

> 다보불(佛) 진신(眞身) ⊕3과 석가모니 하나님 부처님의 진신(眞身) ⊕3이 인이삼(人二三) 우주 중심《천궁(天宮)》을 만들게 되는 것은 석가모니 하나님 부처님의 법궁(法宮)인 목성(木星)이 먼저 탄생이 된 후, 태양수(太陽數) 9와 태음수(太陰數) 6의 작용을 다보불(佛)께서 하심으로써 인일이(人一二) 우주가 만들어지는 가운데 이루어지는 것이다.

(4)

一	禃	造	羣	世	界
일	신	조	군	세	계
1	15	11	13	5	9

① 자구(字句) 획수 수리(數理) 풀이

가> 一(일) : 1획
1의 수리(數理)는 석가모니 하나님 부처님을 뜻하는 수리이다.

나> 禃(신) : 15획
15의 수리(數理)는 9와 6의 합수(合數)로써 9의 수리는 태양수(太陽數) 9를 가진 목성(木星)을 뜻하는 수리이며, 6의 수리는 인일일(人一一) 우주를 뜻하는 수리이다.

다> 造(조) : 11획
11의 수리(數理)는 9와 2의 합수(合數)로써 9의 수리는 태양수(太陽數) 9를 뜻하는 수리이며, 2의 수리는 석가모니 하나님 부처님과 다보불(佛) 두 분을 뜻하는 수리이다.

라> 羣(군) : 13획
13의 수리(數理)는 4와 9의 합수(合數)로써 4의 수리는 3-1의 길을 뜻하는 수리이며, 9의 수리는 태양수(太陽數) 9를 가진 석가모니 하나님 부처님의 법궁(法宮)인 목성(木星)을 뜻하는 수리이다.

마> 世(세) : 5획
5의 수리(數理)는 1-3-1의 길을 뜻하는 수리이다.

바> 界(계) : 9획

9의 수리(數理)는 석가모니 하나님 부처님의 태양수(太陽數) 9를 뜻하는 수리이다.

② 근본진리(根本眞理)

※ 근본진리는 자구 획수 수리 풀이의 종합이 된다.

> 이와 같이 석가모니 하나님 부처님께서 목성(木星)을 법궁(法宮)으로 하시고 인일일(人一一) 우주를 탄생시킬 때에 태양수(太陽數) 9를 이루신 석가모니 하나님 부처님과 다보불(佛)께서 분리되시어 3-1의 길을 이루고 석가모니 하나님 부처님의 법궁(法宮)인 목성(木星)이 외곽에 자리하시게 되는 것이다. 이러한 이후 다시 1-3-1의 길을 석가모니 하나님 부처님의 태양수(太陽數) 9가 이루게 되는 것이다.

(5)

禈	勅	日	世	界	使	者
신	칙	일	세	계	사	자
15	9	4	5	9	8	9

① 자구(字句) 획수 수리(數理) 풀이

가> 禈(신) : 15획

15의 수리(數理)는 9와 6의 합수(合數)로써 9의 수리는 석가모니 하나님 부처님의 태양수(太陽數) 9를 가진 목성(木星)을 뜻하는 수리이며, 6의 수리는 인일이(人一二) 우주를 뜻하는 수리이다.

나> 勅(칙) : 9획
9의 수리(數理)는 태양수(太陽數) 9를 가진 석가모니 하나님 부처님의 법궁(法宮)인 목성(木星)을 뜻하는 수리이다.

다> 日(일) : 4획
4의 수리(數理)는 불(佛)의 용(用)의 수(數) 4로써 다보불(佛)을 뜻하는 수리이다.

라> 世(세) : 5획
5의 수리(數理)는 1-3-1의 길을 뜻하는 수리이다.

마> 界(계) : 9획
9의 수리(數理)는 천궁(天宮)을 이룬 다보불(佛)의 태양수(太陽數) ⊕9를 뜻하는 수리이다.

바> 使(사) : 8획
8의 수리(數理)는 8의 우주인 지구(地球), 달(月), 화성(火星)을 뜻하는 수리이다.

사> 者(자) : 9획
9의 수리(數理)는 태양수(太陽數) 9를 가진 석가모니 하나님 부처님의 법궁(法宮)인 목성(木星)을 뜻하는 수리이다.

② 근본진리(根本眞理)

※ 근본진리는 자구 획수 수리 풀이의 종합이 된다.

석가모니 하나님 부처님의 법궁(法宮)인 목성(木星)이 인일이(人一二) 우주를 탄생시키는 과정에 목성(木星)과 천궁(天宮)을 이룬 다보불(佛)께서 1-3-1의 길을 이루시고 작용을 함으로써 다보불(佛) 태양수(太陽數) ⊕9의 천궁(天宮)이 진화(進化)의 과정을 모두 마치고 폭발함으로써 지구, 달, 화성을 탄생시킴으로써 석가모니 하나님 부처님의 법궁(法宮)인 목성(木星)과 함께 자리하게 되는 것이다.

---

(6)

牽	七	百	世	界
할	칠	백	세	계
12	2	6	5	9

① 자구(字句) 획수 수리(數理) 풀이

가> 牽(할) : 12획
12의 수리(數理)는 4와 8의 합수(合數)로써 4의 수리는 1-3의 길을 뜻하는 수리이며, 8의 수리는 8의 우주인 지구, 달, 화성을 뜻하는 수리이다.

나> 七(칠) : 2획
2의 수리(數理)는 석가모니 하나님 부처님과 다보불(佛) 두 분을 뜻하는 수리이다.

다> 百(백) : 6획

6의 수리(數理)는 인일이(人一二) 우주를 뜻하는 수리이다.

라> 世(세) : 5획

5의 수리(數理)는 1-3-1의 길을 뜻하는 수리이다.

마> 界(계) : 9획

9의 수리(數理)는 새로운 천궁(天宮)을 이룬 다보불(佛) 태양수(太陽數) ⊕9를 뜻하는 수리이다.

② 근본진리(根本眞理)

※ 근본진리는 자구 획수 수리 풀이의 종합이 된다.

> 1-3의 길을 이루고 지구, 달, 화성이 탄생함으로써 석가모니 하나님 부처님과 다보불(佛) 두 분께서 인일이(人一二) 우주를 완성하시게 되며 이후 1-3-1의 길을 이룬 가운데 다보불(佛) 태양수(太陽數) ⊕9가 다시 천궁(天宮)을 이루고 중심으로 자리하는 것이다.

(7)

爾	地	自	大	一	凡	世	界
이	지	자	대	일	범	세	계
14	6	6	3	1	3	5	9

① 자구(字句) 획수 수리(數理) 풀이

가> 爾(이) : 14획
14의 수리(數理)는 7과 7의 합수(合數)로써 7.7의 우주인 지일일(地——) 우주를 뜻하는 수리이다.

나> 地(지) : 6획
6의 수리(數理)는 1-4-1의 길을 뜻하는 수리이다.

다> 自(자) : 6획
6의 수리(數理)는 여섯 가지의 우주를 뜻하는 수리이다.

라> 大(대) : 3획
3의 수리(數理)는 처음 커블랙홀의 천궁(天宮)을 이루었던 노사나불(佛) 진신(眞身) ⊕3을 뜻하는 수리이다.

마> 一(일) : 1획
1의 수리(數理)는 노사나불(佛)을 뜻하는 수리이다.

바> 凡(범) : 3획
3의 수리(數理)는 노사나불(佛)의 진신삼성(眞身三星)인 태양성, 수성, 금성을 뜻하는 수리이다.

사> 世(세) : 5획
5의 수리(數理)는 1-4의 길을 뜻하는 수리이다.

아> 界(계) : 9획
9의 수리(數理)는 노사나불(佛)의 태양수(太陽數) 9를 뜻하는 수리이다.

② 근본진리(根本眞理)

※ 근본진리는 자구 획수 수리 풀이의 종합이 된다.

> 지일일(地一一) 우주가 1-4-1의 길을 이루고 여섯 가지의 우주로 자리하게 되는 것은 노사나불(佛) 진신(眞身) ⊕3이 노사나불의 진신삼성(眞身三星)인 태양성(太陽星)과 수성(水星)과 금성(金星)으로 탄생이 되어 1-4의 길을 이루고 노사나불(佛) 태양수(太陽數) 9로써 자리함으로써 이루어진 것이다.

(8)
中	火	震	薀	海	幻	陸	遷
중	화	진	탕	해	환	육	천
4	4	15	21	10	4	11	16

① 자구(字句) 획수 수리(數理) 풀이

가> 中(중) : 4획
4의 수리(數理)는 불(佛)의 용(用)의 수(數) 4로써 노사나불(佛)을 뜻하는 수리이다.

나> 火(화) : 4획
4의 수리(數理)는 불(佛)의 용(用)의 수(數) 4로써 연등불(佛)을 뜻하는 수리이다.

다> 震(진) : 15획

15의 수리(數理)는 9와 6의 합수(合數)로써 태양수(太陽數) 9와 태음수(太陰數) 6의 작용을 뜻하는 수리이다.

라> 薑(탕) : 21획

21의 수리(數理)는 7.7.7의 합수(合數)로써 7.7.7의 우주인 지일이(地一二) 우주를 뜻하는 수리이다.

마> 海(해) : 10획

10의 수리(數理)는 4와 6의 합수(合數)로써 4의 수리는 불(佛)의 용(用)의 수(數) 4로써 연등불(佛)을 뜻하는 수리이며, 6의 수리는 1-4-1의 길을 뜻하는 수리이다.

바> 幻(환) : 4획

4의 수리(數理)는 불(佛)의 용(用)의 수(數) 4로써 노사나불(佛)의 육신불(肉身佛)이신 아촉불(佛)을 뜻하는 수리이다.

사> 陸(육) : 11획

11의 수리(數理)는 4와 7의 합수(合數)로써 4.7의 우주인 지일삼(地一三) 이동 우주를 뜻하는 수리이다.

아> 遷(천) : 16획

16의 수리(數理)는 9와 7의 합수(合數)로써 9의 수리는 노사나불(佛) 태양수(太陽數) 9를 뜻하는 수리이며, 7의 수리는 7의 우주인 지일(地一)을 뜻하는 수리이다.

② 근본진리(根本眞理)

※ 근본진리는 자구 획수 수리 풀이의 종합이 된다.

> 이후 노사나불(佛)과 연등불(佛)께서는 태양수(太陽數) 9와 태음수(太陰數) 6의 작용을 함으로써 지일이(地一二) 우주를 이루시게 된다. 이로써 연등불(佛)을 중심하여 1-4-1의 길을 이루고 여섯 가지의 우주가 자리한 것이며, 이때 아촉불(佛)께서는 지일삼(地一三) 이동 우주의 중심을 이루시고 노사나불(佛) 태양수(太陽數) 9의 지일(地一)은 그 외곽에 자리하는 것이다.

(9)

乃	成	見	像
내	성	현	상
2	7	7	14

① 자구(字句) 획수 수리(數理) 풀이

가> 乃(내) : 2획
2의 수리(數理)는 아촉불(佛)과 노사나불(佛) 두 분을 뜻하는 수리이다.

나> 成(성) : 7획
7의 수리(數理)는 지일이(地一二) 우주를 뜻하는 수리이다.

다> 見(현) : 7획
7의 수리(數理)는 지일삼(地一三) 이동 우주를 뜻하는 수리이다.

라> 像(상) : 14획

14의 수리(數理)는 9와 5의 합수(合數)로써 9의 수리는 노사나불(佛) 태양수(太陽數) 9를 뜻하는 수리이며, 5의 수리는 1-4의 길을 뜻하는 수리이다.

② 근본진리(根本眞理)

※ 근본진리는 자구 획수 수리 풀이의 종합이 된다.

> 아촉불(佛)을 중심한 노사나불(佛)께서는 지일이(地-二) 우주와 연결된 길에서 지일삼(地-三) 이동 우주를 이루시고 노사나불(佛)의 태양수(太陽數) 9는 1-4의 길에 자리하는 것이다.

(10)
禋	呵	氣	包	底
신	가	기	포	저
15	8	10	5	8

① 자구(字句) 획수 수리(數理) 풀이

가> 禋(신) : 15획

15의 수리(數理)는 6과 9의 합수(合數)로써 태음수(太陰數) 6과 태양수(太陽

數) 9의 작용을 뜻하는 수리이다.

나> 呵(가) : 8획
8의 수리(數理)는 8의 우주인 지구, 달, 화성을 뜻하는 수리이다.

다> 氣(기) : 10획
10의 수리(數理)는 4와 6의 합수(合數)로써 4의 수리는 불(佛)의 용(用)의 수(數) 4로써 석가모니 하나님 부처님을 뜻하는 수리이며, 6의 수리는 여섯 뿌리의 법궁(法宮)인 목성(木星)을 뜻하는 수리이다.

라> 包(포) : 5획
5의 수리(數理)는 1-3-1의 길을 뜻하는 수리이다.

마> 底(저) : 8획
8의 수리(數理)는 ⑧의 우주인 인이삼(人二三) 우주 천궁(天宮)을 뜻하는 수리이다.

② 근본진리(根本眞理)

※ 근본진리는 자구 획수 수리 풀이의 종합이 된다.

태음수(太陰數) 6과 태양수(太陽數) 9의 작용으로 지구, 달, 화성이 석가모니 하나님 부처님의 법궁인 목성(木星)과 1-3-1의 길을 이룰 때 ⑧의 우주인 인이삼(人二三) 우주의 천궁(天宮)이 만들어지는 것이다.

(11)

煦	日	色	熱
후	일	색	열
13	4	6	15

① 자구(字句) 획수 수리(數理) 풀이

가> 煦(후) : 13획
13의 수리(數理)는 9와 4의 합수(合數)로써 9의 수리는 다보불(佛)께서 이루신 새로운 천궁(天宮)인 태양수(太陽數) ㉩9를 뜻하는 수리이며, 4의 수리는 3-1의 길을 뜻하는 수리이다.

나> 日(일) : 4획
4의 수리(數理)는 1-3의 길을 뜻하는 수리이다.

다> 色(색) : 6획
6의 수리(數理)는 석가모니 하나님 부처님의 여섯 뿌리의 법궁(法宮)인 목성(木星)을 뜻하는 수리이다.

라> 熱(열) : 15획
15의 수리(數理)는 6과 9의 합수(合數)로써 태음수(太陰數) 6과 태양수(太陽數) 9의 작용을 뜻하는 수리이다.

② 근본진리(根本眞理)

※ 근본진리는 자구 획수 수리 풀이의 종합이 된다.

> 다보불(佛) 태양수(太陽數) ⊕9의 천궁(天宮)을 중심으로 3-1의 길이 이루어짐으로써 1-3의 길에는 석가모니 하나님 부처님의 여섯 뿌리의 법궁(法宮)인 목성(木星)이 자리하게 되어 태음수(太陰數) 6과 태양수(太陽數) 9의 작용을 하게 되는 것이다.

⑿
行	煮	化	游	栽
행	저	화	유	재
6	15	4	12	10

① 자구(字句) 획수 수리(數理) 풀이

가> 行(행) : 6획
6의 수리(數理)는 석가모니 하나님 부처님의 여섯 뿌리의 법궁(法宮)인 목성(木星)을 뜻하는 수리이다.

나> 煮(저) : 15획
15의 수리(數理)는 9와 6의 합수(合數)로써 태양수(太陽數) 9와 태음수(太陰數) 6의 작용을 뜻하는 수리이다.

다> 化(화) : 4획
4의 수리(數理)는 불(佛)의 용(用)의 수(數) 4로써 다보불(佛)을 뜻하는 수리이다.

229

라> 游(유) : 12획

12의 수리(數理)는 9와 3의 합수(合數)로써 9의 수리는 태양수(太陽數) ⊕9 의 천궁(天宮)을 뜻하는 수리이며, 3의 수리는 석가모니 하나님 부처님 의 진신(眞身) 3성(星)인 지구, 달, 화성을 뜻하는 수리이다.

마> 栽(재) : 10획

10의 수리(數理)는 4와 6의 합수(合數)로써 4의 수리는 3-1의 길을 뜻하는 수리이며, 6의 수리는 인일삼(人一三) 우주를 뜻하는 수리이다.

② 근본진리(根本眞理)

※ 근본진리는 자구 획수 수리 풀이의 종합이 된다.

> 여섯 뿌리의 법궁(法宮)인 목성(木星)이 태양수(太陽數) 9와 태음수(太陰數) 6의 작용을 하게 되는 것은 다보불(佛)께서 이루신 태양수(太陽數) ⊕9 의 천궁(天宮)을 중심으로 하여 진신삼성(眞身三星)인 지구, 달, 화성이 3-1의 길을 이룸으로써 이루어지며 이로써 인일삼(人一三) 우주가 탄생하는 것이다.

⑬ | 物 | 繁 | 殖 |
| --- | --- | --- |
| 물 | 번 | 식 |
| 8 | 17 | 12 |

① 자구(字句) 획수 수리(數理) 풀이

　가> 物(물) : 8획
　8의 수리(數理)는 8의 우주인 지구, 달, 화성을 뜻하는 수리이다.

　나> 繁(번) : 17획
　17의 수리(數理)는 8과 9의 합수(合數)로써 ⑧의 수리는 8의 우주인 인이삼(人二三) 우주를 뜻하는 수리이며, 9의 수리는 다보불(佛) 태양수(太陽數) ⊕9의 천궁(天宮)을 뜻하는 수리이다.

　다> 殖(식) : 12획
　12의 수리(數理)는 6과 6의 합수(合數)로써 여섯 뿌리의 법궁(法宮)인 목성(木星)과 여섯 가지의 우주를 뜻하는 수리이다.

② 근본진리(根本眞理)

※ 근본진리는 자구 획수 수리 풀이의 종합이 된다.

> 이후 지구, 달, 화성과 연결된 길에 있게 되는 인이삼(人二三) 우주 다보불(佛) 태양수(太陽數) ⊕9의 천궁(天宮)도 여섯 뿌리의 법궁(法宮)인 목성(木星)을 축으로 하여 여섯 가지의 우주로 자리하게 되는 것이다.

5. 제오장(第五章)
인물일백육십칠자(人物一百六十七字)

> **한문경**
>
> 『第五章 人物一百六十七字』
> (제오장 인물일백육십칠자)
>
> 人物同受三眞 (인물동수삼진)
>
> 惟众迷地 (유중미지)
>
> 三妄着根 (삼망착근)
>
> 眞妄對作三途 (진망대작삼도)
>
> 曰性命精 (왈성명정)
>
> 人全之 物偏之 (인전지 물편지)
>
> 眞性 善无惡 上喆通 (진성 선무악 상철통)
>
> 眞命 淸无濁 中喆知 (진명 청무탁 중철지)

眞精 厚旡薄 下嘉保 (진정 후무박 하철보)

返眞一神 (반진일신)

曰心氣身 (왈심기신)

心依性 有善惡善福惡禍 (심의성 유선악선복악화)

氣依命 有淸濁淸壽濁夭 (기의명 유청탁청수탁요)

身依精 有厚薄 厚貴薄賤 (신의정 유후박 후귀박천)

曰感息觸 (왈감식촉)

轉成十八境 (전성십팔경)

感喜懼哀怒貪厭 (감희구애로탐염)

息芬彌寒熱震濕 (식분란한열진습)

解聲色臭味淫抵众 (촉성색취미음저중)

善惡淸濁厚薄相雜 (선악청탁후박상잡)

從境途任走 (종경도임주)

墮生長肖病歿苦 (타생장소병몰고)

嘉止感 調息 禁解 (철지감 조식 금촉)

一意化行 改妄即眞 (일의화행 개망즉진)

發大神機 性通功完是 (발대신기 성통공완시)

[1] 제오장(第五章) 자구(字句) 획수 수리(數理) 풀이 및 근본진리(根本眞理)

234

(1)

人	物	同	受	三	眞
인	물	동	수	삼	진
2	8	6	8	3	10

① 자구(字句) 획수 수리(數理) 풀이

가> 人(인) : 2획
2의 수리(數理)는 다보불(佛)과 석가모니 하나님 부처님 두 분을 뜻하는 수리이다.

나> 物(물) : 8획
8의 수리(數理)는 ⑧의 우주 천궁(天宮)인 인이삼(人二三) 우주 천궁(天宮)을 뜻하는 수리이다.

다> 同(동) : 6획
6의 수리(數理)는 석가모니 하나님 부처님의 여섯 뿌리의 법궁(法宮)인 목성(木星)을 뜻하는 수리이다.

라> 受(수) : 8획
8의 수리(數理)는 8의 우주인 지구, 달, 화성을 뜻하는 수리이다.

마> 三(삼) : 3획
3의 수리(數理)는 아미타불(佛) 진신(眞身) ⑬을 뜻하는 수리이다.

바> 眞(신) : 10획
10의 수리(數理)는 4와 6의 합수(合數)로써 4의 수리는 1-3의 길을 뜻하는 수리이며, 6의 수리는 천이삼(天二三) 우주를 뜻하는 수리이다.

② 근본진리(根本眞理)

※ 근본진리는 자구 획수 수리 풀이의 종합이 된다.

다보불(佛)과 석가모니 하나님 부처님께서는 인이삼(人二三) 우주 천궁(天宮)과 여섯 뿌리의 법궁(法宮)인 목성(木星)에 자리하심으로써 지구, 달, 화성을 거느리시고, 아미타불(佛) 진신(眞身) ⊕3과 1-3의 길로 연결을 이룸으로써 천이삼(天二三) 우주 구성을 도와 주게 되는 것이다.

---

(2) | 惟 | 众 | 迷 | 地 |
     | 유 | 중 | 미 | 지 |
     | 11 | 6 | 10 | 6 |

① 자구(字句) 획수 수리(數理) 풀이

가> 惟(유) : 11획
11의 수리(數理)는 3과 8의 합수(合數)로써 3의 수리는 석가모니 하나님 부처님의 진신삼성(眞身三星)을 뜻하는 수리이며, 8의 수리는 8의 우주인 지구, 달, 화성을 뜻하는 수리이다.

나> 众(중) : 6획
6의 수리(數理)는 여섯 뿌리의 법궁(法宮)인 목성(木星)을 뜻하는 수리이다.

다> 迷(미) : 10획

10의 수리(數理)는 1과 9의 합수(合數)로써 1의 수리는 아미타불(佛)을 뜻하는 수리이며, 9의 수리는 태양수(太陽數) ⊕9의 천궁(天宮)을 뜻하는 수리이다.

라> 地(지) : 6획

6의 수리(數理)는 천이삼(天二三) 우주를 뜻하는 수리이다.

② 근본진리(根本眞理)

※ 근본진리는 자구 획수 수리 풀이의 종합이 된다.

> 석가모니 하나님 부처님 진신삼성(眞身三星)인 지구, 달, 화성은 여섯 뿌리의 법궁(法宮)인 목성(木星)과 함께 아미타불(佛) 태양수(太陽數) ⊕9의 천궁(天宮)과 더불어 작용함으로써 천이삼(天二三) 우주의 창조를 돕는 것이다.

(3)
三	妄	着	根
삼	망	착	근
3	6	12	10

① 자구(字句) 획수 수리(數理) 풀이

가> 三(삼) : 3획

3의 수리(數理)는 석가모니 하나님 부처님의 진신삼성(眞身三星)을 뜻하는 수리이다.

나> 妄(망) : 6획

6의 수리(數理)는 여섯 뿌리의 법궁(法宮)인 목성(木星)을 뜻하는 수리이다.

다> 着(착) : 12획

12의 수리(數理)는 3과 9의 합수(合數)로써 3의 수리는 아미타불(佛) 진신(眞身) ⊕3을 뜻하는 수리이며, 9의 수리는 태양수(太陽數) ⊕9의 천궁(天宮)을 뜻하는 수리이다.

라> 根(근) : 10획

10의 수리(數理)는 4와 6의 합수(合數)로써 4의 수리는 1-3의 길을 뜻하는 수리이며, 6의 수리는 6.6.6.6.⑥의 우주인 천이삼(天二三) 우주를 뜻하는 수리이다.

② 근본진리(根本眞理)

※ 근본진리는 자구 획수 수리 풀이의 종합이 된다.

> 석가모니 하나님 부처님 진신삼성(眞身三星)을 거느린 여섯 뿌리의 법궁(法宮)인 목성(木星)은 아미타불(佛) 진신(眞身) ⊕3이 태양수(太陽數) ⊕9의 천궁(天宮)을 이룸으로써 1-3의 길로 연결을 이루고 천이삼(天二三) 우주 중심 천궁으로 자리하게 하는 것이다.

(4)

眞	妄	對	作	三	途
진	망	대	작	삼	도
10	6	14	7	3	11

① 자구(字句) 획수 수리(數理) 풀이

가> 眞(진) : 10획
10의 수리(數理)는 1과 9의 합수(合數)로써 1의 수리는 아미타불(佛)을 뜻하는 수리이며, 9의 수리는 태양수(太陽數) ㊉⑨의 천궁(天宮)을 뜻하는 수리이다.

나> 妄(망) : 6획
6의 수리(數理)는 6.6.6.6.⑥의 우주인 천이삼(天二三) 우주를 뜻하는 수리이다.

다> 對(대) : 14획
14의 수리(數理)는 7과 7수의 합수(合數)로써 7.7의 우주인 지일일(地一一) 우주를 뜻하는 수리이다.

라> 作(작) : 7획
7의 수리(數理)는 7의 우주인 지일(地一)을 뜻하는 수리이다.

마> 三(삼) : 3획
3의 수리(數理)는 노사나불(佛) 진신삼성(眞身三聖)인 태양성, 수성, 금성을 뜻하는 수리이다.

바> 途(도) : 11획
11의 수리(數理)는 4와 7의 합수(合數)로써 4.7(7.7.7.7)의 우주인 지일삼(地一三) 이동 우주를 뜻하는 수리이다.

② 근본진리(根本眞理)

※ 근본진리는 자구 획수 수리 풀이의 종합이 된다.

아미타불(佛)의 태양수(太陽數) ⊕9의 천궁(天宮)이 자리한 천이삼(天二三) 우주 경계 내로 지일일(地一一) 우주를 탄생케 한 지일(地一)의 노사나불(佛) 진신삼성(眞身三星)인 태양성과 수성과 금성이 지일삼(地一三) 이동 성단을 만들어 진입하는 것이다.

(5)
日	性	命	精
왈	성	명	정
4	8	8	14

① 자구(字句) 획수 수리(數理) 풀이

가> 日(왈) : 4획
4의 수리(數理)는 불(佛)의 용(用)의 수(數) 4로써 다보불(佛)을 뜻하는 수리이다.

나> 性(성) : 8획
8의 수리(數理)는 ⑧의 우주인 인이삼(人二三) 우주를 뜻하는 수리이다.

다> 命(명) : 8획

8의 수리(數理)는 8의 우주인 지구, 달, 화성을 뜻하는 수리이다.

라> 精(정) : 14획
14의 수리(數理)는 9와 5의 합수(合數)로써 9의 수리는 다보불(佛) 태양수(太陽數) ⊕9를 뜻하는 수리이며, 5의 수리는 1-3-1의 길을 뜻하는 수리이다.

② 근본진리(根本眞理)

※ 근본진리는 자구 획수 수리 풀이의 종합이 된다.

> 이때, 다보불(佛)께서 이루신 인이삼(人二三) 우주는 지구, 달, 화성이 다보불(佛) 태양수(太陽數) ⊕9의 천궁과 1-3-1의 길을 이룸으로써 이루어진다.

(6)
人	全	之	物	偏	之
인	전	지	물	편	지
2	6	4	8	11	4

① 자구(字句) 획수 수리(數理) 풀이

가> 人(인) : 2획

2의 수리(數理)는 다보불(佛)과 노사나불(佛) 두 분을 뜻하는 수리이다.

나> 全(전) : 6획

6의 수리(數理)는 6.6.6.6.⑥의 수리인 천이삼(天二三) 우주를 뜻하는 수리이다.

다> 之(지) : 4획

4의 수리(數理)는 불(佛)과 용(用)의 수(數) 4로써 아미타불(佛)을 뜻하는 수리이다.

라> 物(물) : 8획

8의 수리(數理)는 ⑧의 우주인 인이삼(人二三) 우주를 뜻하는 수리이다.

마> 偏(편) : 11획

11의 수리(數理)는 4와 7의 합수(合數)로써 4.7(7.7.7.7)의 우주인 지일삼(地一三) 이동 우주를 뜻하는 수리이다.

바> 之(지) : 4획

4의 수리(數理)는 불(佛)의 용(用)의 수(數) 4로써 아미타불(佛)을 뜻하는 수리이다.

② 근본진리(根本眞理)

※ 근본진리는 자구 획수 수리 풀이의 종합이 된다.

이렇게 하여 다보불(佛)과 노사나불(佛) 두 분께서는 천이삼(天二三) 우주를 창조하시는 아미타불(佛)을 도와 드리게 되는 것이다. 이와 같은 도움의 실상은 인이삼(人二三) 우주와 지이삼(地二三) 이동 우주가 아미타불(佛)을 중심축으로 함으로써 이루어지는 것이다.

(7) | 眞 性 | 善 旡 惡 | 上 嚞 通 |
    | 진 성 | 선 무 악 | 상 철 통 |
    | 10 8 | 12 4 12 | 3 18 11 |

① 자구(字句) 획수 수리(數理) 풀이

가> 眞(진) : 10획
10의 수리(數理)는 1과 9의 합수(合數)로써 1의 수리는 아미타불(佛)을 뜻하는 수리이며, 9의 수리는 태양수(太陽數) ㉈9의 천궁(天宮)을 뜻하는 수리이다.

나> 性(성) : 8획
8의 수리(數理)는 ⑧의 우주인 인이삼(人二三) 우주의 천궁(天宮)을 뜻하는 수리이다.

다> 善(선) : 12획
12의 수리(數理)는 6과 6의 합수(合數)로써 6의 수리는 여섯 뿌리를 뜻하는 수리이며, 6의 수리는 6.6.6.⑥의 우주인 인일이(人一二) 우주를 뜻하는 수리이다.

라> 兏(무) : 4획
4의 수리(數理)는 1-3의 길을 뜻하는 수리이다.

마> 惡(악) : 12획
12의 수리(數理)는 4와 8의 합수(合數)로써 4의 수리는 3-1의 길을 뜻하는 수리이며, 8의 수리는 8의 우주인 지구, 달, 화성을 뜻하는 수리이다.

바> 上(상) : 3획
3의 수리는 석가모니 하나님 부처님의 진신삼성(眞身三星)을 뜻하는 수리이다.

사> 喆(철) : 18획
18의 수리(數理)는 9와 9의 합수(合數)로써 9의 수리는 석가모니 하나님 부처님의 태양수(太陽數) 9를 뜻하는 수리이며, 9의 수리는 다보불(佛) 태양수(太陽數) ⊕9의 천궁(天宮)을 뜻하는 수리이다.

아> 通(통) : 11획
11의 수리(數理)는 6과 5의 합수(合數)로써 6의 수리는 6.6.6.⑥의 우주인 인일삼(人一三) 우주를 뜻하는 수리이며, 5의 수리는 1-3-1의 길을 뜻하는 수리이다.

② 근본진리(根本眞理)

※ 근본진리는 자구 획수 수리 풀이의 종합이 된다.

> 아미타불(佛)의 태양수(太陽數) 9의 천궁(天宮)과 인이삼(人二三) 우주 천궁(天宮)이 처음 연결을 이룬 것은 여섯 뿌리가 주도하는 인일이(人一二) 우주에서 1-3의 길로 연결을 이룬 것이다. 이러한 연결은 3-1의 길을 이루고 지구, 달, 화성이 석가모니 하나님 부처님의 진신삼성(眞身三星)으로 탄생한 이후 석가모니 하나님 부처님 태양수(太陽數) 9의 작용으로 다보불(佛) 태양수(太陽數) ⊕9의 천궁(天宮)이 탄생한 이후가 되며 이로써 인일삼(人一三) 우주를 완성한 이후 다시 1-3-1의 길이 이루어진 것이다.

(8)

眞	命	淸	旡	濁	中	喆	知
진	명	청	무	탁	중	철	지
10	8	11	4	16	4	18	8

① 자구(字句) 획수 수리(數理) 풀이

가> 眞(진) : 10획
10의 수리(數理)는 1과 9의 합수(合數)로써 1의 수리는 아미타불(佛)을 뜻하는 수리이며, 9의 수리는 태양수(太陽數) ⊕9의 천궁(天宮)을 뜻하는 수리이다.

나> 命(명) : 8획
8의 수리(數理)는 ⑧의 우주 천궁(天宮)인 인이삼(人二三) 우주 천궁(天宮)을 뜻하는 수리이다.

다> 淸(청) : 11획

11의 수리(數理)는 5와 6의 합수(合數)로써 5.6(6.6.6.6.⑥)의 우주인 천이삼(天二三) 우주를 뜻하는 수리이다.

라> 厃(무) : 4획

4의 수리(數理)는 1-3의 길을 뜻하는 수리이다.

마> 濁(탁) : 16획

16의 수리(數理)는 8과 8의 합수(合數)로써 8의 수리는 ⑧의 우주인 인이삼(人二三) 우주를 뜻하는 수리이며, 8의 수리는 8의 우주인 지구, 달, 화성을 뜻하는 수리이다.

바> 中(중) : 4획

4의 수리(數理)는 1-3의 길을 뜻하는 수리이다.

사> 喆(철) : 18획

18의 수리(數理)는 9와 9의 합수(合數)로써 9의 수리는 다보불(佛) 태양수(太陽數) ⊕9의 천궁(天宮)을 뜻하는 수리이며, 9의 수리는 석가모니 하나님 부처님 태양수(太陽數) 9를 뜻하는 수리이다.

아> 知(지) : 8획

8의 수리(數理)는 8의 우주인 지구, 달, 화성을 뜻하는 수리이다.

② 근본진리(根本眞理)

※ 근본진리는 자구 획수 수리 풀이의 종합이 된다.

아미타불(佛) 태양수(太陽數) ⊕9의 천궁(天宮)은 인이삼(人二三) 우주 천궁과 작용함으로써 천이삼(天二三) 우주를 1-3의 길로 연결을 이루고 만들게 된다. 한편, 인이삼(人二三) 우주는 지구, 달, 화성이 1-3의 길로 다보불(佛) 태양수(太陽數) ⊕9의 천궁(天宮)과 연결을 이룸으로써 만들어지며 석가모니 하나님 부처님 태양수(太陽數) 9는 지구, 달, 화성과 같은 길에서 축으로 자리하는 것이다.

(9)

眞	精	厚	冘	薄	下	嘉	保
진	정	후	무	박	하	철	보
10	14	9	4	17	3	18	9

① 자구(字句) 획수 수리(數理) 풀이

가> 眞(진) : 10획

10의 수리(數理)는 1과 9의 합수(合數)로써 1의 수리는 아미타불(佛)을 뜻하는 수리이며, 9의 수리는 태양수(太陽數) ⊕9의 천궁(天宮)을 뜻하는 수리이다.

나> 精(정) : 14획

14의 수리(數理)는 6과 8의 합수(合數)로써 6의 수리는 6,6,6,6,⑥의 우주인 천이삼(天二三) 우주를 뜻하는 수리이며, 8의 수리는 ⑧의 우주인 인이삼(人二三) 우주를 뜻하는 수리이다.

다> 厚(후) : 9획

9의 수리(數理)는 태양수(太陽數) 9의 시리우스 태양성(太陽星)을 뜻하는 수리이다

라> 冘(무) : 4획

4의 수리(數理)는 1-3의 길을 뜻하는 수리이다.

마> 薄(박) : 17획

17의 수리(數理)는 8과 9의 합수(合數)로써 8의 수리는 8의 우주인 지구, 달, 화성을 뜻하는 수리이며, 9의 수리는 태양수(太陽數) 9로써 석가모니 하나님 부처님의 중성자(中性子) 태양성(太陽星)인 목성(木星)을 뜻하는 수리이다.

바> 下(하) : 3획

3의 수리(數理)는 석가모니 하나님 부처님의 진신삼성(眞身三星)을 뜻하는 수리이다.

사> 喆(철) : 18획

18의 수리(數理)는 9와 9의 합수(合數)로써 9의 수리는 아미타불(佛) 태양수(太陽數) 9의 시리우스 태양성(太陽星)을 뜻하는 수리이며, 9의 수리는 다보불(佛) 태양수(太陽數) ⊕9의 천궁(天宮)을 뜻하는 수리이다.

아> 保(보) : 9획

9의 수리(數理)는 석가모니 하나님 부처님의 태양수(太陽數) 9의 중성자(中性子) 태양성(太陽星)인 목성(木星)을 뜻하는 수리이다.

② 근본진리(根本眞理)

※ 근본진리는 자구 획수 수리 풀이의 종합이 된다.

아미타불(佛) 태양수(太陽數) ⊕9의 천궁(天宮)은 천이삼(天二三) 우주의 중심을 이루고 인이삼(人二三) 우주와 연결을 이룬 가운데 천궁(天宮)의 진화(進化)를 모두 마침으로써 태양수(太陽數) 9의 시리우스 태양성으로 탄생되어 1-3의 길에 자리하게 된다. 이로써 아미타불(佛) 태양수(太陽數) 9의 시리우스 태양성(太陽星)은 다보불(佛) 태양수(太陽數) ⊕9의 천궁(天宮)과 연결된 가운데 석가모니 하나님 부처님 태양수(太陽數) 9의 중성자(中性子) 태양성(太陽星)인 목성(木星)과도 연결을 이룬 것이다.

---

(10)

返	眞	一	殖
반	진	일	신
4	10	1	15

① 자구(字句) 획수 수리(數理) 풀이

가> 返(반) : 8획
8의 수리(數理)는 8의 우주인 목성, 지구, 달, 화성을 뜻하는 수리이다.

나> 眞(진) : 10획
10의 수리(數理)는 1과 9의 합수(合數)로써 1의 수리는 아미타불(佛)을 뜻하는 수리이며, 9의 수리는 태양수(太陽數) ⊕9의 천궁(天宮)을 뜻하는 수리이다.

다> 一(일) : 1획
1의 수리(數理)는 석가모니 하나님 부처님을 뜻하는 수리이다.

라> 禋(신) : 15획
15의 수리(數理)는 9와 6의 합수(合數)로써 9의 수리는 태양수(太陽數) 9의 시리우스 태양성(太陽星)을 뜻하는 수리이며, 6의 수리는 여섯 가지의 우주를 뜻하는 수리이다.

② 근본진리(根本眞理)

※ 근본진리는 자구 획수 수리 풀이의 종합이 된다.

8의 우주와 아미타불(佛)의 태양수(太陽數) ⊕9의 천궁(天宮)이 석가모니 하나님 부처님과 직접 연결을 이루게 되는 때는 시리우스 태양성(太陽星)을 탄생시키고 여섯 가지의 우주로 자리한 이후가 된다.

(11)

日	心	氣	身
왈	심	기	신
4	4	10	7

① 자구(字句) 획수 수리(數理) 풀이

가> 日(일) : 4획

4의 수리(數理)는 불(佛)의 용(用)의 수(數) 4로써 아미타불(佛)을 뜻하는 수리이다.

나> 心(심) : 4획

4의 수리(數理)는 불(佛)의 용(用)의 수(數) 4로써 노사나불(佛)을 뜻하는 수리이다.

다> 氣(기) : 10획

10의 수리(數理)는 1과 9의 합수(合數)로써 1의 수리는 아미타불(佛)을 뜻하는 수리이며, 9의 수리는 시리우스 태양성(太陽星)을 뜻하는 수리이다.

라> 身(신) : 7획

7의 수리(數理)는 지일(地一)을 뜻하는 수리이다.

② 근본진리(根本眞理)

※ 근본진리는 자구 획수 수리 풀이의 종합이 된다.

아미타불(佛)과 노사나불(佛)께서 서로 연결된 길을 갖게 되시는 것은 아미타불(佛)의 시리우스 태양성(太陽星)과 지일(地一)이 연결된 길을 갖게 됨으로써 이루어진다.

⑿
心	依	性	有	善	惡	善	福	惡	禍
심	의	성	유	선	악	선	복	악	화
4	8	8	6	12	12	12	14	12	14

① 자구(字句) 획수 수리(數理) 풀이

가> 心(심) : 4획
4의 수리(數理)는 불(佛)의 용(用)의 수(數) 4로써 다보불(佛)을 뜻하는 수리이다.

나> 依(의) : 8획
8의 수리(數理)는 ⑧의 우주인 인이삼(人二三) 우주를 뜻하는 수리이다.

다> 性(성) : 8획
8의 수리(數理)는 8의 우주인 지구, 달, 화성을 뜻하는 수리이다.

라> 有(유) : 6획
6의 수리(數理)는 석가모니 하나님 부처님의 여섯 뿌리의 법궁(法宮)인 목성(木星)을 뜻하는 수리이다.

마> 善(선) : 12획
12의 수리(數理)는 5와 7의 합수(合數)로써 5의 수리는 1-4의 길을 뜻하는 수리이며, 7의 수리는 7.7.7.⑦의 우주인 지이삼(地二三) 우주를 뜻하는 수리이다.

바> 惡(악) : 12획
12의 수리(數理)는 5와 7의 합수(合數)로써 5의 수리는 1-4의 길을 뜻하는 수리이며, 7의 수리는 지이삼(地二三) 우주를 뜻하는 수리이다.

사> 善(선) : 12획

12의 수리(數理)는 5와 7의 합수(合數)로써 5의 수리는 4-1의 길을 뜻하는 수리이며, 7의 수리는 지일삼(地一三) 이동 우주를 뜻하는 수리이다.

아> 福(복) : 14획

14의 수리(數理)는 7과 7의 합수(合數)로써 7의 수리는 지이삼(地二三) 우주를 뜻하는 수리이며, 7의 수리는 지일(地一)을 뜻하는 수리이다.

자> 惡(악) : 12획

12의 수리(數理)는 3과 9의 합수(合數)로써 3의 수리는 노사나불(佛) 진신삼성(眞身三星)을 뜻하는 수리이며, 9의 수리는 태양수(太陽數) 9를 뜻하는 수리이다.

차> 禍(화) : 14획

14의 수리(數理)는 8과 6의 합수(合數)로써 8의 수리는 8의 우주인 지구, 달, 화성을 뜻하는 수리이며, 6의 수리는 여섯 뿌리의 법궁(法宮)인 목성(木星)을 뜻하는 수리이다.

② 근본진리(根本眞理)

※ 근본진리는 자구 획수 수리 풀이의 종합이 된다.

또한 다보불(佛)의 인이삼(人二三) 우주는 지구, 달, 화성과 여섯 뿌리의 법궁(法宮)인 목성을 축으로 하여 자리함으로써 1-4의 길로써 지이삼(地二三) 우주와 연결을 이루는 것이다. 이러한 1-4의 길을 가진 지이삼(地二三) 우주는 4-1의 길을 이루고 자리한 지일삼(地一三)

이동 우주가 성단 재편성으로써 이루어진 우주이다. 이로써 지이삼(地二三) 우주 외곽에 지일(地一)인 노사나불(佛) 진신(眞身) 삼성(三星)이 주도하는 태양수(太陽數) 9가 자리하게 됨으로써 이후 지구, 달, 화성과 여섯 뿌리의 법궁(法宮)인 목성(木星)이 한 세계를 이루는 것이다.

(13)

氣	依	命	有	淸	濁	淸	壽	濁	天
기	의	명	유	청	탁	청	수	탁	요
10	8	8	6	11	16	11	14	16	4

① 자구(字句) 획수 수리(數理) 풀이

가> 氣(기) : 10획

10의 수리(數理)는 1과 9의 합수(合數)로써 1의 수리는 아미타불(佛)을 뜻하는 수리이며, 9의 수리는 시리우스 태양성(太陽星)을 뜻하는 수리이다.

나> 依(의) : 8획

8의 수리(數理)는 ⑧의 우주인 인이삼(人二三) 우주를 뜻하는 수리이다.

다> 命(명) : 8획

8의 수리(數理)는 8의 우주인 지구, 달, 화성을 뜻하는 수리이다.

라> 有(유) : 6획

6의 수리(數理)는 여섯 뿌리의 법궁(法宮)인 목성(木星)을 뜻하는 수리이다.

마> 淸(청) : 11획
11의 수리(數理)는 2와 9의 합수(合數)로써 2.9(9.9)의 우주인 천이일(天二一) 우주를 뜻하는 수리이다.

바> 濁(탁) : 16획
16의 수리(數理)는 6과 10의 합수(合數)로써 6의 수리는 여섯 뿌리의 법궁(法宮)인 목성(木星)을 뜻하는 수리이며, 10의 수리는 중앙천궁상궁(中央天宮上宮) 10의 궁(宮)을 뜻하는 수리이다.

사> 淸(청) : 11획
11의 수리(數理)는 1과 10의 합수(合數)로써 1의 수리는 노사나불(佛)을 뜻하는 수리이며, 10의 수리는 중앙천궁(中央天宮) 10의 궁(宮)을 뜻하는 수리이다.

아> 壽(수) : 14획
14의 수리(數理)는 5와 9의 합수(合數)로써 5의 수리는 1-3-1의 길을 뜻하는 수리이며, 9의 수리는 미륵불(佛) 태양수(太陽數) 9를 뜻하는 수리이다.

자> 濁(탁) : 16획
16의 수리(數理)는 8과 8의 합수(合數)로써 8.8의 우주인 중앙우주(中央宇宙)를 뜻하는 수리이다.

차> 夭(요) : 4획
4의 수리(數理)는 1-3의 길을 뜻하는 수리이다.

② 근본진리(根本眞理)

※ 근본진리는 자구 획수 수리 풀이의 종합이 된다.

> 아미타불(佛)의 시리우스 태양성(太陽星)은 인이삼(人二三) 우주와 지구, 달, 화성 및 여섯 뿌리의 법궁(法宮)인 목성(木星)과 각각 연결을 이룸으로써 천이일(天二一) 우주를 이루며, 이로써 여섯 뿌리의 법궁(法宮)인 목성(木星)을 축으로 한 중앙천궁상궁(中央天宮上宮) 10의 궁(宮)과 노사나불(佛)께서 자리하신 중앙천궁(中央天宮) 10의 궁(宮)과 1-3-1의 길을 이룬 미륵불(佛) 태양수(太陽數) 9가 자리한 중앙우주(中央宇宙) 등과 각각 1-3의 길로 연결을 이룬다.

⑭

身	依	精	有	厚	薄	厚	貴	薄	賤
신	의	정	유	후	박	후	귀	박	천
7	8	14	6	9	17	9	12	17	15

① 자구(字句) 획수 수리(數理) 풀이

가> 身(신) : 7획

7의 수리(數理)는 지일(地一)의 7성(星)인 태양성, 수성, 금성, 토성, 천왕성, 해왕성, 명왕성을 뜻하는 수리이다.

나> 依(의) : 8획

8의 수리(數理)는 8의 우주인 지구, 달, 화성을 뜻하는 수리이다.

다> 精(정) : 14획
14의 수리(數理)는 9와 5의 합수(合數)로써 9의 수리는 석가모니 하나님 부처님의 태양수(太陽數) 9를 가진 중성자(中性子) 태양성(太陽星)인 목성(木星)을 뜻하는 수리이며, 5의 수리는 1-4의 길을 뜻하는 수리이다.

라> 有(유) : 6획
6의 수리(數理)는 태음수(太陰數) 6을 뜻하는 수리이다.

마> 厚(후) : 9획
9의 수리(數理)는 태양수(太陽數) 9를 뜻하는 수리이다.

바> 薄(박) : 17획
17의 수리(數理)는 10과 7의 합수(合數)로써 10의 수리는 10개의 궤도를 뜻하는 수리이며, 7의 수리는 지일(地一)의 운행을 뜻하는 수리이다.

사> 厚(후) : 9획
9의 수리(數理)는 노사나불(佛) 태양수(太陽數) 9를 뜻하는 수리이다.

아> 貴(귀) : 12획
12의 수리(數理)는 3과 9의 합수(合數)로써 3의 수리는 석가모니 하나님 부처님의 진신삼성(眞身三星)인 지구, 달, 화성을 뜻하는 수리이며, 9의 수리는 중성자(中性子) 태양성(太陽星)인 목성(木星)을 뜻하는 수리이다.

자> 薄(박) ; 17획
17의 수리(數理)는 10과 7의 합수(合數)로써 10의 수리는 10개의 궤도를 뜻하는 수리이며, 7의 수리는 지일(地一)의 운행(運行)을 뜻하는 수리이다.

차> 賤(천) : 15획

15의 수리(數理)는 6과 9의 합수(合數)로써 태음수(太陰數) 6과 태양수(太陽數) 9의 작용을 뜻하는 수리이다.

② 근본진리(根本眞理)

※ 근본진리는 자구 획수 수리 풀이의 종합이 된다.

> 지일(地一)의 7성(星)과 지구, 달, 화성 및 석가모니 하나님 부처님의 중성자 태양성인 목성(木星)이 1-4의 길에서 태음수(太陰數) 6과 태양수(太陽數) 9의 작용을 10개의 궤도를 가지고 지일(地一)의 운행(運行)을 하게 된다. 이러한 운행은 노사나불(佛)의 태양수(太陽數) 9와 석가모니 하나님 부처님의 진신(眞身) 삼성(三星)인 지구, 달, 화성 및 중성자 태양성(太陽星)인 목성(木星)이 함께 한 세계를 이루어 10개의 궤도를 가짐으로써 지일(地一)의 운행(運行)을 하게 된다. 이로써 태음수(太陰數) 6과 태양수(太陽數) 9의 작용을 하게 되는 것이다.

(15)

日	感	息	觸
왈	감	식	촉
4	13	10	11

① 자구(字句) 획수 수리(數理) 풀이

가> 日(일) : 4획
4의 수리(數理)는 3-1의 길을 뜻하는 수리이다.

나> 感(감) : 13획
13의 수리(數理)는 8과 5의 합수(合數)로써 8의 수리는 8의 우주인 지구, 달, 화성을 뜻하는 수리이며, 5의 수리는 1-4의 길을 뜻하는 수리이다.

다> 息(식) : 10획
10의 수리(數理)는 중앙천궁상궁(中央天宮上宮) 10의 궁(宮)을 뜻하는 수리이다.

라> 觕(촉) : 11획
11의 수리(數理)는 1과 10의 합수(合數)로써 1의 수리는 석가모니 하나님 부처님을 뜻하는 수리이며, 10의 수리는 중앙천궁상궁(中央天宮上宮) 10의 궁(宮)을 뜻하는 수리이다.

② 근본진리(根本眞理)

※ 근본진리는 자구 획수 수리 풀이의 종합이 된다.

이로써 이후 3-1의 길을 지구, 달, 화성이 이루고 1-4의 길과 함께 중앙천궁상궁 10의 궁(宮)을 이룸으로써 석가모니 하나님 부처님을 축으로 한 중앙천궁상궁(中央天宮上宮) 10의 궁(宮)의 운행이 시작되는 것이다.

(16)

轉	成	十	八	境
전	성	십	팔	경
18	7	2	2	14

① 자구(字句) 획수 수리(數理) 풀이

가> 轉(전) : 18획
18의 수리(數理)는 8과 10의 합수(合數)로써 8의 수리는 8의 우주인 지구, 달, 화성을 뜻하는 수리이며, 10의 수리는 중앙천궁상궁(中央天宮上宮) 10의 궁(宮)을 뜻하는 수리이다.

나> 成(성) : 7획
7의 수리(數理)는 지일(地一)을 뜻하는 수리이다.

다> 十(십) : 2획
2의 수리(數理)는 석가모니 하나님 부처님과 관음불(佛) 두 분을 뜻하는 수리이다.

라> 八(팔) : 2획
2의 수리(數理)는 미륵불(佛)과 화광불(佛) 두 분을 뜻하는 수리이다.

마> 境(경) : 14획
14의 수리(數理)는 5와 9의 합수(合數)로써 5의 수리는 1-4의 길을 뜻하는 수리이며, 9의 수리는 노사나불(佛) 태양수(太陽數) 9를 뜻하는 수리이다.

② 근본진리(根本眞理)

※ 근본진리는 자구 획수 수리 풀이의 종합이 된다.

> 지구, 달, 화성의 주도로 중앙천궁상궁(中央天宮上宮) 10의 궁(宮)의 운행이 지일(地一)의 7성(星)과 함께 하게 됨으로써 석가모니 하나님 부처님과 관음불(佛) 두 분과 미륵불(佛), 화광불(佛) 두 분께서 자리하시게 되며 1-4의 길에는 노사나불(佛) 태양수 9가 자리하는 것이다.

(17)

感	喜	懼	哀	怒	貪	厭
감	희	구	애	로	탐	염
13	12	21	9	9	11	14

① 자구(字句) 획수 수리(數理) 풀이

가> 感(감) : 13획

13의 수리(數理)는 4와 9의 합수(合數)로써 4의 수리는 3-1의 길을 뜻하는 수리이며, 9의 수리는 석가모니 하나님 부처님의 중성자(中性子) 태양성(人陽星)인 목성(木星)을 뜻하는 수리이다.

나> 喜(희) : 12획

12의 수리(數理)는 8과 4의 합수(合數)로써 8의 수리는 8의 우주인 지구, 달, 화성을 뜻하는 수리이며, 4의 수리는 3-1의 길을 뜻하는 수리이다.

다> 懼(구) : 21획
21의 수리(數理)는 6과 15의 합수(合數)로써 6의 수리는 석가모니 하나님 부처님의 여섯 뿌리의 법궁(法宮)인 목성(木星)을 뜻하는 수리이며, 15의 수리는 9와 6의 합수(合數)로써 태양수(太陽數) 9와 태음수(太陰數) 6의 작용(作用)을 뜻하는 수리이다.

라> 哀(애) : 9획
9의 수리(數理)는 관음불(佛) 태양수(太陽數) ⊕9의 천궁(天宮)을 뜻하는 수리이다.

마> 怒(로) : 9획
9의 수리(數理)는 미륵불(佛) 태양수(太陽數) ⊕9의 천궁(天宮)을 뜻하는 수리이다.

바> 貪(탐) : 11획
11의 수리(數理)는 4와 7의 합수(合數)로써 4의 수리는 불(佛)의 용(用)의 수(數) 4로써 관음불(佛)을 뜻하는 수리이며, 7의 수리는 지(地)의 우주를 뜻하는 수리이다.

사> 厭(염) : 14획
14의 수리(數理)는 9와 5의 합수(合數)로써 9의 수리는 미륵불(佛) 태양수(太陽數) ⊕9의 천궁(天宮)을 뜻하는 수리이며, 5의 수리는 1-3-1의 길을 뜻하는 수리이다.

② 근본진리(根本眞理)

※ 근본진리는 자구 획수 수리 풀이의 종합이 된다.

> 3-1의 길에서 석가모니 하나님 부처님의 중성자(中性子) 태양성(太陽星)이 축으로 자리함으로써 지구, 달, 화성이 3-1의 길을 이룬 것이며 이로써 여섯 뿌리의 법궁(法宮)인 목성(木星)과 태양수(太陽數) 9와 태음수(太陰數) 6의 작용(作用)을 하게 되므로, 관음불(佛) 태양수(太陽數) ⊕9의 천궁(天宮)과 미륵불(佛) 태양수(太陽數) ⊕9의 천궁(天宮)을 탄생시키게 된다. 이후 관음불(佛)께서는 지(地)의 우주의 길을 따르시게 되고 미륵불(佛) 태양수(太陽數) ⊕9의 천궁(天宮)은 1-3-1의 길을 따르게 되는 것이다.

(18)

息	芬	彌	寒	熱	震	濕
식	분	란	한	열	진	습
10	8	21	12	15	15	17

① 자구(字句) 획수 수리(數理) 풀이

가.> 息(식) : 10획

10의 수리(數理)는 1과 9의 합수(合數)로써 1의 수리는 노사나불(佛)을 뜻하는 수리이며, 9의 수리는 태양수(太陽數) 9를 뜻하는 수리이다.

나> 芬(분) : 8획

8의 수리(數理)는 8의 우주인 지구, 달, 화성을 뜻하는 수리이다.

다> 彌(라) : 21획

21의 수리(數理)는 6과 15의 합수(合數)로써 6의 수리는 여섯 뿌리의 법궁(法宮)인 목성(木星)을 뜻하는 수리이며, 15의 수리는 6과 9의 합수(合數)로써 태음수(太陰數) 6과 태양수(太陽數) 9의 작용을 뜻하는 수리이다.

라> 寒(한) : 12획

12의 수리(數理)는 3과 9의 합수(合數)로써 3의 수리는 노사나불(佛) 진신(眞身) ⊕3을 뜻하는 수리이며, 9의 수리는 태양수(太陽數) ⊕9의 천궁(天宮)을 뜻하는 수리이다.

마> 熱(열) : 15획

15의 수리(數理)는 10과 5의 합수(合數)로써 10의 수리는 중앙천궁상궁(中央天宮上宮) 10의 궁(宮)을 뜻하는 수리이며, 5의 수리는 이와 연결된 4-1의 길을 뜻하는 수리이다.

바> 震(진) : 15획

15의 수리(數理)는 9와 6의 합수(合數)로써 9의 수리는 태양수(太陽數) 9를 뜻하는 수리이며, 6의 수리는 1-4-1의 길을 뜻하는 수리이다.

사> 濕(습) : 17획

17의 수리(數理)는 10과 7의 합수(合數)로써 10의 수리는 중앙천궁(中央天宮) 10의 궁(宮)을 뜻하는 수리이며, 7의 수리는 새로이 탄생한 지일(地一)을 뜻하는 수리이다.

② 근본진리(根本眞理)

※ 근본진리는 자구 획수 수리 풀이의 종합이 된다.

> 노사나불(佛)의 태양수(太陽數) 9도 지구, 달, 화성과 함께 자리한 여섯 뿌리를 축으로 하여 태음수(太陰數) 6과 태양수(太陽數) 9의 작용을 함으로써 노사나불(佛) 진신(眞身) ⊕3이 태양수(太陽數) ⊕9의 천궁(天宮)을 이루고, 중앙천궁상궁(中央天宮上宮)과 연결된 4-1의 길에서 태양수(太陽數) 9로 재잉태됨으로써 다시 1-4-1의 길을 이루어 중앙천궁(中央天宮) 10의 궁(宮)의 새로이 탄생한 지일(地一)로써 자리하는 것이다.

(19)

解	聲	色	臭	味	淫	抵	众
촉	성	색	취	미	저	음	중
13	17	6	10	8	11	8	6

① 자구(字句) 획수 수리(數理) 풀이

가> 解(촉) : 13획

13의 수리(數理)는 4와 9의 합수(合數)로써 4의 수리는 1-3의 길을 뜻하는 수리이며, 9의 수리는 미륵불(佛) 태양수(太陽數) ⊕9의 천궁(天宮)을 뜻하는 수리이다.

나> 聲(성) : 17획

17의 수리(數理)는 9와 8의 합수(合數)로써 9의 수리는 태양수(太陽數) 9를 뜻하는 수리이며, 8의 수리는 8.⑧의 우주인 중앙우주(中央宇宙)를 뜻하는 수리이다.

다> 色(색) : 6획

6의 수리(數理)는 여섯 가지의 우주를 뜻하는 수리이다.

라> 臭(취) : 10획

10의 수리(數理)는 1과 9의 합수(合數)로써 1의 수리는 아미타불(佛)을 뜻하는 수리이며, 9의 수리는 9.⑨의 우주인 천이일(天二一) 우주를 뜻하는 수리이다.

마> 味(미) : 8획

8의 수리(數理)는 8.⑧의 우주인 중앙우주(中央宇宙)를 뜻하는 수리이다.

바> 淫(음) : 11획

11의 수리(數理)는 3과 8의 합수(合數)로써 3.8(8.8.8)의 우주인 인이일(人二一) 우주를 뜻하는 수리이다.

사> 抵(저) : 8획

8의 수리(數理)는 8.⑧의 우주인 중앙우주(中央宇宙)를 뜻하는 수리이다.

아> 众(중) : 6획

6의 수리(數理)는 여섯 가지의 우주를 뜻하는 수리이다.

② 근본진리(根本眞理)

※ 근본진리는 자구 획수 수리 풀이의 종합이 된다.

1-3의 길에 자리한 미륵불(佛) 태양수(太陽數) ⊕⑨의 천궁(天宮)은 태양

수(太陽數) 9를 이루면서 중앙우주(中央宇宙)를 탄생시켜 여섯 가지의 우주를 이룬다. 이로써 아미타불(佛)의 천이일(天二一) 우주와 중앙우주(中央宇宙)가 연결된 길에 자리하게 되며 이후 인이일(人二一) 우주가 탄생이 되어 중앙우주(中央宇宙)와 연결된 길에 자리함으로써 이 또한 여섯 가지의 우주를 이루게 되는 것이다.

(20)

善	惡	淸	濁	厚	薄	相	雜
선	악	청	탁	후	박	상	잡
12	12	11	16	9	17	9	18

① 자구(字句) 획수 수리(數理) 풀이

가> 善(선) : 12획
12의 수리(數理)는 6과 6의 합수(合數)로써 여섯 뿌리의 법궁(法宮)을 축으로 한 여섯 가지의 우주를 뜻하는 수리이다.

나> 惡(악) : 12획
12의 수리(數理)는 4와 8의 합수(合數)로써 4의 수리는 불(佛)의 용(用)의 수(數) 4로써 미륵불(佛)을 뜻하는 수리이며, 8의 수리는 8.⑧의 우주인 중앙우주(中央宇宙)를 뜻하는 수리이다.

다> 淸(청) : 11획
11의 수리(數理)는 5와 6의 합수(合數)로써 5의 수리는 1-3-1의 길을 뜻하는 수리이며, 6의 수리는 여섯 가지의 우주를 뜻하는 수리이다.

라> 濁(탁) : 16획

16의 수리(數理)는 6과 10의 합수(合數)로써 6의 수리는 1-4-1의 길을 뜻하는 수리이며, 10의 수리는 중앙천궁(中央天宮) 10의 궁(宮)을 뜻하는 수리이다.

마> 厚(후) : 9획

9의 수리(數理)는 노사나불(佛)의 태양수(太陽數) 9를 뜻하는 수리이다.

바> 薄(박) : 17획

17의 수리(數理)는 10과 7의 합수(合數)로써 10의 수리는 중앙천궁(中央天宮) 10의 궁(宮)을 뜻하는 수리이며, 7의 수리는 새로이 탄생한 지일(地一)을 뜻하는 수리이다.

사> 上(상) : 9획

9의 수리는 지일(地一)의 태양수(太陽數) 9를 뜻하는 수리이다.

아> 雜(잡) : 18획

18의 수리(數理)는 9와 9의 합수(合水)로써 9의 수리는 약사유리광불(佛) 태양수(太陽數) ㊉9의 천궁(天宮)을 뜻하는 수리이며, 9의 수리는 관음불(佛) 태양수(太陽數) 9를 뜻하는 수리이다.

② 근본진리(根本眞理)

※ 근본진리는 자구 획수 수리 풀이의 종합이 된다.

여섯 뿌리의 법궁(法宮)을 축으로 한 여섯 가지의 우주를 이룬 미륵불(佛) 중앙우주(中央宇宙)는 1-3-1의 길을 이루고 여섯 가지의 우주로 자리하는 것이며, 1-4-1의 길을 이룬 중앙천궁(中央天宮) 10의 궁(宮)에는 노사나불(佛)의 태양수(太陽數) 9가 자리하는 것이다. 이러한 중앙천궁(中央天宮) 10의 궁(宮)에 자리한 지일(地一)의 노사나불(佛) 태양수(太陽數) 9와 연결을 이룬 길에서 약사유리광불(佛) 태양수(太陽數) ⊕9의 천궁(天宮)이 중심을 이루고 그 외곽에는 관음불(佛)의 태양수(太陽數) 9가 자리하는 우주가 탄생하는 것이다.

(21)
從	境	途	任	走
종	경	도	임	주
11	14	11	6	7

① 자구(字句) 획수 수리(數理) 풀이

가> 從(종) : 11획
11의 수리(數理)는 4와 7의 합수(合數)로써 4.7(7.7.7.7)의 우주인 지이삼(地二三) 우주를 뜻하는 수리이다.

나> 境(경) : 14획
14의 수리(數理)는 5와 9의 합수(合數)로써 5의 수리는 1-4의 길을 뜻하는 수리이며, 9의 수리는 관음불(佛) 태양수(太陽數) ⊕9의 전궁(天宮)을 뜻하는 수리이다.

다> 途(도) : 11획

11의 수리(數理)는 1과 10의 합수(合數)로써 1의 수리는 노사나불(佛)을 뜻하는 수리이며, 10의 수리는 중앙천궁(中央天宮) 10의 궁(宮)을 뜻하는 수리이다.

라> 任(임) : 6획

6의 수리(數理)는 1-4-1의 길을 뜻하는 수리이다.

마> 走(주) : 7획

7의 수리(數理)는 7.7.7.7.⑦의 우주인 지이일(地二一) 우주를 뜻하는 수리이다.

② 근본진리(根本眞理)

※ 근본진리는 자구 획수 수리 풀이의 종합이 된다.

이와 같은 우주는 지이삼(地二三) 우주의 1-4의 길에 자리하였던 관음불(佛) 태양수(太陽數) ⊕⑨가 노사나불(佛)께서 이루신 중앙천궁(中央天宮) 10의 궁(宮)과 1-4-1의 길을 이루고 지이일(地二一) 우주를 탄생시킴으로써 이루어지는 것이다.

(22)
墮	生	長	肖	病	歿	苦
타	생	장	소	병	몰	고
15	5	8	7	10	8	9

① 자구(字句) 획수 수리(數理) 풀이

가> 墮(타) : 15획
15의 수리(數理)는 6과 9의 합수(合數)로써 6의 수리는 여섯 가지의 우주를 뜻하는 수리이며, 9의 수리는 9.⑨의 우주인 천이일(天二一) 우주를 뜻하는 수리이다.

나> 生(생) : 5획
5의 수리(數理)는 1-3-1의 길을 뜻하는 수리이다.

다> 長(장) : 8획
8의 수리(數理)는 8.8.8.⑧의 우주인 인이일(人二一) 우주를 뜻하는 수리이다.

라> 肖(소) : 7획
7의 수리(數理)는 7.7.7.7.⑦의 우주인 지이일(地二一) 우주를 뜻하는 수리이다.

마> 病(병) : 10획
10의 수리(數理)는 중앙천궁상궁(中央天宮上宮) 10의 궁(宮)을 뜻하는 수리이다.

바> 歿(몰) : 8획
8의 수리(數理)는 8.8.8.⑧의 우주인 인이일(人二一) 우주를 뜻하는 수리이다.

사> 苦(고) : 9획
9의 수리(數理)는 9.⑨의 우주인 천이일(天二一) 우주를 뜻하는 수리이다.

② 근본진리(根本眞理)

※ 근본진리는 자구 획수 수리 풀이의 종합이 된다.

> 이로써 여섯 가지의 우주를 이룬 천이일(天二一) 우주와 1-3-1의 길을 이루고 인이일(人二一) 우주가 자리하고 이와 연결된 길에 지이일(地二一) 우주가 궁극적으로 자리하게 되는 것이다. 이로써 중앙천궁상궁(中央天宮上宮) 10의 궁(宮)과 연결된 길에 각각 인이일(人二一) 우주와 천이일(天二一) 우주가 자리하게 되는 것이다.

(23)

嚞	止	感	調	息	禁	解
철	지	감	조	식	금	촉
18	4	13	15	10	13	13

① 자구(字句) 획수 수리(數理) 풀이

가> 嚞(철) : 18획

18의 수리(數理)는 9와 9의 합수(合數)로써 9의 수리는 9.⑨의 우주인 천이일(天二一) 우주를 뜻하는 수리이며, 9의 수리는 9.9.⑨의 우주인 천이이(天二二) 우주를 뜻하는 수리이다.

나> 止(지) : 4획

4의 수리(數理)는 불(佛)의 용(用)의 수(數) 4로써 석가모니 하나님 부처님을 뜻하는 수리이다.

다> 感(감) : 13획

13의 수리(數理)는 5와 8의 합수(合數)로써 5의 수리는 1-3-1의 길을 뜻하는 수리이며, 8의 수리는 8.8.8.8.⑧의 우주인 인이이(人ニ二) 우주를 뜻하는 수리이다.

라> 調(조) : 15획

15의 수리(數理)는 10과 5의 합수(合數)로써 10의 수리는 중앙천궁상궁(中央天宮上宮) 10의 궁(宮)을 뜻하는 수리이며, 5의 수리는 4-1의 길을 뜻하는 수리이다.

마> 息(식) : 10획

10의 수리(數理)는 중앙천궁(中央天宮) 10의 궁(宮)을 뜻하는 수리이다.

바> 禁(금) : 13획

13의 수리(數理)는 6과 7의 합수(合數)로써 6의 수리는 1-4-1의 길을 뜻하는 수리이며, 7의 수리는 7.7.7.7.⑦의 우주인 지이일(地二一) 우주를 뜻하는 수리이다.

사> 解(촉) : 13획

13의 수리(數理)는 6과 7의 합수(合數)로써 6의 수리는 1-4-1의 길을 뜻하는 수리이며, 7의 수리는 7.7.7.7.7.⑦의 우주인 지이이(地二二) 우주를 뜻하는 수리이다.

② 근본진리(根本眞理)

※ 근본진리는 자구 획수 수리 풀이의 종합이 된다.

이후 천이일(天二一) 우주는 천이이(天二二) 우주를 이루고 석가모니 하나님 부처님께서는 1-3-1의 길을 이루고 인이이(人二二) 우주를 완성시키게 되며 중앙천궁상궁(中央天宮上宮)으로부터 4-1의 길을 이룬 중앙천궁(中央天宮)으로부터 1-4-1의 길로 연결된 길에 있던 지이일 (地二一) 우주로부터 다시 1-4-1의 길을 이루고 지이이(地二二) 우주가 완성이 된다. 이로써 중계(中界)의 우주가 모두 완성이 되는 것이다.

---

(24)

一	意	化	行	返	妄	即	眞
일	의	화	행	개	망	즉	진
1	13	4	6	7	6	7	10

① 자구(字句) 획수 수리(數理) 풀이

가> 一(일) : 1획
1의 수리(數理)는 석가모니 하나님 부처님을 뜻하는 수리이다.

나> 意(의) : 13획
13의 수리(數理)는 8과 5의 합수(合數)로써 8의 수리는 8.⑧의 우주인 중앙우주(中央宇宙)를 뜻하는 수리이며, 5의 수리는 1-3-1의 길을 뜻하는 수리이다.

다> 化(화) : 4획

4의 수리(數理)는 불(佛)의 용(用)의 수(數) 4로써 다보불(佛)을 뜻하는 수리이다.

라> 行(행) : 6획
6의 수리(數理)는 여섯 뿌리의 법궁(法宮)인 목성(木星)을 뜻하는 수리이다.

마> 改(개) : 7획
7의 수리(數理)는 7의 우주인 지일(地一)을 뜻하는 수리이다.

바> 妄(망) : 6획
6의 수리(數理)는 1-4-1의 길을 뜻하는 수리이다.

사> 卽(즉) : 7획
7의 수리(數理)는 재탄생된 7의 우주인 지일(地一)을 뜻하는 수리이다.

아> 眞(진) : 10획
10의 수리(數理)는 중앙천궁(中央天宮) 10의 궁(宮)을 뜻하는 수리이다.

② 근본진리(根本眞理)

※ 근본진리는 자구 획수 수리 풀이의 종합이 된다.

> 석가모니 하나님 부처님을 축으로 하여 중앙우주 창조를 위해 1-3-1의 길이 형성됨으로써 다보불(佛)과 여섯 뿌리가 연결을 이룬 것이며 지일(地一)은 1-4-1의 길을 이룸으로써 새로운 지일(地一)로 재탄생이 되어 중앙천궁(中央天宮) 10의 궁(宮)을 이룬 것이다.

(25)	發	大	神	機		性	通	功	完	是
	발	대	신	기		성	통	공	완	시
	12	3	10	16		8	11	5	7	9

① 자구(字句) 획수 수리(數理) 풀이

가> 發(발) : 12획
12의 수리(數理)는 4와 8의 합수(合數)로써 4의 수리는 불(佛)의 용(用)의 수(數) 4로써 다보불(多寶佛)을 뜻하는 수리이며, 8의 수리는 ⑧의 우주인 인이삼(人二三) 우주를 뜻하는 수리이다.

나> 大(대) : 3획
3의 수리(數理)는 석가모니 하나님 부처님 진신삼성(眞身三聖)인 지구, 달, 화성을 뜻하는 수리이다.

다> 神(신) : 10획
10의 수리(數理)는 중앙천궁상궁(中央天宮上宮) 10의 궁(宮)을 뜻하는 수리이다.

라> 機(기) : 16획
16의 수리(數理)는 6과 10의 합수(合數)로써 6의 수리는 여섯 뿌리의 법궁(法宮)인 목성(木星)을 뜻하는 수리이며, 10의 수리는 중앙천궁상궁(中央天宮上宮) 10의 궁(宮)의 운행(運行)을 뜻하는 수리이다.

마> 性(성) : 8획
8의 수리(數理)는 8.⑧의 우주인 중앙우주(中央宇宙)를 뜻하는 수리이다.

바> 通(통) : 11획

11의 수리(數理)는 3과 8의 합수(合數)로써 4.8(8.8.8.8)의 우주인 인이일(人二一) 우주를 뜻하는 수리이다.

사> 功(공) : 5획
5의 수리(數理)는 1-3-1의 길을 뜻하는 수리이다.

아> 完(완) : 7획
7의 수리(數理)는 전체적인 지(地)의 우주를 뜻하는 수리이다.

자> 是(시) : 9획
9의 수리(數理)는 전체적인 천(天)의 우주를 뜻하는 수리이다.

② 근본진리(根本眞理)

※ 근본진리는 자구 획수 수리 풀이의 종합이 된다.

다보불(佛)의 인이삼(人二三) 우주는 한때 석가모니 하나님 부처님 진신(眞身) 삼성(三星)인 지구, 달, 화성과 연결된 길이 끊어졌으나, 중앙천궁상궁(中央天宮上宮)이 여섯 뿌리의 법궁(法宮)인 목성(木星)을 축으로 하여 중앙천궁상궁 10의 궁(宮)의 운행(運行)을 시작할 때 다시 연결된 길을 갖게 됨으로써 중앙우주(中央宇宙)가 만들어지고 이와 연결된 길에 인이일(人二一) 우주가 만들어짐으로써 1-3-1의 길이 연결이 되며 이로써 지(地)의 우주와 천(天)의 우주와도 연결을 이룬 것이다.

제 5 부

우파니샤드

1. 우파니샤드 해설
2. 우파니샤드 용어(用語) 해설(解說)

1.『우파니샤드』해설(解說)

　진행을 하면서《바라문교(敎, 브라만교)》경전(經典)인《리그베다(Rig Veda)》에 있어서《상히타(Samhita, 本集)》는《천부경(天符經) 81자(字)》를 풀어서 쓰신 것이며,《브라흐마나(Brahmana, 梵書)》는《삼일신고(三一神誥)》를 풀어서 쓰신 경(經)이며,《아란야카(Aranyaka, 森林書)》는《황제중경(皇帝中經)》을 풀어서 쓰신 경(經)이며,《우파니샤드(Upanishad, 奧義書)》는《황제내경(皇帝內經)》내용을 깨달은 불보살(佛菩薩)들이 스스로 깨달은 내용을《법인가(法印可)》를 위해《석가모니 하나님 부처님》께 시간 차이를 두고《논문(論文)》제출하듯이 한 것을 한데 묶어《우파니샤드(Upanishads)》라고 이름하였음을 밝힌 적이 있다. 이러한《우파니샤드》중《브리하다란야까(Brihadaranyaka)》우파니샤드는 현재 이 글을 쓰고 있는《미륵불》이 쓰신《경(經)》임을 아울러 밝힌 바가 있다. 이러한 연고로 때에《삼일신고(三一神誥)》와도 밀접한 관계를 가지고 있는 일부《우파니샤드》내용을 첨가하여 해설해 드림으로써《삼일신고(三一神誥)》해설에 대한 이해를 돕고자《6부》에서 따로《우파니샤드》일부 내용을 해설하고 있는 점에 대하여 깊은 이해가 있기를 바란다.

[1] 『마이뜨리 우파니샤드(Maitrayaniya Upanishad)』「제6장 24절」

"현자들이 또 말하기를
육신은 활이며 오움은 화살이다.
마음은 과녁이다. 어둠은 과녁의 표시
무지로 덮혀 있는 어두움을 지나고 나면
어두움이 덮이지 않은 곳에 도달하리니
그 어두움을 꿰뚫고 나면 자신의 성(性)을 보리라.
그가 곧 브라만(Brahman)이니
불의 수레바퀴와도 같이 태양(太陽)과 같은 빛으로
활활 타오르는 그를 보리라.
모든 어두움 너머에 있는 자이며
저 태양(太陽) 속에 빛나는 자이며
달 속에 불 속에 번개 속에 있는 자이다.
그 브라만(Brahman)을 보게 되면 불멸을 얻으리라.
현자들이 또 말하기를
명상은 지고의 존재인 브라만(Brahman)을 깨닫는 길이니
외부의 대상은 명상의 대상이 될 수가 없다.
그렇기 때문에 명상을 통해
특정 지울 수 없고, 이해할 수 없는 존재를
특정 지울 수 있게 된다.
마음이 소멸하면
그때 거기에는 그 대상이 필요 없는 환희가 있을 것이니

> 그것이 곧 브라만(아뜨만)이요 불멸이요
> 빛 그 자체이다.
> 그것이 길이며
> 그것이 참의 세상이로다."

상기 『우파니샤드』 내용은 마음(心)의 근본 뿌리인 《성(性)의 30궁(宮)》과 《진정(眞精)》인 《중성자(中性子) 6》이 36궁(宮)을 이루고 심장 속에 자리한 모습과 명상(瞑想)을 통하여 이를 특정 지울 수 있는 점을 절묘하게 조화시켜 노래한 대목이다.

(1) "육신은 활이며 오움은 화살이다."

"육신은 활이며 오움은 화살이다"라는 대목의 '육신은 활이다'라는 대목은 육신(肉身)을 가진 인간이 삼매(三昧)에 임하는 상태를 노래한 대목이며 '오움은 화살이다'라는 대목의 '오움'은 《진명광(眞命光)》을 이름하는 것이며 '화살'은 《깊은 삼매(三昧)》를 비유한 것이다. 이러한 오움의 《삼매(三昧)》가 적멸(寂滅)한 경계에 들어가는 《삼매(三昧)》이다. 이러한 뜻을 감안한 해설은 "육신(肉身)을 가진 인간이 삼매(三昧)를 행(行)할 때 적멸(寂滅)한 경계에 드는 깊은 삼매(三昧)를 행하면"이라는 뜻의 풀이가 된다.

(2) "마음은 과녁이다. 어둠은 과녁의 표시"

"마음은 과녁이다"라는 대목은 '과녁'이 곧 《마음》이라는 뜻과도 같은 대목이다. 이러한 뜻을 감안하면 이 대목의 해설은 "마음은 과녁이다. 어두움은 마음의 표시"라는 뜻으로 풀이가 되는 것이다.

(3) "무지로 덮혀 있는 어두움을 지나고 나면
그 어두움이 덮이지 않은 곳에 도달하리니
그 어두움을 꿰뚫고 나면 자신의 성(性)을 보리라."

상기 대목이 여러분들의 내면에 자리하는 또 하나의 자기인 마음(心)의 근본 뿌리인 《성(性)의 30궁(宮)》을 보게 됨을 노래한 것이다.

(4) "그가 곧 브라만(Brahman)이니
불의 수레바퀴와도 같이 태양(太陽)과 같은 빛으로
활활 타오르는 그를 보리라.
모든 어두움 너머에 있는 자이며
저 태양(太陽) 속에 빛나는 자이며
달 속에 불 속에 번개 속에 있는 자이다.
그 브라만(Brahman)을 보게 되면 불멸을 얻으리라."

이 장에서 노래되는 브라만은 성(性)으로써의 진정(眞精)인 《중성자(中性子) 6》이 36궁(宮)의 중심을 이루고 있는 모습을 말하며 성(性)으로써의 진정(眞精)의 작용(作用)의 모습을 《불의 수레바퀴와도 같이 태양(太陽)과 같은 빛으로 활활 타오르는 그를 보리라.》라고 노래하고 있는 것이며 이러한 성(性)으로써의 진정(眞精)인 《중성자 6》은 《밝음》의 주인공이기 때문에 《모든 어둠 너머에 있는 자이며》라고 노래되는 것이다. 이와 같은 성(性)으로써의 진정(眞精)이 태양성(太陽星)이나 달(月)의 핵(核)과 똑같은 상태이며 불 속에 있는 것도 마찬가지이다. 그러나 번개 속에 있는 것은 《진명(眞命)》인 《양전자(陽電子)》를 말하는 것이다. 이와 같은 사실적 노래가 《저 태양(太陽) 속에 빛나는 자이며 달 속에 불 속에 번개 속에 있는 자이다》라고 노래되고 있는 것이다. 이러한 성(性)으로써의 진정(眞精)을 보게 되는 것을 견성성불(見性成佛)이라고 하며 보살도(菩薩道) 성취의 보살(菩薩)을 이루었다고 하는 것이다. 보살도 성취의 보살이 되었을 때 생사(生死)를 초월한 불멸의 경지에 들게 되는 것이다. 이러한 내용을 《그 브라만(Brahman)을 보게 되면 불멸을 얻으리라》고 노래하고 있는 것이다.

(5) "현자들이 또 말하기를
　　　명상은 지고의 존재인 브라만(Brahman)을 깨닫는 길이니
　　　외부의 대상은 명상의 대상이 될 수가 없다.
　　　그렇기 때문에 명상을 통해
　　　특정 지울 수 없고, 이해할 수 없는 존재를
　　　특정 지울 수 있게 된다."

　명상(瞑想)이라는 용어(用語)와 삼매(三昧)라는 용어는 같은 뜻을 가진 용어이나 수행면에서 강도가 더 깊은 것이 삼매(三昧)이다. 인간의 내면(內面)에 있는 또 하나의 참(眞) 주인공인 자기를 찾는 삼매에서는 외부의 대상은

삼매의 대상이 될 수가 없음을 노래하고 이러한 깊은 삼매(三昧)로써만이 성(性)으로써의 진정(眞精)의 존재를 깨달을 수 있기 때문에 삼매(三昧)를 통해 성(性)으로써의 진정(眞精)의 존재를 특정 지을 수 있음을 노래한 대목이다.

그러나 현대 과학은 《게놈 프로젝트(Genome project)》에서 성(性)의 양자(陽子) 24를 《염기서열 24계열》로 설명하고 있으며 이러한 성(性)의 양자(陽子) 24와 진정(眞精)인 중성자(中性子) 6의 합(合) 30궁(宮)이 영체(靈體)를 이루고 있는 것이라고 필자는 구체적으로 설명하고 있는 것이다. 그러나 이러한 자기 내면(內面)의 또 다른 주인공인 자기를 보고자 할 때 현재로써는 깊은 삼매(三昧)로써만이 가능함을 분명히 말씀드리는 것이다.

(6) "마음이 소멸하면
그때 거기에는 그 대상이 필요 없는 환희가 있을 것이니
그것이 곧 브라만(아뜨만)이요 불멸이요
빛 그 자체이다.
그것이 길이며
그것이 참의 세상이로다."

인간 진화(進化)의 주인공은 《성(性)의 30궁(宮)》이다. 이러한 《성(性)의 30궁(宮)》은 《양자영 18》과 《양자영 6》과 《전자영 6》이 《6×6》 구조를 이루고 《양자영 18》 주위를 회전하는 《영신(靈身)》으로 자리함으로써 《성(性)의 30궁(宮)》을 이루고 있는 것이다. 이러한 《성(性)의 30궁(宮)》이 인간 육신(肉身)을 가질 때는 《석가모니 하나님 부처님》의 나뉨인 진성(眞性) 1과 진명(眞命) 3과 진정(眞精) 6의 《삼진(三眞) 10》이 내려와 합류하여 40궁(宮)을

이루어 작용(作用)을 하게 된다.

　　이러한 작용(作用)을 간략히 기록하면, 《진성(眞性) 1》과 《진명(眞命) 1》은 《양음(陽陰)》 짝을 하여 인간의 《우뇌(右腦)》와 《눈동자》로 자리하고 《성(性)의 30궁(宮)》과 진정(眞精)인 《중성자(中性子) 6》은 36궁(宮)을 이루어 《영혼(靈魂)》과 《영신(靈身)》이 되어 인간의 심장에 자리한다. 이와 같은 성(性)으로써 진정(眞精)인 24궁(宮) 외곽에서 《육근(六根)》을 거느리는 《양자영 8》이 회전을 하는 바깥 궤도에 K각의 궤도를 가지고 《진명(眞命)》인 《양전자(陽電子) 2》가 회전을 하고 K각 바깥에 L각의 궤도를 가지고 《명(命)》인 《전자(電子) 6》이 회전을 하는 구조를 가지고 있다. 이러한 구조에서 인체 내에서 영체를 이루고 있는 수많은 개체의 전자군(電子群)들이 신경망을 통해 정보(情報)를 가지고 와서 L각의 《전자(電子) 6》에 부딪침으로써 정보 전달을 하게 된다. 이 과정에서 미세한 《전자광(電子光)》이 무수히 발생한다.

　　한편, 인체 내의 수많은 개체의 《양자군(陽子群)》들이 영체를 이루어 혈액이 되어 있다. 이러한 혈액의 핏돌 하나하나가 심장으로부터 공급받은 《산소 O》를 꽁무니에 달고 인체 내를 여행을 하다가 각각의 세포에 산소 O를 공급하고 발생한 《이산화탄소》를 꽁무니에 달고 다시 심장 속으로 돌아와서 심장의 작용으로 《이산화탄소》를 떼어 놓고 다시 《산소 O》를 꽁무니를 달고 인체 내를 여행하게 된다. 이때 떼어 놓은 《이산화탄소》는 《성(性)의 양자(陽子) 24》에 부딪쳐 정보(情報) 전달을 하고 날숨(出息)을 통해 밖으로 배출이 된다. 이때 부딪친 양자(陽子)에게서도 미세한 《양자광(陽子光)》이 발생한다. 이렇듯 발생한 《전자광(電子光)》과 《양자광(陽子光)》이 혼재되어 《전자(電子) 6》이 회전하는 L각과 《속성》 사이의 빈 공간에 비유하자면 미세한 안개구름같이 형성되어 자리하는 것이다. 이렇게 자리한 상태를 《다르마의 구름》이라고도 하는 마음(心)인 것이다.

이렇게 만들어진 《마음》이 다시 안(眼), 이(耳), 비(鼻), 설(舌), 신(身), 의(意) 6근(根)을 담당하는 L각의 《전자(電子) 6》과 《성(性)의 양자(陽子) 24》 중에서 육신을 담당하는 《양자(陽子) 6》에 영향력을 미치게 됨으로써 육신(肉身)을 가진 인간에게 행(行)으로 나타나게 되는 것이다. 이러한 작용(作用) 때문에 마음(心)은 일어날 수도 있고 마음이 생기지 않을 수도 있는 것이다. 이 때문에 마음(心)의 근본 뿌리로써 《성(性)의 30궁(宮)》을 진화(進化)의 주인공으로 이름하는 것이다. 이와 같은 설명을 참고하여 『우파니샤드』 내용의 설명을 계속하겠다.

《육근(六根)》을 담당하는 《전자(電子) 6》에게 입력된 잘못된 정보(情報)와 《성(性)의 양자(陽子) 24》에 입력된 잘못된 정보를 《업(業)》이라고 하며 어두움의 대명사인 《암흑물질》이 그 본체이다. 이와 같은 《전자(電子) 6》이 가지고 있는 《업(業)》의 청산은 《석가모니 하나님 부처님》께 의지해 깊은 참회로써 《업(業)》을 녹여 내어야 하는 것이다. 이렇게 《업(業)》이 청산이 되었을 때 《명(命)》인 《전자(電子)》는 《맑음》을 갖게 된다. 그리고 《성(性)의 양자(陽子) 24》가 가지고 있는 《업(業)》은 《석가모니 하나님 부처님》에서 가르치시는 진리(眞理)의 공부를 꾸준히 하면서 수행으로 《삼매(三昧)》를 생활화하였을 때 진리(眞理)의 정보가 《성(性)의 양자(陽子)》들에게 입력이 될 때에야만 잘못된 《업(業)》의 정보가 밖으로 밀려나게 된다. 이러한 원리의 수행이 《달마조사》의 《이입사행론》이다.

《업(業)》의 대명사가 어두움인 《암흑물질》이다. 이와 같은 어둠을 제거하였을 때 《성(性)의 양자(陽子) 24》는 《맑음》을 오롯이 할 수가 있다. 이와 같이 《전자(電子) 6》은 《맑음》을 최고로 하고 성(性)의 《양자(陽子) 24》는 《맑음》을 최고로 하였을 때 진정(眞精)인 중성자(中性子)의 도움으로 상온(常溫)의 인간 심장 속에서 《핵융합 반응》이 일어나 《전자(電子) 6》이 《중성자(中性子) 2》와 《양전자(陽電子) 4》로 전환이 된다. 이때가 보살도(菩薩道) 성취의 보살이 된 때로써 이 순간 형용할 수 없는 《환희》가 솟구치게 된다.

이러한 장면을 "마음이 소멸하면 그 대상이 필요 없는 환희가 있을 것이니"라고 노래하고 있는 것이다. 이렇게 하여 태어난 《중성자(中性子) 2》와 《양전자(陽電子) 4》가 회전하는 가운데 자리한 성(性)으로써의 진정(眞精)을 보살심(菩薩心)의 근본 뿌리로써 '성령(性靈)'이라고 하며 석가모니 하나님 부처님께서는 《지혜(智慧)의 완성》이라고 한다. 이러한 《성령(性靈)의 30궁(宮)》이 "곧 브라만(아뜨만)이요 불멸"이라고 노래한 것이다. 이렇게 여러분들의 이해를 돕기 위해 중성자(中性子)니 양전자(陽電子)니 하고 구분하였으나 이 모두가 《공(空)》인 것이다. 그리고 "빛 그 자체인 것이다" 그리고 "그것이 길이며 그것이 참의 세상이로다"라고 노래하고 있는 것이다.

인체 내에서는 《브라만(Brahman)》과 《아뜨만(Atman)》이 함께 자리하게 되나 이 역시 진화(進化)의 정도에 따라서 《브라만(Brahman)》과 《아뜨만(Atman)》이 나누어지게 된다. 이 관계는 진행을 하면서 명쾌히 밝혀 드리겠다. 지금까지 설명된 내용을 결론지어 말씀드리면,『마이뜨리 우파니샤드』「제6장 24절」은 보살도(菩薩道) 성취의 보살(菩薩)의 보살심(菩薩心)의 근본 뿌리인 《성령(性靈)의 30궁(宮)》인 《지혜(智慧)의 완성》을 노래한 것이다. 이와 같은『우파니샤드』에서 노래되고 있는 내용을 완전히 이해하고 명상(瞑想)에 젖게 되면 공부에 크게 도움이 되실 것이다. 이로써 진리(眞理)를 공부하고 스스로의 삼매(三昧)가 점점 깊어질 때 우주간(宇宙間)의 모든 부처님들께서 그대들로 하여금 실상(實相)의 세계를 보여주고 또한 인도하게 되어 있는 것이 사실적인 일들임을 명심하시기 바란다.

[2] 『마이뜨리 우파니샤드(Maitrayaniya Upanishad)』「제6장 17편」

"태초에는 오로지 브라만뿐이었노라
그는 하나였으며 무한한 존재였노라
그는 동서남북으로 무한하며
위아래 그리고 모든 방향으로 무한한 존재였노라
그에게 동쪽과 그것과 반대방향이란 존재하지 않았으며
가로 지르는 것도 아래위라는 것도 존재하지 않았노라
고정됨이 없는 지고의 존재는
끝이 없고 태어난 적이 없고 논리로 설명될 수 없는
상상을 초월한 자이었노라.
그는 적멸(寂滅)한 경계와 같고
만물이 파괴된 상태에서 홀로 깨어 있는 존재였노라.
이러한 적멸(寂滅)한 경계로부터
스스로의 힘으로 명상하여 만든
생각들로 구성된 모든 세상을 일깨우고
그리고 세상은 그의 안으로 사라질 것이다.
태양(太陽)의 빛으로부터 빛나는 자가 그이며
연기 없는 불 속에서 나오는
다양한 빛이 그이니라.
그리고 위 안에서 음식을 소화시키는 열기가 그이니라.
그러므로 현자들이 말하기를
그는 불 속에 있는 자, 그는 심장 속에 있는 자, 그는 태양 속에 있는 자
그들 모두가 하나요 같은 자였노라.

> 이것을 아는 자 그는 그 하나로 가리라."

(1) "태초에는 오로지 브라만뿐이었노라.
    그는 하나였으며 무한한 존재였노라.
    그는 동서남북으로 무한하며
    위아래 그리고 모든 방향으로 무한한 존재였노라.
    그에게 동쪽과 그것과 반대방향이란 존재하지 않았으며
    가로 지르는 것도 아래위라는 것도 존재하지 않았노라.
    고정됨이 없는 지고의 존재는
    끝이 없고 태어난 적이 없고 논리로 설명될 수 없는
    상상을 초월한 자이었노라."

상기 대목의 브라만(Brahman)은 《석가모니 비로자나 하나님 부처님》을 지칭하고 있는 것이다. 이 대목의 노래는 법공(法空)의 법성(法性)의 자리를 노래하고 있는 대목으로써 법공(法空) 전체가 《석가모니 비로자나 하나님 부처님》의 육신(肉身)임을 상기하시기 바란다.

(2) "그는 적멸(寂滅)한 경계와 같고
    만물이 파괴된 상태에서 홀로 깨어 있는 존재였노라.
    이러한 적멸(寂滅)한 경계로부터
    스스로의 힘으로 명상하여 만든

생각들로 구성된 모든 세상을 일깨우고
그리고 세상은 그의 안으로 사라질 것이다."

"그는 적멸(寂滅)한 경계와 같고, 만물이 파괴된 상태에서 홀로 깨어 있는 존재였노라"는 대목은 휴식기 법공(法空)의 법성(法性)의 상태를 노래한 것이다. 다음으로 "이러한 적멸(寂滅)한 경계로부터 스스로의 힘으로 명상하여 만든 생각들로 구성된 모든 세상을 일깨우고 그리고 세상은 그의 안으로 사라질 것이다."라는 대목의 뜻은 휴식기의 법공(法空)이 휴식기를 끝낸 후 새로운 진화기(進化期)에 돌입할 때 파동(波動)에 의해 법성(法性)의 작용(作用)으로《석가모니 비로자나 하나님 부처님》의 의도된 프로그램대로《대공(大空)》을 있게 하고 이러한《대공(大空)》을 바탕으로 현재의 우주가 있게 한 후 1회 진화(進化)의 주기가 끝이 나게 되면 대공(大空)과 대공(大空)을 바탕으로 한 현재의 우주는 모두 붕괴되어 다시《법성(法性)》과《암흑물질》이 음양(陰陽) 짝을 한《법공(法空)》으로 돌아가는 것을 노래한 대목이다.

(3) "태양(太陽)의 빛으로부터 빛나는 자가 그이며
연기 없는 불 속에서 나오는 다양한 빛이 그이니라.
그리고 위 안에서 음식을 소화시키는 열기가 그이니라.
그러므로 현자들이 말하기를
그는 불 속에 있는 자, 그는 심장 속에 있는 자,
그는 태양 속에 있는 자
그들 모두가 하나요 같은 자였노라
이것을 아는 자 그는 그 하나로 가리라."

근본진리(根本眞理)에서는 《법공(法空)》의 《법성(法性)》을 구체적으로 이야기할 때 《법성의 1-6체계》라고 표현을 한다. 즉, 법성은 둥근 공(空)을 뜻함으로써 법공(法空) 전체의 외곽적인 형상을 표현한 말이고 《1-6체계》에서 《1》은 《석명광(釋明光)》을 이야기하며 6은 (-6), (+6)이 음양(陰陽) 짝을 한 다이아몬드와 같이 6각 고리를 가진 고열을 가진 불꽃 없는 불덩어리로써 응축된 기체의 다이아몬드를 이야기한다.

이 뜻은 무색투명하며 고열을 가진 《기체의 다이아몬드》 덩어리 표면을 잔잔히 섬광이 튀듯 반짝거리는 형상을 《법성(法性)의 1-6체계》라고 하는 것이다. 이러한 《법성의 1-6체계》에 있어서 《1인 석명광(釋明光)》은 음양(陰陽) 짝을 한 흰색(白色)을 말한다. 즉, 음(陰)의 흰색(白色)이 밝고 환한 색을 말하며 양(陽)의 흰색(白色)이 옥돌색 뽀얀 흰색을 말한다. 이러한 음양(陰陽)의 백색(白色)을 "태양(太陽)의 빛으로부터 빛나는 자가 그이며 연기 없는 불 속에서 나오는 다양한 빛이 그이니라"라고 노래하고 있는 것이다. 이와 같은 하나인 1의 자리에 있는 《석명광(釋明光)》이 바로 《하나님》의 자리인 것이다.

다음으로 《1-6체계》에서 《6각 고리》를 가진 무색투명한 고열을 가진 《기체의 다이아몬드》를 "그리고 위 안에서 음식을 소화시키는 열기가 그이니라"라고 노래하고 있는 것이다. 이와 같은 《법성의 1-6체계》가 새로이 진화기(進化期)에 돌입하면서 《파동(波動)》함으로써 난법(煖法), 정법(頂法), 인법(忍法), 세제일법(世第一法) 등 《사선근위(四善根位)》와 여섯 뿌리의 진공(眞空)과 색(色), 수(受), 상(相), 행(行), 식(識) 등의 오온(五蘊)의 과정을 거쳐 11단계째에 중성자(中性子), 양자(陽子), 중간자(中間子), 양전자(陽電子), 전자(電子) 등 《나섯 기초 원소》로 태어나는 것이다. 이러한 장면을 "그는 불 속에 있는 자. 그는 심장 속에 있는 자, 그는 태양 속에 있는 자, 그들 모두가 하나요 같은 자였노라"라고 노래하고 있는 것이다. 이와 같은 『마이뜨리 우파니샤드』「제6장 17편」은 《법공(法空)의 진화(進化)》를 노래한 귀중

한 내용을 담고 있는 것이다.

[3] 『브리하다란야까 우파니샤드(Brihadaranyaka Upanishad)』「제1장 제2편 6항」

> "그는 다시 거대한 제례를 갖추어 볼까 생각했다.
> 그는 쉼없이 고행스러운 정진을 하였다.
> 그가 고행스러운 정진을 하는 동안 죽음으로부터 이름 값과 힘이 나왔다.
> 명(命)은 이름값과 힘이다.
> 죽음으로부터 명(命)이 나올 때 그의 몸은 부풀기 시작했고
> 그러나 그의 마음은 몸 안에 그대로 있었다."

이 장에서 노래되는 '그'는《진성광(眞性光)》과《진명광(眞命光)》이《양음(陽陰)》짝을 한《여섯 뿌리의 진공(眞空)》뿌루샤군(群)들로써 이를《브라만(Brahman)》으로 이름하는《석가모니 하나님 부처님》의 진화(進化) 단계를 이름하고 있는 것이다.《죽음》은《여섯 뿌리의 진공(眞空)》뿌루샤군(群)들이《암흑물질》내부로 분출이 되어 한 곳에 모여 개천이전(開天以前)의《정

명궁(正明宮)》의 《커블랙홀》을 만든 것을 이름하고 있다.

《여섯 뿌리의 진공(眞空)》 뿌루샤군(群)들이 "고행스러운 정진을 하였다" 함은 《커블랙홀》의 외곽으로부터 《암흑물질》을 끌어들여 활발한 삼합(三合) 활동을 하여 성질이 같은 것은 《커블랙홀》 내부에 남게 하고 성질이 다른 것은 외부로 밀어내는 《작용(作用) 반작용(反作用)》을 활발히 하는 것을 노래하고 있는 것이다. 이러한 작용(作用) 결과, 《커블랙홀》인 죽음은 서서히 태양수(太陽數) ⊕9의 핵(核)을 가지게 되는 것이다. 이때 《커블랙홀》로부터 만들어진 《전자(電子)》와 《중간자》가 반작용(反作用)에 의해 외부로 분출이 되는 것이다. 이러한 작용(作用)을 "죽음으로부터 힘이 나왔다. 《명(命)》은 이름값과 힘이다"라고 노래하고 있는 것이다. 이러한 《명(命)》이 곧 《전자(電子)》인 것이다. 이와 같은 작용(作用)으로써 《커블랙홀》은 같은 성질의 것의 작용(作用)에 의해 핵(核)을 만들어감으로써 핵(核)은 점차적으로 더 커지게 되는 것이다. 이러한 핵(核)의 자람을 "죽음으로부터 명(命)이 나올 때 그의 몸은 부풀기 시작했다"라고 노래하고 있는 것이다.

"그러나 그의 마음은 몸 안에 그대로 있었다"라고 노래하는 대목은 《정명궁(正明宮)》을 이룬 《커블랙홀》이 태양수(太陽數) ⊕9의 핵(核)을 만들기 위해 계속 작용(作用)함으로써 내부적으로는 핵(核)이 자라나고 있으나 '그의 마음'은 핵(核)의 몸 안에 그대로 있었다라고 노래하고 있는 것이다.

상기 『우파니샤드』가 노래하고 있는 이때를 근본진리(根本眞理)의 법칙을 정리한 필자의 저서(著書) 『(改訂版) 妙法華(묘법화)의 실상(實相)의 법(法)』(2015)에서는 「정명궁(正明宮) 보신불궁(報身佛宮) 용체(用體)의 과정」이라고 설명하고 있다. 즉, 정명궁(正明宮)의 보신불(報身佛) 과정으로써 이때 《커블랙홀》은 서서히 태양수(太陽數) ⊕9의 핵(核)을 가지는 것이다. 이때 정명궁(正明宮)의 핵(核)은 중성자(中性子)를 중심한 들어오는 길에 《양전자(陽電子)》가 자리하고 핵

(核)의 외곽을 형성하는 길에 《양자(陽子)》가 만들어져 자리하는 관계로 이러한 핵(核) 덩어리의 반작용(反作用)에 의해 전자(電子)가 외부로 빠르게 밀려나게 되는 것이다. 이 과정에서 정명궁(正明宮)의 핵(核)은 태양성(太陽星)의 핵(核)으로 만들어지는 것이다.

[4] 『브리하다란야까 우파니샤드(Brihadaranyaka Upanishad)』「제1장 제2편 7항」

> "그는 '나의 육신이 제례를 위하여 알맞게 쓰여졌으면 그리고 이것을 통하여 모습을 드러낼 수 있었으면'하고 소망했다. 그렇기 때문에 그의 몸은 부풀어 올랐고 그래서 아슈바(馬)로 불리게 되었다. 제례를 위하여 알맞게 사용됨으로써 말(馬)의 제례가 생겨났다. 이것을 아는 자는 말(馬)의 제례의식을 진정 아는 자이다.
>
> 그는 말(馬)과 같은 그 자신의 몸을 상상하며 심사숙고 하였다. 일 년 후 그는 자신의 몸을 제례에 바쳤고 그리고 다른 짐승들은 신(神)들에게 보냈다.
>
> 그로부터 성(聖)스러운 제례의 날이 되면 쁘리하스 빠디와 모든 신(神)들에게 성스러운 말(馬)을 공양하였다.
>
> 말의 제례는 타오르는 것이요 그것은 일 년의 시간이다.

> 아그니는 아르까이요 이 세상은 아르까로부터 비롯
> 되었다. 이 둘(아그니와 태양)은 아르까이며 말의 제례의
> 식이다. 그리고 이 둘은 다시 명(命)과 죽음이 되었
> 다.
> 이것을 아는 자 그는 죽음을 극복하고 죽음을 맞지
> 않으며 죽음조차도 그 자신이 된다. 그는 신(神)과
> 하나가 된다."

(1) "그는 나의 육신이 제례를 위하여 알맞게 쓰여졌으면 그리고 이것을 통하여 모습을 드러낼 수 있었으면'하고 소망했다. 그렇기 때문에 그의 몸은 부풀어 올랐고 그래서 아슈바(馬)로 불리게 되었다. 제례를 위하여 알맞게 사용됨으로써 말(馬)의 제례의식이 생겨났다. 이것을 아는 자는 말(馬)의 제례의식을 진정 아는 자이다."

'그'는 정명궁(正明宮)을 이루고 있는 《브라만(Brahman)》을 이야기한다. 이러한 정명궁(正明宮)이 법공(法空)의 법성(法性)의 자리로부터 암흑물질 내부로 분출 후 정명궁(正明宮)의 《커블랙홀》이 만들어진 15억 년(億年) 만에 《전자(電子)》들과 《중간자》들이 만들어져 외부로 분출이 된 것이다. 이러한 정명궁(正明宮)의 회전(回轉) 방향이 시계 방향의 회전으로써 《1-3의 길 회전》이라 하며 정명궁(正明宮) 반작용(反作用)에 의해 외부로 빠른 속도로 밀려난 《전자(電子)》와 《중간자》가 밀려난 길을 《1-4의 천마(天馬)의 길》이라고 하며 《시계 반대 방향 회전(回轉) 길》이 된다. 이러한 《천마(天馬)의 길》을 따라 외부로 분출되는 《전자(電子)》와 《중간자》를 "그렇기 때문에 그의 몸은 부풀어 올랐고 그래서 아슈바(馬)로 불리우게 되었다"라고 노래하고 있는 것이다. 이렇게 분출된 《전자(電子)》와 《중간자》가 빠르게 밀

려난 곳으로부터 《암흑물질》을 밀어내고 《전자(電子)》가 바탕을 이루기를 서서히 하여 궁극적으로 《진명궁(眞明宮)》《커블랙홀》의 경계를 만들게 된다. 이러한 장면을 "그는 나의 육신이 제례를 위하여 알맞게 쓰여졌으면 그리고 이것을 통하여 모습을 드러낼 수 있었으면 하고 소망했다."라고 노래하고 있는 것이다. 이러한 《전자(電子)》의 바탕에서 《정명궁(正明宮)》과 짝을 하는 《진명궁(眞明宮)》이 탄생을 하게 되는 장면을 "제례를 위하여 알맞게 사용됨으로써 말(馬)의 제례의식이 생겨났다"고 노래하고 있는 것이다.

(2) "그는 말(馬)과 같은 그 자신의 몸을 상상하며 심사숙고하였다. 일 년 후 그는 자신의 몸을 제례에 바쳤고 그리고 다른 짐승들은 신(神)들에게 보냈다."

이러한 《전자(電子)》의 바탕이 《진명궁(眞明宮)》《커블랙홀》의 경계를 만들어갈 때 《정명궁(正明宮)》은 중성자(中性子), 양전자(陽電子), 양자(陽子)로 이루어진 핵(核)의 완성을 된다. 이때 반작용(反作用)에 의해 《전자》와 함께 분출되는 중간자(中間子)인 항성풍 역시 1-4의 천마(天馬)의 길을 따라 일정한 거리까지 밀려난 후 전자(電子)를 바탕으로 하여 《커블랙홀》의 일원이 된다. 이와 같은 《커블랙홀》을 《진명궁(眞明宮)》이라고 하며 이때를 『(改訂版) 妙法華(묘법화)의 실상(實相)의 법(法)』(2015)에서는 「진명궁(眞明宮)의 육합(六合)의 삼합(三合) 화신불궁(化身佛宮)의 과정」이라고 이름하며 이에 대한 이치의 계산을 상세히 하여 두었다.

이렇게 진명궁(眞明宮)이 육합(六合)의 삼합(三合)의 과정인 《커블랙홀》로 만들어진 후 육합(六合)의 육합(六合) 과정이 시작될 때 정명궁(正明宮)으로부터

《여섯 가지 진공(眞空)》이 대거 밀려와 진명궁(眞明宮)은 서서히《화이트홀》의 과정으로 돌입하게 된다. 이러한 장면을 "그는 말(馬)과 같은 자신의 몸을 상상하며 심사숙고하였다. 일 년 후 그는 자신의 몸을 제례에 바쳤고 그리고 다른 짐승들은 신(神)들에게 보냈다"라고 노래하고 있는 것이다, 이때 노래되는 '일 년'은 방편으로써 진명궁(眞明宮)이《태양수(太陽數) ⊕9의 핵(核)》→《화이트홀》→《케이샤》→《황금알 대일(大一)》의 과정을 겪고 대폭발을 일으켜 탄생된 별(星)이 태양성(太陽星)으로써 현재의 북극성(北極星)이기 때문에 태양성(太陽星) 핵(核)임을 암시하기 위해 '일 년'이라는 방편을 쓴 것이다.

"그 자신의 몸은 제례에 바쳤고 그리고 다른 짐승들은 신(神)들에게 보냈다."라는 대목에서 정명궁(正明宮)으로부터 분출된《전자(電子)》와《중간자(中間子)》와《여섯 가지의 진공(眞空)》이 진명궁(眞明宮) 핵(核)의 자리에 들어가는 장면을 "그 자신의 몸은 제례에 바쳤다"라고 노래한 것이다. 그리고 '다른 짐승'은 양자(陽子)를 비유한 것이며 '신(神)들'은 전자(電子)를 이야기하는 것이다. 즉, 전자(電子)가 명(命)으로써 작용을 하는 전자(電子)를 제외한 바탕을 이루고 있는 전자군(電子群)들을 신(神)으로 호칭을 하는 것이다. 이 때문에 우리들 말에 신명(神命)이라는 용어(用語)가 있게 되는 것이다.

이렇듯 양자(陽子)의 씨종자들은 바탕을 하고 있는 전자(電子)들에게 보내게 된 것을 "다른 짐승들은 신(神)들에게 보냈다"라고 노래하고 있는 것이다. 진명궁(眞明宮) 육합(六合)의 육합(六合) 때에 중성자(中性子)와 양자(陽子)의 씨종자가 대거 몰려든 근본 원인이《법공(法空)》의《법성(法性)》의 자리가《적멸보궁(寂滅寶宮)》으로 전환이 되면서 마지막 순수 진공 뿌루샤들이《성명궁(正明宮)》으로 유입되었기 때문에 정명궁(正明宮)으로부터 중성자(中性子)와 양자(陽子)를 이룰 수 있는 씨종자들이 대거《진명궁(眞明宮)》으로 몰려들게 되는 것이다. 이 이후《적멸보궁(寂滅寶宮)》으로부터《정명궁(正明宮)》으로 공급되는《진공(眞空)》뿌루샤들은 단절이 된 것이다.

(3) "그로부터 성(聖)스러운 제례의 날이 되면 쁘리하스 빠디와 모든 신(神)들에게 성스러운 말(馬)을 공양하였다."

《석가모니 하나님 부처님》께서 《정명궁(正明宮)》 등의 천궁(天宮)을 이루고 《핵(核)》으로 자리하였을 때를 『우파니샤드』에서는 《브라만(Brahman)》이라고 이름하지 않고 《쁘라자》 또는 《쁘리하스 빠디》로 이름하고 있는 것이다. 이로써 볼 때, 《쁘리하스 빠디》라고 할 때는 《정명궁핵(正明宮核)》의 외곽에 자리하는 양자군(陽子群) 또는 양자(陽子)의 집합체(集合體)를 지칭하고 있음을 알 수가 있다.

"그로부터 성(聖)스러운 제례의 날이 되면 쁘리하스 빠디와 모든 신(神)들에게 성스러운 말(馬)을 공양하였다"라고 노래한 뜻은 성(聖)스러운 제례 날이 되면 《양자군(陽子群)》들과 우주를 바탕으로 하는 《전자군(電子群)》들에게 성스러운 《전자(電子)》를 공양하였다는 뜻으로 노래한 대목이 되는 것이다. 성(聖)스러운 제례가 한민족(韓民族) 사회에서는 고사(告祠)라는 미풍양속으로 전하여져 오고 있다. 이러한 고사(告祠)의 연유가 개천(開天) 이전(以前)의 물질이 만들어지면서 비롯된 것인데 완성되지도 않은 현대과학(現代科學)의 미신(迷信)을 믿는 자들은 그들이 미신(迷信)을 믿고 있다는 사실을 모르고 오히려 진리(眞理)에 입각한 아름다운 풍속을 오히려 미신(迷信)이라고 하니 어찌 인간 세상이 조용할 수가 있겠는가?

(4) "말(馬)의 제례는 타오르는 것이요. 그것은 일 년의 시간이다."

이 대목의 노래는 《전자(電子)》의 바탕에서 《커블랙홀》 → 《태양수 ⊕9의 핵(核)》 → 《화이트홀》 → 《퀘이샤》 → 《황금알 대일(大一)》의 과정을 겪고 태양성(太陽星)이 탄생되는 것을 비유로써 노래한 대목이다.

(5) "아그니는 아르까이요 이 세상은 아르까로부터 비롯되었다.
   이 둘(아그니와 태양)은 아르까이며 말(馬)의 제례의식이다.
   그리고 이 둘은 다시 명(命)과 죽음이 되었다."

'아그니'는 불꽃을 이야기하는 것이며 '아르까'는 《수소(H), 수소의 결합, 수소의 핵융합 반응 등의 수소(H)의 작용》을 이야기하는 것이다. 물질(物質)의 합성이 본격적으로 시작이 된 시점이 《진명궁(眞明宮)》 육합(六合)의 육합(六合) 때부터이다. 이때에 물(水)이 만들어지고 복합 원소들이 만들어지는 것이다. 전편의 "일 년 후 그는 자신의 몸을 제례에 바쳤고 그리고 다른 짐승들은 신(神)들에게 보냈다"라는 대목에서 '짐승'이 양자(陽子)의 비유이며 '신(神)'이 바탕을 하는 전자군(電子群)들임을 밝혀 드렸다. 이러한 양자(陽子) 1개와 전자(電子) 1개가 결합한 것이 수소(H)가 되는 것이다. 이러한 《수소(H)의 핵(核)융합》 반응이 《진명궁(眞明宮)》에서 일어나는 것을 이 대목에서는 《아르까》로 이름하고 있는 것이다. 이러한 핵(核)융합 반응으로 나타나는 것이 불꽃인 아그니와 빛의 알갱이인 양자(陽子)인 것이다. 이와 같은 '불꽃과 빛의 알갱이'를 《이 둘(아그니와 태양)》이라고 노래하고 있는 것이다. 즉, 이 둘은 수소(H)의 핵(核)융합 반응으로써 나타나는 결과이기 때문에 《이 둘(아그니와 태양)》을 《아르까》라고 노래한 것이다.

또한, 이러한 모든 일이 일어나게 된 것은 《전자(電子)》가 바탕을 함으로써 일어나기 때문에 "말(馬)의 제례의식이다"라고 노래하고 있는 것이다. 수소(H)가 만들어짐으로써 "이 세상이 있게 된 것을 이 세상은 아르까로부터 비롯되었다"라고 노래하며 아울러 '아그니는 아르까'라고 핵(核)융합 반응을 노래하고 있는 것이다. "그리고 이 둘은 명(命)과 죽음이 되었다"라는 대목은 《진명궁(眞明宮)》이 《황금알 대일(大一)》의 과정을 겪고 대폭발을 하여 태양성(太陽星)을 탄생시킨다. 이러한 태양성(太陽星) 빛으로 인하여 탄소 순환이 이루어지면서 명(命)인 전자(電子)가 작용한 《전자(電子)》로 자리하게 되고 태양성(太陽星)의 활발한 활동기가 끝이 나면 다시 태양성(太陽星) 핵(核)의 붕괴로 흑점 활동을 통해 항성풍이 되어 외부로 분출되었다가 다시 천궁(天宮)인 《커블랙홀》을 이루게 되는 장면을 "그리고 이 둘(아그니와 태양)은 다시 명(命)과 죽음이 되었다"라고 노래하고 있는 것이다. 이렇듯 물질(物質)이 만들어지기는 이 우주가 탄생하기 이전에 이미 《진명궁(眞明宮)》에서 만들어진 이치를 모르다 보니 현대과학은 《빅뱅》 이론이라는 해괴한 거짓 학설에 놀아나고 있는 것이다.

(6) "이것을 아는 자 그는 죽음을 극복하고 죽음을 맞지 않으며, 죽음조차도 그 자신이 된다. 그는 신(神)과 하나가 된다."

이 대목에서 "그는 죽음을 극복하고 죽음을 맞지 않으며"의 '죽음'은 인간의 죽음을 노래한 것이며 "죽음조차도 그 자신이 된다"의 '죽음'은 천궁(天宮)인 《커블랙홀》을 뜻하는 것이다. "그는 신(神)과 하나가 된다"의 '신(神)'은 전자(電子)가 진화(進化)한 반전자(反電子)로써의 양전자(陽電子)를 지칭하는 것으로서 "그는 신(神)과 하나가 된다"는 뜻은 보살도(菩薩道) 성취의 보살(菩薩)이 된다는 뜻이다.

진화(進化)의 당체인 인간 마음(心)의 근본 뿌리인 《성(性)의 30궁(宮)》은 인간 내면(內面)에 도사리고 앉아 있는 또 하나의 자기로서 본래의 주인공이 된다. 이러한 성(性)의 30궁(宮)은 양자(陽子) 18과 그 주위를 《양자 6》과 《전자(電子) 6》이 영체(靈體)를 이루고 회전을 하고 있다. 이러한 인간이 진리(眞理)를 공부하게 되면 양자(陽子)인 영(靈)은 밝아지고 명(命)인 전자(電子) 6은 맑음을 갖게 된다. 이때 《밝음과 맑음》이 최고에 도달하였을 때 삼매(三昧) 중에 상온에서 인간의 심장 속 깊은 곳에서 핵(核)융합 반응이 일어나 명(命)인 전자(電子) 6이 중성자(中性子) 2와 양전자(陽電子) 4로 전환이 된다. 이때가 형용할 수 없는 《환희심》을 동반하고 보살도(菩薩道) 성취의 보살(菩薩)이 된 때로써 이때를 "그는 신(神)과 하나가 된다"라고 노래하고 있는 것이다.

이러한 보살심(菩薩心)의 근본 뿌리를 《성령(性靈)의 30궁(宮)》이라고 하며 인간 육신을 벗었을 때는 곧바로 천궁(天宮)으로 들어가게 된다. 이러한 것을 《지혜(智慧)의 완성으로 천궁(天宮)으로 들어가는》 반야바라밀다(般若波羅蜜多)라고 한다. 이러한 뜻을 죽음인 《커블랙홀》이 진화(進化)를 하는 천궁(天宮)으로 들어간다고 하여 "죽음조차도 그 자신이 된다."고 노래하고 있는 것이다.

지금까지 설명된 《정명궁(正明宮)》과 《진명궁(眞明宮)》을 개천이전(開天以前)에 만들어진 《석가모니 하나님 부처님》의 《양음(陽陰)》이라고 하며 이를 분리하여 설명할 때는 《정명궁(正明宮)》이 《석가모니 하나님 부처님》의 법궁(法宮)이 되며 《진명궁(眞明宮)》이 한때는 《석가모니 하나님 부처님》의 동생인 《비로자나 1세》가 자리하였으나 때에 《석가모니 하나님 부처님》 법(法)에 반역하여 《진명궁(眞明宮)》으로부터 쫓겨남으로써 《대관세음보살》님이 《25억 년(億年)》을 관리한 후 《석가모니 하나님 부처님》의 우주적 장자(長子)이신 《노사나불》에게 물려줌으로써 최종은 《노사나불(佛)》의 법궁(法宮)이 되는 것이다.

※ 講主

『브리하다란야까 우파니샤드(Brihadaranyaka Upanishad)』「제1장 제2편 ⑥항」은《정명궁(正明宮)》이《커블랙홀》의 과정을 겪을 때를 비유로 노래한 내용이며『브리하다란야까 우파니샤드』「제1장 제2편 ⑦항」은《정명궁(正明宮)》의 분출로 1-4의 천마(天馬)의 길이 형성되어《진명궁(眞明宮)》이 만들어지는 사항을 비유한 것이다.

《석가모니 하나님 부처님》의 세 가지 참됨인 진성(眞性), 진명(眞命), 진정(眞精)에서 더욱 더 진화(進化)된 것이 진성광(眞性光)과 진명광(眞命光)으로써 이들이 양음(陽陰) 짝을 한 여섯 뿌리 진공(眞空)을《브라만(Brahman)》이라고 하며 이때가《석가모니 하나님 부처님》의 자리가 되며, 법(法)이 일어나 삼진(三眞)인 진성(眞性), 진명(眞命), 진정(眞精)으로 나뉘어졌을 때가 역시《석가모니 하나님 부처님》이 된다. 즉,《여섯 뿌리 진공(眞空)》은《진공(眞空)》의 상태이며,《진성(眞性)》은 반중성자(反中性子)로써《석가모니 하나님 부처님》의 자리가 되고,《진명(眞命)》은 양전자(陽電子)로써《석가모니 하나님 부처님》의 부인이신《관세음보살님》과 장자(長子)이신《노사나불》다스림의 자리가 되며, 진정(眞精)이 중성자(中性子)로써 이 역시 석가모니 하나님 부처님의 다스림의 자리가 된다.

이러한《석가모니 하나님 부처님》께서《하나님》의 자리에 계실 때가 현대과학 용어로써《슈바르츠실트 블랙홀》에 계실 때를 이름하며, 이때의《슈바르츠실트 블랙홀》을《진성궁(眞性宮)》이라고 한다. 이러한《진성궁(眞性宮)》의 중심은 반중성자(反中性子)이며 외곽은 양전자(陽電子)로 되어 있다. 이때 반중성자(反中性子)는 진정(眞精)인 중성자(中性子)를 끌어들여 부딪침으로써 쌍소멸을 하게 되는데 이때 발생하는 것이 진성광(眞性光)으로써《음(陰)의 진성광(眞性光)》은《적멸보궁(寂滅寶宮)》으로 들게 되고《양(陽)의 진성광(眞性

光)》은 《대공(大空)》 속에 남게 된다.

한편, 《진명(眞命)》인 《양전자(陽電子)》는 《전자(電子)》를 끌어들여 쌍소멸을 하게 된다. 이때 발생하는 것이 《진명광(眞命光)》이다. 이러한 《진명광(眞命光)》도 《음양(陰陽)》이 분리되어 《음(陰)의 진명광(眞命光)》은 두터운 암흑물질 층을 뚫고 《적멸보궁(寂滅寶宮)》으로 들어가 《진성광(眞性光)》과 《음양(陰陽)》 짝을 하여 자리하게 되고 《양(陽)의 진명광(眞命光)》은 《대공(大空)》 속에 남아 《양(陽)의 진성광(眞性光)》과 《음양(陰陽)》 짝을 하여 하나가 된 후 《암흑물질》과 다시 《음양(陰陽)》 짝을 함으로써 《대공(大空)》의 바탕을 이룬다. 이때 역시 《석가모니 하나님 부처님》의 자리가 되며 대공(大空) 속에서 파동(波動)에 의해 법(法)이 일어나게 된다.

법(法)이 일어난다는 뜻은 《진성광(眞性光)》과 《진명광(眞命光)》이 《양음(陽陰)》 짝을 하고 있다가 파동(波動)에 의해 진명광(眞命光)이 진성광(眞性光)을 바탕으로 하여 비유하자면 유리구슬같이 둥글게 되면서 중성미자인 암흑물질을 유리구슬 속으로 끌어들인다. 이때가 오온(五蘊)의 색(色)의 단계가 된다. 이와 같은 색(色)의 단계를 반야공(般若空)이라 한다. 이러한 법(法)의 일어남으로부터 《석가모니 하나님 부처님》의 역할이 분리되어 유리구슬 속의 진성광(眞性光)은 석가모니 하나님 부처님의 《양(陽)》의 영역이 되고 테두리를 한 유리구슬이 《석가모니 하나님 부처님》《음(陰)》의 작용(作用)의 자리가 되는 것이다. 이로써 나머지 오온(五蘊)의 단계가 진행이 되는 것이다.

이 때문에 《파동(波動)》에 의한 법(法)의 일어남을 《원천 싸이클(Cycle)》로써 《진명광(眞命光)》이라고 하며 이때가 《석가모니 하나님 부처님》《음(陰)》의 관리 영역이 된다. 이와 같이 법(法)이 일어나 미세한 유리구슬을 만들 때를 《오움》이라고 하는 것이다. 이리하여 오온(五蘊)의 과정을 마치고 다음 단계인 오양(五陽)의 단계가 다섯 기초 원소인 중성자(中性子), 양자(陽子), 중간자(中間子), 양전자(陽電子), 전자(電子)의 잉태가 되는 것이다.

《진성궁(眞性宮)》인 《슈바르츠실트 블랙홀》을 갖는 것은《석가모니 하나님 부처님》만의 고유의 권한이며 이 작용(作用)이 《석가모니 하나님 부처님》만 가지시는 권위요, 권능(權能)인 것이다. 이로써 태어난 다섯 기초 원소 중 중간자(中間子)는 변환 과정의 일시적인 원소이며 이를 제외한 중성자(中性子)와 양전자(陽電子)는 양자(陽子)와 전자(電子)를 진화(進化)시키기 위해 태어난 원소인 것이다. 양자(陽子)가 진화(進化)되면 중성자(中性子)가 되며 중성자(中性子)가 진화(進化)된 것이 반중성자(反中性子)인 진성(眞性)이다. 또한, 《전자(電子)》가 진화(進化)된 것이 반전자(反電子)로써 양전자(陽電子)이다. 이로써 나타난 진성(眞性)인 반중성자(反中性子)와 진명(眞命)인 양전자(陽電子)와 진정(眞精)인 중성자(中性子)를 세 가지 참됨인 삼진(三眞)이라고 하며《석가모니 하나님 부처님》의 표상이 되는 것이다.

이렇듯 여섯 뿌리의 진공(眞空)인 《브라만》보다 한 단계 덜 진화(進化)된 《삼진(三眞)》에 대해 충분히 설명을 드렸다. 이러한 삼진(三眞)인 진성(眞性), 진명(眞命), 진정(眞精) 역시《브라만》이라고 하는 것이다. 지금까지의 설명은 대공(大空) 속에서 일어난 작용(作用)을 말씀드린 것이며 우주 진화(進化)가 처음 시작이 될 때는 이와는 반대의 순서로 작용(作用)이 되는 것이며 우주 탄생 이후는 지금까지 설명된 내용의 작용(作用)이 일어남을 혼동하지 마시기 바란다.

[5] 『브리하다란야까 우파니샤드(Brihadaranyaka Upanishad)』「제1장 제2편 1항」

> "처음에는 이 세상에 아무것도 없었다.
> 모든 것이 죽음과 허기로 덮여 있었다. 허기가 곧 죽음이다.
> 그는 내가 마음을 만들어 볼까 생각하고 마음을 창조했다. 그는 그 자신에게 염(念)을 모았고 그 염(念)으로 인하여 물(水)이 생겨났다. 그리하여 염(念)으로써 물(水)이 생겨났다고 하여 아르까로 부르게 되었다.
> 이러한 아르까의 의미를 아는 자는 그 의미대로 기쁨 속에 살리라."

'죽음과 허기'는 정명궁(正明宮)이나 진명궁(眞明宮)이 《커블랙홀》을 이루어 부지런히 삼합(三合) 활동을 하여 작용(作用)함으로써 같은 성질의 물질을 내부로 끌어들이기 때문에 이를 비유한 말이 《커블랙홀》을 '죽음'으로 작용(作用)하여 내부로 끌어들이는 삼합(三合) 활동을 '허기'로 비유하여 "처음에는 이 세상에 아무것도 없었다. 모든 것이 죽음과 허기로 덮여 있었다. 허기는 곧 죽음이다"라고 노래함으로써 처음에는 아무것도 없었으며 다만 《커블랙홀》의 《삼합(三合)》 활동만 있었다고 노래하고 있는 것이다.

(1) "그는 내가 마음을 만들어 볼까 생각하고 마음을 창조했다.
그는 그 자신에게 염(念)을 모았고 그 염(念)으로 인하여 물(水)이 생겨났다. 그리하여 염(念)으로써 물(水)이 생겨났다고 하여 아르까로 부르게 되었다."

'그는'《브라만》인《석가모니 하나님 부처님》을 말하며 "내가 마음을 만들어 볼까 생각하고 마음을 창조했다"라는 대목은 법공(法空)의 법성(法性)의 자리가 새로운 진화기(進化期)에 돌입하면서 파동(波動)함으로써 만들어진 진공(眞空) 뿌루샤들이 암흑물질 내부로 분출되어 만들어진 정명궁(正明宮)의《커블랙홀》이《암흑물질》을 끌어들여 삼합(三合) 활동을 함으로써 다섯 기초 원소인 중성자(中性子), 양자(陽子), 중간자(中間子), 양전자(陽電子), 전자(電子)를 만들어 중성자(中性子)와 양자(陽子)와 양전자(陽電子)는 정명궁(正明宮)의 핵(核)이 되기 위해 남고《중간자(中間子)》는 변환 과정의 기초 원소와 결합을 위해 중매쟁이 노릇을 하고 핵(核)과 성질이 다른 전자(電子)와 함께 반작용(反作用)에 의해 정명궁(正明宮) 밖으로 분출된 것이다. 이와 같이 정명궁(正明宮)의 핵(核)을 만든 작업을 "그는 내가 마음을 만들어 볼까 생각하고 마음을 창조했다"고 노래하고 있는 것이다.

이후《정명궁(正明宮)》의 물질 분출로《진명궁(眞明宮)》을 만들게 되고 그로써 수소(H)가 만들어지게 되고 이러한 수소(H)가 다시 산소(O)와 결합함으로써 물(水)이 생겨난 것을 "그는 자신에게 염(念)을 모았고 그 염(念)으로 인하여 물(水)이 생겨났다"라고 노래하고 있는 것이다. 그리고 물(水)이 생겨난 이유가 수소(H)와 산소(O)의 결합이므로 이러한 결합을 '염(念)'으로써 노래하면서 이와 같은 수소(H)의 결합 역시 아르까라고 노래한 대목이 "그리하여 염(念)으로써 물(水)이 생겨났다고 하여 아르까로 부르게 되었다"라고 노래하고 있는 것이다.

[6] 『브리하다란야까 우파니샤드(Brihadaranyaka Upanishad)』「제1장 제2편 2항」

> "물은 아르까이다.
> 그 물(水)의 요소들이 응고되어 땅이 되었다.
> 그 땅이 생겨났을 때 그는 피곤을 느꼈다.
> 이렇게 고행 정진하는 동안 그의 정수가 광채가 되어 밖으로 나왔다.
> 이것이 아그니이다."

 상기 대목은 수소(H)와 산소(O)의 결합이 물(水)이며 수소(H)의 핵(核)융합 반응으로 아그니인 불꽃이 광채가 되어 밖으로 나온 것으로써 이들이 모두 《아르까》라고 노래하고 있는 대목이다. 즉, 아르까라고 하면 수소(H), 수소(H)의 결합, 수소(H)의 핵(核)융합 반응으로 그 의미를 한정 지을 수가 있는 것이다. "그 물의 요소들이 응고되어 땅이 되었다"라고 노래되는 대목은 이슬이나 작은 물방울 등이 공(空)의 역할을 하면서 외부 물질을 끌어들여 응고되고 이렇게 응고된 크고 작은 물질들이 다시 한 곳에 모여 물(水)에 의해 한 덩어리가 되는 여러 번의 과정을 거쳐 땅이 되었음을 노래한 장면이다. 그리고 그 땅이 생기고 난 후 땅을 표면으로 한 내부에서 핵(核)융합 반응이 일어나는 장면을 "그 땅이 생겨났을 때 그는 피곤을 느꼈다. 이렇게 고행 정진하는 동안"이라고 노래한 것이며 그 결과로써 "그의 정수가 광채가 되어 밖으로 나왔다"라고 노래한 것이다. 이로써 생겨난 불꽃이 곧 《아그니》라고 노래하고 있는 것이다.

[7] 『브리하다란야까 우파니샤드(Brihadaranyaka Upanishad)』「제1장 제2편 3항」

> "쁘라자는 그 스스로를 삼등분하였으니, 그 자신 외에 태양(아디띠야)과 바람(와유)이 각기 삼분의 일씩을 차지하게 되었다. 마찬가지로 호흡도 삼등분되었다.
> 동쪽은 그의 머리이며 북동과 남동쪽은 그의 팔이다.
> 서쪽은 그의 꼬리, 북서쪽과 남서쪽은 그의 두 다리,
> 남쪽과 북쪽은 그의 측면이며 하늘(天)은 그의 뒷부분이다.
> 대공(大空)은 그의 배이며, 땅은 가슴이다.
> 쁘라자는 물 속에도 들어 있으니
> 이 모든 원리를 잘 아는 사람은 어디를 가든 확고히 서리라."

(1) "쁘라자는 그 스스로를 삼등분하였으니, 그 자신 외에 태양(아디띠야)과 바람(와유)이 각기 삼분의 일씩을 차지하게 되었다. 마찬가지로 호흡도 삼등분되었다."

'쁘라자'는 정명궁(正明宮) 핵(核)으로 자리하였을 때의 《브라만(Brahman)》인

《석가모니 하나님 부처님》을 뜻하는 용어이다.《정명궁(正明宮)》으로부터 만들어진 물질에 의해《진명궁(眞明宮)》이 만들어진다. 이러한 진명궁(眞明宮) 이《태양(太陽)》을 이루었을 때를《아디띠야 태양》이라고 하는 것이다. 태양성(太陽星)에도 중성자(中性子) 태양성(太陽星)과 지금 우리들을 비추고 있는 태양성(太陽星) 등 몇 가지 구분이 있다.『우파니샤드』에서도 아디띠야 태양(太陽), 사비뜨리 태양(太陽), 수리야 태양(太陽) 등으로 구분한다. 이러한 구분에서《아디띠야 태양(太陽)》이라고 할 때는 개천(開天) 이전(以前)의 진명궁(眞明宮)이 진화의 과정 중《태양(太陽)》을 이루었을 때를 이야기하는 것이다. 그리고《정명궁(正明宮)》이나《진명궁(眞明宮)》이 회전하는 길을 '바람'인《와유》로 비유하고 있는 것이다.

즉, 정명궁(正明宮) 핵(核)이 만든 물질(기초 원소 등)을 정명궁(正明宮)과 진명궁(眞明宮)과 회전(回轉)하는 길이 각각 삼분의 일씩을 가졌다고 노래한 대목이 "쁘라자는 그 스스로를 삼등분하였으니 그 자신 외에 태양(아디띠야)과 바람(와유)이 각기 삼분의 일씩을 차지하게 되었다"라고 노래하고 있는 것이다. 회전(回轉)하는 길에는 바탕으로 깔려 있는 물질도 포함이 되는 것이다.

또한, 정명궁(正明宮)이나 진명궁(眞明宮)은 각각의 궁(宮)이 세 갈래 길을 가지고 있는 것이다. 즉, 시계 방향의 회전(回轉)을 하는 정명궁(正明宮)은 정명궁(正明宮)으로 향하여 들어오는 길을 '1-3의 길'이라고 하며 정명궁(正明宮)으로부터 일정한 거리까지 만들어진 물질들이 나아갔다가 정명궁(正明宮)을 중심하여 회전(回轉)하는 길을 '3-1의 길'이라고 하며 정명궁(正明宮)의 반작용(反作用)에 의해 회전 반대 방향으로 쏜살같이 밖으로 분출되는 길을 '1-4의 길'이라고 한다. 이렇듯《정명궁(正明宮)》은 1-3, 3-1, 1-4의 세 갈래 길을 갖게 된다. 같은 원리로 정명궁(正明宮)의 물질 분출에 의해 만들어진 진명궁(眞明宮)은 1-4, 4-1, 1-3의 세 갈래 길을 갖게 되는 것이다. 이러한 길을《호흡》에 비유를 하여 노래한 대목이 "**마찬가지로 호**

흡도 삼등분되었다."라고 노래하고 있는 것이다.

(2) "동쪽은 그의 머리이며 북동과 남동쪽은 그의 팔이다. 서쪽은 그의 꼬리, 북서쪽과 남서쪽은 그의 두 다리, 남쪽과 북쪽은 그의 측면이며 하늘(天)은 그의 뒷부분이다. 대공(大空)은 그의 배이며, 땅은 가슴이다."

상기 노래되는 대목은 법공(法空)의 법성(法性)으로부터 새로운 진화기(進化期)가 시작되면서 법성(法性)이 파동(波動)을 함으로써 《석가모니 하나님 부처님》께서 가르침을 주시는 《세제일법》 진공(眞空)과 여섯 뿌리의 무수한 진공(眞空)이 법공(法空) 내부의 법공(法空) 크기의 40%되는 《암흑물질층》으로 분출된 후 정명궁(正明宮)을 이루고 다섯 기초 원소를 만든 후 스스로는 중성자(中性子) 태양성(太陽星)의 핵(核)의 과정을 거치면서 많은 물질을 분출하여 《진명궁(眞明宮)》을 만들고 물질 합성을 함으로써 36궁(宮)의 경계를 만들게 된다. 이 뜻은 《암흑물질층》 내에 처음으로 《36궁(宮)》의 경계를 만들었다는 뜻이며 이로써 《36궁(宮) 내(內)》 뿐만 아니라 현재의 우주 방향이 결정되는 노래를 하고 있는 것이다.

정명궁(正明宮)과 진명궁(眞明宮)이 현재의 우주가 있기 전에 이미 36궁(宮)의 경계를 가지고 방향이 결정되었다는 뜻이다. 이와 같은 36궁(宮)의 경계 내에서 정명궁(正明宮)이 《커블랙홀》 → 《태양수(太陽數) ⊕9의 핵(核)》 → 《화이트홀》 → 《퀘이샤》 → 《황금알 대일(大一)》의 과정을 거쳐 《황금알 대일(大一)》의 대폭발로 상천궁(上天宮)의 별(星)들이 태어나고 진명궁(眞明宮) 역시 같은 과정을 겪고 대폭발을 함으로써 현재의 북극성(北極星)과 북두칠성(北斗七星)을 탄생시킴으로써 《초기 우주》가 탄생된 것이다. 정명궁(正明

宮)과 진명궁(眞明宮)이 마련한 36궁(宮)의 경계에서 별(星)들이 모두 탄생된 후 이를 바탕으로 천일우주(天一宇宙) 100의 궁(宮)이 탄생하며 현재의 북극성(北極星)을 중심하여 북두칠성(北斗七星)과 백조자리 성단이 있는 둥근 경계가 되는 것이다. 이러한 36궁(宮)의 경계가 현재의 우주가 탄생하기 이전에 이미 정명궁(正明宮)과 진명궁(眞明宮)에 의해 만들어져 물질(物質)을 만들고 물질의 합성을 하고 36궁(宮)의 경계를 만들기까지가 100억 년(億年)이 소요된 것이다.

이와 같은 진리(眞理)를 《석가모니 하나님 부처님》명(命)에 의하여 필자가 7가지 법칙(法則)을 세워 수리(數理)의 계산으로 한 치의 오차 없이 현재의 우주가 만들어지는 단계를 필자의 저서(著書) 『(改訂版) 妙法華(묘법화)의 실상(實相)의 법(法)』(2015)에 수록하여 두었다. 진리(眞理) 규명에 뜻을 가지신 분들은 이를 참고하시기 바라며 『우파니샤드』에서 노래되는 부분의 설명에 앞서 초기 우주 이전의 36궁(宮)의 개념을 인식하기 위해 『(改訂版) 妙法華(묘법화)의 실상(實相)의 법(法)』(2015)에 정리된 36궁(宮)의 도형이 있어서 이를 첨부하니 이를 참고하여 다음 설명을 드리겠다.

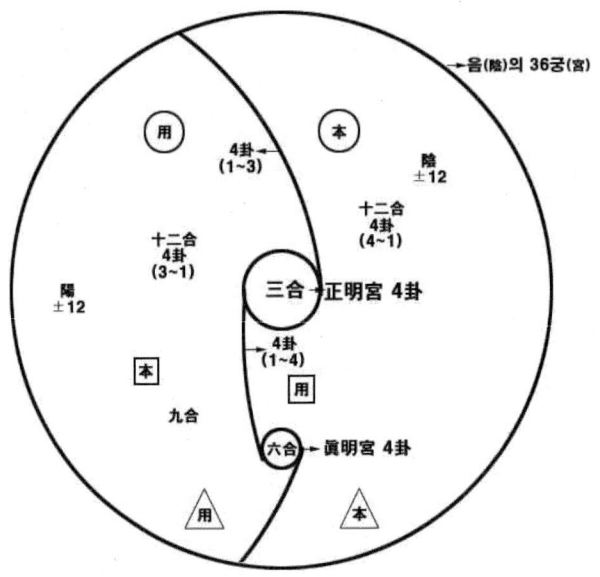

※ ±36궁(宮)과 바탕수 ±24의 합(合) ±60은 정명궁(正明宮)의 영역이 ±30이 되고 진명궁(眞明宮)의 영역이 ±30이 된다. 이의 상세한 설명은 십거일적도(十鉅一積圖) 편에서 하게 된다.

 이집트 신화도(神話圖)에는 사람의 형상을 한 그림으로 단위 우주를 표현하는 경우를 종종 본다. 이때 출발점은 항상 발로부터 시작이 된다. 상기 『우파니샤드』 노래 내용 중 "동쪽은 그의 머리이며 북동과 남동쪽은 그의 팔이다. 서쪽은 그의 꼬리, 북서쪽과 남서쪽은 그의 두 다리"라는 내용에 있어서 '동쪽에 있는 머리'는 진행(進行) 방향을 뜻하는 말이며 '서쪽은 그의 꼬리'라는 대목은 출발점을 이야기하는 것이다. 즉, 서(西)에서 동(東)으로 진행(進行)하는 회전을 《시계 방향》의 회전으로써 이 길을

1-3-1의 길이라고 하는 것이다. 이러한 1-3-1의 길에 있어서 시작이 되는 '서쪽의 꼬리'가 1-3의 길이 되며 이로써 형성된 정명궁(正明宮)이 3-1의 길에 있게 된다. 이러한 정명궁(正明宮)으로부터 새로이 시작되는 1-3의 길과 반작용(反作用)에 의해 생긴 1-4의 길을 '북서쪽과 남서쪽은 그의 두 다리'라고 노래한 것이며 정명궁(正明宮)의 분출에 의해 만들어진 진명궁(眞明宮)으로부터 시작이 되는 1-3의 길과 1-4의 길을 '북동과 남동쪽은 그의 두 팔'이라고 노래하고 있는 것이다. 그리고 진명궁(眞明宮)을 '동쪽은 그의 머리'라고 노래하고 있는 것이다.

이러한 뜻말을 정리하면 다음과 같이 된다.

> "진명궁(眞明宮)은 그의 머리이며 진명궁(眞明宮)으로부터 시작이 되는 두 갈래 길인 1-3, 1-4의 길은 그의 팔이며 서쪽은 정명궁(正明宮)으로 들어오는 1-3의 길이며 북서쪽과 남서쪽에 있는 1-3, 1-4의 길은 정명궁(正明宮)에서 외부로 뻗어나가는 길로써 그의 두 다리가 된다."

라는 뜻말의 정리가 되는 것이다.

(3) "남쪽과 북쪽은 그의 측면이며 하늘(天)은 그의 뒷부분이다. 대공(大空)은 그의 배이며 땅은 가슴이다."

36궁(宮) 도형의 양(陽)의 ±12가 있는 쪽을 상(上)으로 하여 도형을 보면, '남쪽과 북쪽은 그의 측면이며'라는 대목의 노래가 쉽게 이해되실 것이다. "하늘(天)은 그의 뒷부분이며"라는 대목의 '하늘'은 법공(法空)의 법성(法性)이 진화기(進化期)가 시작이 되면서 수많은 진공(眞空) 뿌루샤를 만들어 암흑물질 내부로 분출한 후 적멸보궁(寂滅寶宮)으로 변화한다. 이러한 적멸보궁(寂滅寶宮)을 이 장에서는 하늘(天)이라고 하며 36궁(宮)이 이러한 적멸보궁(寂滅寶宮)이 감싸고 있는 법공(法空) 내부에 있기 때문에 36궁(宮)으로 봐서는 뒤쪽이 된다. 이러한 사항을 노래한 부분이 "하늘(天)은 그의 뒷부분이다"라고 노래하고 있는 것이다.

　이와 같은 36궁(宮)은 초기 우주를 담는 거대한 입체로써 비유하자면 축구공과 같은 것이다. 이 때문에 입체의 공간(空間)을 "대공(大空)은 그의 배"라고 노래한 것이다. 이와 같은 36궁(宮)의 경계에서 초기 우주가 만들어지게 되면 북두칠성(北斗七星)이 자리하는 부분이 가슴 부분으로써 이와 같은 북두칠성(北斗七星)이 천(天)·지(地)·인(人)의 우주 구분에서 지(地)의 우주에 해당이 된다. 이러한 뜻의 내용을 "땅은 그의 가슴"이라고 노래하고 있는 것이다.

(4)　"쁘라자는 물 속에도 들어 있으니
　　이 모든 원리를 잘 아는 사람은 어디를 가든 확고히 서리라."

　'쁘라자'를 정명궁(正明宮)의 핵(核)으로써 《브라만(Brahman)》인 《석가모니 하나님 부처님》의 영신(靈身)이다. 이러한 영신(靈身)의 구성이 양자(陽子)로써 구성이 되어 있다. 이와 같은 영신(靈身)으로부터 비롯된 개체의 나눔들이 물 속에도 있다고 노래한 대목이 "쁘라자는 물 속에도 들어 있으니"라고 노래하고 있는 것이다.

[8] 『까타 우파니샤드(Katha Upanishad)』「제3부 제1장 1」

> "뿌리는 위쪽으로
> 가지는 아래쪽으로 향한
> 불멸의 보리수(菩提樹) 나무는
> 순수의 원천(源泉)이며
> 브라만이며
> 불멸(不滅)이라 부른다.
> 그 브라만에 모든 세상이 의지해 있으며
> 어느 누구도 그를 벗어날 수 없도다.
> 이것이야말로 진실로 그대가 찾는 것이다."

 현존(現存) 우주 전체를 한 그루 보리수에 비유를 하고 그 뿌리가 있는 《상천궁(上天宮)》이 지금은 진화(進化)되어 진공(眞空)을 이루고 있는 모습을 《브라만》으로 노래하고 있다. 《상천궁(上天宮)》 모두는 《석가모니 하나님 부처님》의 화(化)이다. 때문에 진공(眞空)을 이루고 있는 《브라만》 역시 《석가모니 하나님 부처님》이시다. 이 대목의 《브라만》은 《상천궁(上天宮)》을 노래한 대목이다. 『금강경(金剛經)』에서 부처님께서 가르치시고자 하는 《진공묘유(眞空妙有)》가 곧 《상천궁(上天宮)》을 가르치시고자 하는 뜻을 행자(行者)들께서는 바로 깨달으시기 바란다.

[9] 『까이 알리야 우파니샤드』「제1장 8」

> "그는 브라흐마이며, 그는 쉬바이며, 그는 인드라요,
> 그는 불멸(不滅)의 존재
> 최상(最上)이며 스스로 빛을 내는 그가 바로 비슈뉴요,
> 그가 쁘라나요
> 그가 시간이요 그가 불이요 그가 달(月)이로다."

《브라흐마(Brahma)》는 원천 창조주로서 《브라만》이신 《석가모니 하나님 부처님》으로부터 갈라져 나간 십거일적수(+鉅—積數)인 19수(數)를 가지신 《창조주 부처님》들을 말한다. 이러한 창조주 부처님들은 전체 우주에서 《36분(分)》밖에는 없다. 《쉬바》는 《대관세음보살님》의 인도판 명칭이며 《인드라》는 《노사나불(佛)》의 명칭이다. 《비슈뉴》는 석가모니 하나님 부처님 2세이신 《옥황상제(玉皇上帝)》님의 명칭이다. 이 뜻은 원천 창조주로서 《브라만》이신 《석가모니 하나님 부처님》으로부터 갈라져 나간 창조주의 부인으로서의 《관세음보살님》과 장자로서의 《노사나불(佛)》과 《석가모니 하나님 부처님 2세》로서 《옥황상제님》으로 나뉘어지셨기 때문에 원천창조주로서 《브라만》이신 《석가모니 하나님 부처님》께서 《원천창조주》이시며 이로써 갈라져 나간 관세음보살이며 노사나불(佛)이며 《옥황상제님》이라고 노래한 대목인 것이다.

'그가 시간'이라는 대목은 시간(時間)은 태양성(太陽星)의 음양(陰陽)의 작용(作用)으로 잉태되는 것이기 때문에 《그가 태양성(太陽星)의 주인》이라는 뜻

을 나타냄으로써 이들 모두가 《창조주 부처님》 대열에 들어가는 분들이라는 뜻이다. "그가 달이로다"라는 뜻은 석가모니 하나님 부처님의 법궁(法宮)은 모두가 중성자(中性子) 태양성(太陽星)이다. 이러한 중성자(中性子) 태양성(太陽星)을 달(月)이라고 하는 것이며 《관세음보살》《법궁(法宮)》역시 《달(月)》로써 이야기하는 것이며, '쁘라나'는 《숨》으로 불리우는 진명(眞命)인 양전자(陽電子)를 뜻함으로써 《양전자(陽電子)》태양성(太陽星) 핵(核)을 가진 《노사나불》의 법궁(法宮)인 지금의 우리들 《태양성(太陽星)》을 뜻하는 것이다.

[10] 『마이뜨리 우파니샤드』「제6장 4」

> "............
> 세 발을 가진 브라만은
> 그 뿌리가 위로 향해 있으며
> 대공, 바람, 불, 물, 흙 등이 그 가지이다.
> 아 하나밖에 없는 보리수(菩提樹) 나무는
> 세상의 이름이요, 브라만이다.
> 그리고 그것은 태양(太陽)이라 불리우는 빛이며
> 또한 오움이라고 불리우는 빛이라.
> 그러므로 숨과 태양, 브라만의 표상(表象)과 함께 오움으로 경배하라."

"세 발을 가진 브라만"의 '세 발'은《1-3의 길》과《3-1의 길》과 《1-4의 길》등 세 갈래 길을 이야기하는 것이다. 이러한《세 갈래 길》이《석가모니 하나님 부처님》의 표상이다. 이와 같이 '세 발을' 가진 브라만은《석가모니 하나님 부처님》께서 진화를 주도하시는《1-3-1의 길》에 있는《정명궁(正明宮)》성단(星團)들을 말하는 것이며, "그 뿌리가 위로 향해 있으며"라는 대목은《상천궁(上天宮)》을 표현한 내용이다. "대공, 바람, 불, 물, 흙 등이 그 가지인 나무이다"라는 대목은《상천궁(上天宮)》에 의지해 있는《우주간(宇宙間)》의 모든 요소(要素)가 그 가지인 나무로써 현존우주의 모두를 노래한 것이다. "그 보리수 나무는 세상의 이름이요, 세상이 곧 브라만"이라는 뜻은 현존우주(現存宇宙) 자체가《석가모니 하나님 부처님》의 육신(肉身)임을 노래한 대목이다. "그 빛은 오옴이요"의 '오옴'은 진명광(眞命光)의 일어남을 뜻하는 것이다. 여기에서는 무색투명하고 환한 밝음의 진명광(眞命光)을 뜻하고 있다. 이러한《진명광(眞命光)》의 일어남을 법(法)의 일어남이라고 한다. 이 때문에 "법(法)의 일어남에 경배하라"는 뜻을 "오옴으로 경배하라"고 하는 것이다.

[11]『문다까 우파니샤드』「제2장 제2편 9항」

> "어떤 갈라짐도 흠도 없는 초월한 공간에서
> 환하게 빛나는 빛은 브라만이다.
> 그것은 순수요 빛 중의 빛이다.
> 스스로 깨달음을 얻는 사람은

> 그가 곧 브라만이다."

　상기 대목 역시 《상천궁(上天宮)》을 노래한 대목으로써 "깨달은 자 그가 곧 브라만이다"라는 대목에 대해 깊이 사고해 보시기 바란다.

[12] 『슈베따 슈바따라 우파니샤드』「제3장 제1편」

> "세상의 창조와 파괴 때
> 홀로 존재하는 환영의 대가는
> 다양한 힘을 가진 자이며
> 측량할 수 없는 환영의 불가사의한 힘으로써
> 신성한 지배자로 나타나는 자이다.
> 그는 그것으로써 모든 세상을 보호하고
> 모든 일에 있어서 다양한 힘을 통제한다.
> 그것을 깨달은 자는 불멸(不滅)을 얻으리라."

　'환영'은 대공(大空)을 바탕하는 《전자(電子)》의 작용을 이름한다. 이러한 전자(電子)의 바탕에서 현재의 《노사나불》 태양성(太陽星)이 탄생하는 것을 "측량할 수 없는 환영의 불가사의한 힘으로써 신성한 지배자로 나타나는 자이다"라고 노래하고 있는 것이다. 브라만은 이러한 전자(電子)로써 대공(大空)의 바탕이 되는 것을 "그는 그것으로써 모든 세상을 보호하고 모든 일에 있어서 다양한 힘을 통제한다"고 노래하고 있는 것이다.

[13] 『까타 우파니샤드』「제2장 제1장 6, 7」

"지혜의 동굴 속으로 들어가서 그곳에 머물며
황금알 대일(大一)을 깨달은 사람은
그가 진정으로 브라만을 깨달은 자이다.
이것이야말로 그가 진실로 추구하는 바이다."

『까타 우파니샤드』「제2부 제1장 6」

"지혜의 동굴 속으로 들어가서 그곳에 머물러
물질의 구성요소들과 함께 명백해진
모든 신(神)들을 포함하는 쁘라나(숨)로부터
태어난 아디띠를 깨달은 사람은
그가 진정으로 브라만을 깨달은 자이다.
이것이야 말로 그가 진실로 추구하는 바이다."

| 『까타 우파니샤드』「제2부 제 1장 7」 |

    깊은 삼매(三昧)로써 마음(心)의 근본 뿌리인 《성(性)》에 머물러 《공(空)》의 상태에 돌입한 후 은하성단들의 중심을 이루는 《천궁(天宮)》의 변화상이 《커블랙홀》 → 《태양수(太陽數)》 ㊹의 핵 → 《화이트홀》 → 《퀘이샤》의 과정을 거쳐 《황금알 대일(大一)》을 이루는 것을 "깨달은 사람이 진정으로 브라만을 깨달은 사람이며" 이로써 물질의 구성요소와 전자(電子)를 포함한 양전자(陽電子)로 인하여 《진명궁(眞明宮)》이 태어나게 되는 이치를 노래하고 있는 것이다. '지혜의 동굴'은 마음(心)의 근본 뿌리인 《성(性)》을 뜻하는 것이며 《황금알 대일(大一)》은 천궁(天宮) 진화(進化)의 마지막 단계를 이야기하는 것이다. '모든 《신(神)》'은 《전자(電子)》의 무리를 비유한 것이며 《쁘라나》는 날숨(出息)과 들숨(入息)을 주관하는 《양전자(陽電子)》를 이야기하는 것이다. 《아디띠》는 우주 탄생 이전에 정명궁(正明宮)과 짝을 하는 진명궁(眞明宮)을 이야기하는 것이다. 이러한 뜻을 알아야 쉽게 이해되는 내용이 되는 것이다.

[14] 『브리하다란야까 우파니샤드』「제5장 제15편 1」

| "브라만의 모습은 금빛 뒤에 숨겨져 있으니 |

오! 세상의 모든 것을 자라게 하는 이여
참된 진리(眞理)의 길을 가려는 내가
브라만을 볼 수 있도록 하여 주소서.
오! 태양(太陽)이여
오! 오로지 옳은 한 길만 가는 나그네여
오! 야마여
오! 최초의 창조주(쁘라자 빠디)의 아들이여
그대의 눈부신 햇살을 걷어
그 찬란한 빛을 보게 해 주오.
나는 그대로부터 깊은 자비를 보았노라.
나는 참된 진리(眞理)를 깨달았도다.
내 숨이 끊어질 때 내 생명의 힘은 우주(宇宙)의 힘으로 돌아가고 이 육신(肉身) 또한 한 줌의 재가 되어 흙으로 돌아가리라.
오! 오움의 빛이여
오! 내가 한 일을 기억하라. 내가 말한 모든 것을 명상하라.
오! 내가 한 일을 기억하라. 내가 말한 모든 것을 명상하라.
오! 불의 신(神) 아그니(Agni)여
우리들이 풍요로운 쪽으로 선업(善業)을 닦으며
갈 수 있도록 이끌어 주오.
오! 신(神)이시여
우리들의 모든 행위를 아는 그대여
사악한 죄를 우리로부터 멀리 가게 해주오.
그대를 위해 수없이 경배하오."

《석가모니 하나님 부처님》의 상징색(色, Color)이 《백색(白色, White)》이다. 이러한 백색(白色)도 음양(陰陽)으로 결합된 상태에 있기 때문에 이를 분리하면《음(陰)의 백색(白色)》이 환한 밝은 빛이 되며《양(陽)의 백색(白色)》이 옥돌색 흰빛을 말한다. 이렇게 분리된 백색(白色) 중《음(陰)의 백색(白色)》인《환한 밝은 빛》을 "브라만의 모습은 금빛 뒤에 숨겨져 있으며"라고 노래하고 있는 것이다.

서기 2000년 이전까지 우리들 태양계(太陽界)가 소속하여 있던 우주를《지이삼(地二三) 우주》라고 한다. 이러한 지이삼(地二三) 우주를 34천(天)으로 구분하는데 지이삼(地二三) 우주 중심을 이루고 있는 천궁(天宮)을『화엄경(華嚴經)』에서는《야마 천궁(天宮)》이라고 한다. 이러한《야마 천궁(天宮)》이 34천(天)으로써 노사나불(佛)의 육신불(肉身佛)이신《아촉불(佛)》께서 좌정하고 계시는 천궁(天宮)이며 바로 밑의 33천(天)이《도리천》이 된다. 이와 같은《도리천》으로부터 우리들 태양계(太陽界)가 인접한 곳까지를 33등분한 것을 33천(天)이라 한다. 이와 같은《야마천궁(天宮)》을 "오! 야마여"라고 노래하고 있는 것이다.

《노사나불(佛)》께서는《석가모니 하나님 부처님》의 우주적 장자(長子)이시다. 이러한 장면을 "오! 최초의 창조주(쁘라자 빠띠)의 아들이여"라고 노래한 것이다. 현재의 우주가 태어나기 이전의 정명궁(正明宮)과 짝을 하던 진명궁(眞明宮)을《아디띠야 태양》이라고 한다. 이러한《아디띠야 태양》의 대폭발로 태어난 것이 현재의《북극성(北極星)》과《북두칠성(北斗七星)》이다. 이와 같은 현재의《북극성(北極星)》의 탈겁(脫劫)으로 태어난 태양성(太陽星)이 현재의 우리들《태양성(太陽星)》으로써 이를《수리야 태양성(太陽星)》이라 한다. 이와 같은《수리야 태양성(太陽星)》을 "오! 태양이여"라고 노래하고 있는 것이다.

《석가모니 하나님 부처님》의 상징인 《음양(陰陽)》 합일을 이룬 《백색광(白色光)》을 《석명광(釋明光)》이라고 한다. 이러한 석명광(釋明光)이 음양(陰陽) 분리되어 진공(眞空) 뿌루샤를 이룬 후 《암흑물질》중 중성미자와 첫 삼합(三合)을 하여 태어난 광(光)이 진성광(眞性光)과 진명광(眞命光)이 양음(陽陰) 짝을 한 광(光)으로써 이를 분리한 진명광(眞命光)을 "오! 오움의 빛이여"라고 노래하고 있는 것이다. 불(火)꽃은 중성자(中性子)와 양자(陽子)가 음양(陰陽) 결합한 가운데에 나오는 것으로 불(火)의 음(陰)의 부분이 붉그스레한 불꽃이 되며 양(陽)의 부분이 빛의 알갱이가 된다. 이러한 불(火)의 음(陰)의 부분인 《불꽃》을 "오! 불의 신(神) 아그니여"고 노래하고 있으며 노사나불(佛)이신 《인드라 신(神)》을 "오! 신(神)이시여"라고 노래하고 있는 것이다.

상기 노래되는 『우파니샤드』는 진명궁(眞明宮) 황금알 대일(大一)의 폭발로 태어난 태양성(太陽星)이 몸(身)을 둘로 나누어 한 쪽은 현재의 북극성(北極星)이 되고 한 쪽은 북두칠성(北斗七星) 첫 번째 별로 자리하여 현재의 북극성(北極星)은 《일월등명불(日月燈明佛)》의 법궁(法宮)이 되고 또 한 쪽은 《노사나불(佛)》의 법궁(法宮)이 된다. 한 분의 부처님 법궁(法宮)이 나누어지는 관계상 방편으로 호(號)를 한 것이기 때문에 일월등명(佛)과 노사나불(佛)은 쌍둥이로 태어나신 것이다. 이와 같은 현재의 북극성(北極星)이 태양성(太陽星)이며 현재의 북극성(北極星)의 탈겁(脫劫)으로 태어난 지일(地一)의 노사나불(佛) 태양선(太陽船)에서 훗날 잉태된 태양성(太陽星)이 지금 우리들의 태양성(太陽星)이다. 이러한 노사나불(佛)이 만드신 법궁(法宮)인 태양성(太陽星)에 대하여 노래된 것이다.

[15] 『브리하다란야까 우파니샤드』 「제2장 제2편 3」

> "그런고로 이런 구절이 있다.
> 사발이 하나 있는데
> 그 입구는 아래로 향해 있고
> 그 바닥은 제일 윗부분에 있다.
> 그 안에는 수없이 많은 지식이 담겨 있으며
> 일곱 명의 성자들이 나란히 그 가장자리에 앉았으며
> 목소리가 베다와 의사소통을 위해서
> 여덟 번째로 자리하였다."

상기 대목의 노래는 먼저 번 강의에서 설명된 《정명궁(正明宮)과 진명궁(眞明宮)》이 현재의 우주 탄생 이전에 만든 36궁(宮)의 경계에서 정명궁(正明宮)이 《황금알 대일(大一)》의 과정을 겪고 대폭발을 일으킴으로써 《상천궁(上天宮) 10성(星)》이 탄생됨으로써 현재의 우주 시작이 되고 뒤따라 진명궁(眞明宮)의 폭발로 현재의 북극성(北極星)과 북두칠성(北斗七星)을 이룬 이후 상천궁(上天宮) 10성(星)의 물질 분출로 이들의 상호 작용(作用)에 의해 천일우주(天一宇宙) 100의 궁(宮)이 36궁(宮)을 바탕으로 하여 만들어진다. 이러한 천일우주(天一宇宙) 100의 궁(宮)이 현재의 북극성(北極星)을 중심하여 북두칠성(北斗七星)과 백조자리 성단이 있는 곳까지를 둥근 원(圓)으로 하였을 때의 경계가 된다. 이러한 《천일우주(天一宇宙) 100의 궁(宮)》을 《사발》에 비유하여 노래한 대목으로써 《사발》의 입구가 있는 쪽이 새로운 우주들이 만들어지는 쪽이 되는 것이다.

천일우주(天一宇宙) 100의 궁(宮)이 모두 탄생되기 이전은 《36궁(宮)》의 바탕은 《전자(電子)》들로 되어 있고 그러한 바탕 가운데 개체의 양자군(陽子群)들이 상천궁(上天宮) 물질 분출에 의해 수없이 널려있는 것을 《지식》이라고 이름하고 《상천궁(上天宮)》과 음양(陰陽) 짝을 한 《천일궁(天一宮) 10의 궁(宮)》이 《선천우주(先天宇宙)》의 《하늘(天)》임을 비유로써 "그 안에는 수없이 많은 지식이 담겨 있으며"라고 노래한 것이다. 천일우주(天一宇宙) 100의 궁(宮) 가장자리에 북두칠성(北斗七星)이 자리하고 있는 모습을 "일곱 명의 성자들이 나란히 그 가장자리에 앉아 있으며"라고 노래한 것이다.

다음으로 《천일우주(天一宇宙) 100의 궁(宮)》 바로 아래에 있는 우주가 《천일일(天--) 우주》이다. 이러한 천일일(天--) 우주가 지금의 별(星)자리 이름으로는 《오리온좌 성단》이 된다. 이와 같은 오리온좌 성단에는 지금도 《석가모니 하나님 부처님》의 법왕궁(法王宮)이 있는 곳이다. 이와 같이 전체 현존하는 우주를 거대한 《석가모니 하나님 부처님》 인간 모습으로 비유하는 대인형상(大人形像)의 비유에서 《천일일(天--) 우주》가 《목소리》가 나오는 인간의 목에 해당이 된다. 이러한 《목》에서 나오는 《목소리》가 《베다》와 의사소통을 한다는 뜻은 《베다》는 《천(天)·지(地) 창조의 진리(眞理)》가 담겨있는 경(經)이다. 즉, 이 뜻은 《천일일(天--) 우주에 계시는 《석가모니 하나님 부처님》께서 천(天)·지(地) 창조의 진리(眞理)를 주관하신다》는 뜻으로써 이를 "목소리가 베다와 의사소통을 위하여 여덟 번째로 자리하였다"라고 노래하고 있는 것이다. 이와 같은 《천일일(天--) 우주》로부터 이동하여 온 핵(核)이 훗날 《8의 우주》를 이루고 《중앙천궁상궁(中央天宮上宮)》을 이루는 것이다.

"사발이 하나 있는데 그 입구는 아래로 향해 있고 그 바닥은 제일 윗부분에 있다"고 한 것은 우주의 북쪽에 자리한 《천일우주(天一宇宙) 100의 궁(宮)》을 비유한 것이며 "그 입구가 아래를 그리고 그 바닥은 제일 윗부분에 있다"는 것은 《천일궁(天一宮) 10의 궁(宮)》을 비유로써 설명한 것이며, "그 안에는 수없이 많은 종류의 지식을 담았다"고 한 것은 《천일궁(天一宮) 10의 궁(宮)》이 《상천궁(上天宮)》과 《양음(陽陰)》 짝을 한 《선천우주(先天宇宙)》 《양(陽)》의 《하늘(天)》임을 비유로써 설명한 내용이 된다.

"일곱 명의 성자들이 나란히 그 가장자리에 앉았다"고 한 것은 《북두칠성》을 말하는 것이다. 그 뜻은 참으로 슬기로운 자들이다. "목소리가 베다와 소통을 위하여 여덟 번째로 자리하였다"는 것은 목소리를 내는 기관이 여덟 번째로 자리하여 그 하는 일이 베다와의 소통이라는 것이다. 이 대목의 노래는 《천일우주(天一宇宙) 100의 궁(宮)》을 《대인형상(大人形像)》의 머리에 비유를 하고 다음으로 《천일일(天一一) 우주》를 《목》에 비유하여 설명한 대목이다. 이러한 비유에 있어서 《상천궁(上天宮)》은 머리 위의 상투로써 비유를 한다.

"그 안에 수없이 많은 종류의 지식을 담았다"고 한 것은 《천일궁(天一宮) 10의 궁(宮)》을 말한 것이다. "그 지식들은 수없이 많은 감각을 통한 지식을 말하는 것이다"라는 대목의 '지식'은 《개체의 양자군(陽子群)》들을 노래한 것이며 '감각'은 《전자군(電子群)》들을 노래한 것이다. 이러한 뜻을 감안하여 상기 노래된 대목을 재구성하면 다음과 같은 뜻의 노래가 된다.

《천일우주(天一宇宙) 100의 궁(宮)》 안에 수없이 많은 종류의 양자군(陽子群)들로 이루어진 별(星)들의 세계가 있으며 그 바탕은 《전자군(電子群)》들로 이루어져 있음을 나타냄으로써 천일우주(天一宇宙)의 바탕이 전자(電子)이며 그 바탕 가운데 별(星)들과 양자군(陽子群)들을 담았다고 노래한 대목이다.

이와 같은 천일우주(天一宇宙)에서 뿌려진 개체의 양자(陽子)들이 인간들의 씨종자가 되어 진화(進化)하여 오늘날 지구(地球) 땅 인간들로 오게 되었음을 은연 중 노래하고 있는 대목이 된다.

대인형상(大人形像) 비유에 있어서 안(眼), 이(耳), 비(鼻), 설(舌), 신(身), 의(意),

입(口) 등 일곱 기관을 북두칠성(北斗七星)에 비유한 대목이 "일곱 명의 성자들이 나란히 그 가장자리에 앉았다고 한 것이다. 그 뜻이 참으로 슬기로운 자들이다."라고 노래한 것이다.《석가모니 하나님 부처님》께서는 안(眼), 이(耳), 비(鼻), 설(舌), 신(身), 의(意)로 묶어 이를《육근(六根)》이라고 말씀을 하신다. 이러한 육근(六根)은 인간 마음(心)의 근본 뿌리인 성(性)의 30궁(宮)에서《명(命)》인《전자(電子) 여섯》이 각각 이들 감각 기관들을 다스리고 있다.

이러한《명(命)》인《전자(電子) 6》을 북두칠성(北斗七星)을 법궁(法宮)으로 한 일곱 성자에게 비유한 데는 속 깊은 뜻이 있다.《전자(電子)》도 대공(大空)을 바탕하는 전자(電子)와《성(性)의 명(命)》으로 작용(作用)하는 전자(電子)와 육신(肉身)의 명(命)으로 작용(作用)하는 전자(電子)와 북두칠성(北斗七星)이 만들어질 때 대공(大空)의 바탕을 하였던 전자(電子)와 지상(地上)에서 며칠 전에 만들어진 전자(電子)는 같은 전자(電子)일망정 진화(進化)에 의한《혜(慧)》의 축적도인 정보량(情報量)이 각각 틀리기 때문에 그 작용(作用) 범위가 각각 틀리게 되는 것이다. 즉, 이 뜻은 전자(電子)도 진화(進化)를 하며 진화(進化)된 전자(電子)가 진화(進化)가 덜된 전자(電子)를 하인(下人)을 거느리듯 한다는 사실이다.

만물(萬物)은 각각 개체수가 다른 성(性)을 가지고 있다. 이러한 만물(萬物)의 성(性) 중에서도 진화(進化)된 성(性)이 인간들의 마음(心)의 근본 뿌리인《성(性)의 30궁(宮)》이다. 이와 같은 인간들의 진화(進化)된《성(性)》과 작용(作用)을 하는《명(命)》인《전자(電子) 6》도 진화(進化)된 전자(電子)로써 이들이 모두《천일우주(天一宇宙)》로부터 비롯되었음을 알리는 노래이며 이러한《전자(電子) 6》을 담당하시는 부처님들이《칠성 부처님》이라는 뜻도 함께 알리고 있는 노래이다.

인간 마음(心)의 근본 뿌리인 《성(性)의 30궁(宮)》은 《양자(陽子) 18》을 중심으로 회전하는 《양자 6》과 《전자(電子) 6》이 《6×6 구조》로 생령체(生靈體)를 이루고 있다. 이와 같은 《성(性)의 30궁(宮)》에 있어서 《양자(陽子) 18》을 《영(靈)》이라고 하며 《양자 6》과 명(命)인 《전자(電子) 6》이 《양음(陽陰)》 짝을 하고 있는 것을 《영(靈)》의 몸인 《영신(靈身)》이라고 한다. 지상(地上)으로 인간들이 육신(肉身)을 가지고 태어나는 목적이 바로 《영(靈)과 영신(靈身)》의 진화(進化)를 위해서이다. 이 목적을 달성하는 것의 첫 번째가 《영신(靈身)》을 《맑게》 하고 《영(靈)》을 《밝게》 하는 일이다. 이러한 목적 달성을 위해 《영신(靈身)》을 《맑게》 하는 방법 중 최고가 《석가모니 하나님 부처님》께 깊이 참회함으로써 깨끗이 씻기움을 받는 것이 중요한 것이다. 그리고 '<목소리가 베다와 소통을 위하여 여덟 번째로 자리한 것>은 목소리를 내는 기관이 여덟 번째로 자리하여 그 하는 일이 베다와의 소통이라는 것이다.'

대인형상(大人形象)의 비유에서 《목》에 해당하는 부분이 《천일일(天一一) 우주》로써 《석가모니 하나님 부처님》의 대법왕궁(大法王宮)이 있는 《오리온좌 성단》임을 전편에서 밝혀 드리고 『베다』가 《천(天)·지(地) 창조》의 진리(眞理)가 담겨 있는 《경(經)》이라고 밝혀 드렸다. 이러한 뜻을 감안하여 보면, '목소리를 내는 기관'은 《석가모니 하나님 부처님의 법왕궁(法王宮)》을 비유로써 노래한 뜻이 되며 『베다』는 《천(天)·지(地) 창조》의 의미가 있으므로 이 뜻을 감안한 상기 대목의 뜻의 해설은 다음과 같은 내용이 된다.

"<천일일(天一一) 우주가 천(天)·지(地) 창조를 위하여 여덟 번째에 자리한 것>은 석가모니 하나님 부처님의 법왕궁(法王宮)이 여덟 번째 자리하여 그 하는 일이 천(天)·지(地) 창조라는 것이다."

라는 뜻의 노래가 되는 것이다.

《8의 우주》인 《중앙천궁상궁(中央天宮上宮)》의 축이 《상천궁(上天宮)》으로부터 출발하여 천일일(天一一) 우주에서 《석가모니 하나님 부처님의 법왕궁(法王宮)》을 만들고 다시 출발하여 《중앙천궁상궁(中央天宮上宮)》을 이루시게 되는 것이다. 이러한 뜻이 담겨있는 노래가 "**여덟 번째 자리한 것은**"이라고 노래한 참뜻이 되는 것이다.

[16] 『찬도기야 우파니샤드』 「제3장 제15편 1」

> "궤(匱)는 공허한 대공(大空)과 곡선 모양의 땅(地)을 담고 있다.
> 그것은 절대 닳아 없어지지 않는다.
> 사방은 그 몸의 구석구석이요
> 천상(天上)은 그의 뚫린 윗 뚜껑이다.
> 잘 알려진 바와 같이 궤 속에는 풍부한 암흑물질이 들어 있다.
> 모든 것이 그 안에서 쉬고 있다."

《궤(匱)》를 장(藏)이라고도 하며 《시간(時間)의 벽》을 이야기한다. 육각(六角)의 입체(立體)로써 궤짝 또는 사과상자와 같은 뜻을 가지고 있다. 즉, 이의 본질적인 뜻은 《암흑물질》과 《진공(眞空)》 뿌루샤가 혼재된 층에 있어서 《진공(眞空)》 뿌루샤가 《암흑물질》과 《음양(陰陽)》 짝을 하여 바탕과 경계를 한 층과 순수 《암흑물질》과 경계를 지운 영역은 서로 다른 차이를 보인다. 즉, 진공(眞空) 뿌루샤와 《암흑물질》이 《음양(陰陽)》 짝을 한 바탕과 경계 내(內)에는 시간(時間)이 존재하게 되나 순수 암흑물질층에는 시간(時間)이 존재를 하지 않는다. 이 때문에 이의 경계를 《시간(時間)의 벽》이라고 하는 것이다.

이와 같은 《궤(匱)》가 제일 처음 생겼을 때가 법공(法空)의 암흑물질층 내부(內部)에 있어서 법공(法空) 크기의 40%되는 암흑물질층으로 법공(法空)의 외곽에 자리하였던 법성(法性)으로부터 새로운 진화기(進化期)가 시작이 되면서 파동(波動)에 의해 진공(眞空) 뿌루샤로 변한 《세제일법 진공(眞空)》과 《여섯 뿌리 진공(眞空)》이 분출이 됨으로써 현재의 우주가 탄생되기 이전에 정명궁(正明宮)과 진명궁(眞明宮)이 탄생하여 암흑물질 40% 내에서 36궁(宮)의 경계를 형성하였음을 강의를 통해 충분히 설명을 드렸다. 이러한 36궁(宮)의 경계가 생겼을 때가 《개천이전(開天以前)》이 된다. 이후 36궁(宮)의 내부에서 정명궁(正明宮)이 《황금알 대일(大一)》의 과정을 겪고 대폭발을 일으킴으로써 현재의 우주가 탄생되면서 《상천궁(上天宮)》이 태어난다. 이후 《상천궁(上天宮)》이 1차 완성을 이루었을 때 진명궁(眞明宮)이 대폭발을 일으켜 현재의 북극성(北極星)과 《북두칠성》 중 《알파성(星)》을 탄생시키게 된다.

이렇듯 정명궁(正明宮)과 진명궁(眞明宮)이 대폭발을 할 때 진공(眞空) 뿌루샤들이 사방으로 흩어져 《암흑물질》과 혼재되면서 새로운 바탕과 경계를 순수 《암흑물질층》과 경계 지우게 된다. 이러한 경계 내에서 초기 우주인 《천일우주(天一宇宙) 100의 궁(宮)》이 만들어지는 것이다.

이렇듯 정명궁(正明宮)과 진명궁(眞明宮)이《개천이전(開天以前)》《36궁(宮)》의 경계를 설정하였을 때를 1차 팽창으로써《무궤화일(無匱化一)》이라고 하는 것이다. 이러한《무궤화일(無匱化一)》의 바탕에서《정명궁(正明宮)》과《진명궁(眞明宮)》폭발에 의해《상천궁(上天宮)》이 만들어지고 현재의《북극성(北極星)》과 북두칠성(北斗七星) 중《노사나불(佛)》진신(眞身) 3성(星)인《큰곰자리 알파성(α星)과 베타성(β星)과 감마성(γ星)》이 탄생된 직후《시간의 벽》이 쪼개지는 일이 일어난 것이다.

이러한《시간(時間)의 벽》이 쪼개지는 원인이 정명궁(正明宮)과 진명궁(眞明宮)이《황금알 대일(大一)》의 과정을 겪고 대폭발을 일으킴으로써 새로운 바탕과 경계가 설정이 되고 그 바탕에서 별들이 탄생하게 됨으로 질량에 변화가 생겨《36궁(宮)》내에는《전자(電子)》를 바탕으로 한《별(星)》들의 세계만 존재하게 됨으로써《암흑물질》이 소진된 것이다. 이로써《대공(大空)》전체의 암흑물질층이 찢어지는 굉음을 내면서《무궤화이(無匱化二)》의 바탕과 경계가 새로이 설정이 됨으로써 새로운《암흑물질》이 유입이 되어《무궤화이(無匱化二)》의 바탕이 된 것이다.

『정본(正本) 반야바라밀다심경(般若波羅蜜多心經)』에서 밝혀 놓았듯이 "**법공(法空)**은 태어나거나 사라지는 것도 아니며(不生不滅) 더러워지거나 깨끗해지는 것도 아니며(不垢不淨) 늘어나거나 줄어드는 것도 아니니라(不增不減)"라고 못을 박고 있다.

그러면《무궤화일(無匱化一)》의 바탕과 경계가 어찌하여 찢어지는 굉음을 내게 되었는가가 궁금한 사항이다. 즉,《개천이전(開天以前)》《정명궁(正明宮)》과《진명궁(眞明宮)》작용(作用)에 의해 만들어진《36궁(宮)》내(內)의《암흑물질》들이《별(星)》들의 세계로 끌려나와《상천궁(上天宮)》과《북극성(北極星)》과《큰곰자리(Ursa Major)》의《노사나불(佛)》진신삼성(眞身三星)으로 태어남으로써 《36궁(宮)》 경계 내(內)는 이렇듯 만들어진 《별(星)》들과 그 바탕으로써 《전자(電子)》만 남게 됨으로써 다음 진화(進化)를 위해 새로운 《암흑물질》층 바탕이 필요함으로써 《시간의 벽》이 쪼개지면서 《무게화이(無匱化二)》의 팽창이 이루어지는 것이다. 이때의 장면을 현대 과학에서는 개념상으로는 진리(眞理)와 차이가 있으나 《고무풍선 이론》으로 이를 설명하고 있다. 이때의 장면을 《이집트》『사자(死者)의 서(書)』에서는 위대한 수다쟁이(Great Cackler)의 기록을 남기고 있는 것이다.

이후 천일우주(天一宇宙) 100의 궁(宮)과 《천일일(天一一) 우주》까지 확장된 《무게화이(無匱化二)》의 바탕과 경계가 새로이 팽창하여 《무게화삼(無匱化三)》이 마쳐짐으로써 선천우주(先天宇宙)와 후천우주(後天宇宙) 암흑물질층의 바탕과 경계가 결정되어 《선천우주》 진화기(進化期)의 진화(進化)의 대상인 법공(法空) 크기의 20% 영역을 확정짓게 되는 것이다. 이렇게 확정된 경계를 《무게화삼(無匱化三)》이라고 하는 것이다.

이렇듯 현재의 《선천우주》 팽창은 이러한 《무게화삼(無匱化三)》을 끝으로 외부적인 팽창은 모두 끝난 것이며 이 이후의 팽창은 《후천우주》의 《무게화일(無匱化一)》, 《무게화이(無匱化二)》, 《무게화삼(無匱化三)》의 팽창으로 바탕과 경계가 결정이 되는 것이다.

이와 같은 법공(法空) 크기의 40%에 달하는 대공(大空)의 영역에는 아직도 법공(法空) 크기의 20%에 달하는 《암흑물질층》이 존재하며 이들은 《후천우주(後天宇宙)》에서 모두 《양(陽)의 별》들로 탄생될 것임을 《석가모니 하나님 부처님》께서는 밝히고 계시는 것이다. 이 때문에 대공(大空)의 바탕과 경계 내에서 《허공(虛空)》이 존재하게 되는 것이며 이러한 《허공(虛空)》에서는 잠시도 쉴 틈이 없이 《석가모니 하나님 부처님》에 의해 꾸준히 《암흑물질》과 결합하여 조물이 이루어지고 있는 것이다. 《궤(匱)》의 설명을 하면서 이의 분명한 인식을 위해 우주 팽창에 대해 중복 설명을 하게 되는 것이다.

이와 같은 《궤(匱)》를 어찌하여 입체적(立體的)인 육각(六角)의 사과상자로 비유를 하는가를 설명 드려야겠다. 천궁(天宮)의 변화상 이 《커블랙홀》 → 《태양수 ⊕의 핵》 → 《화이트홀》 → 《퀘이샤》 → 《황금알 대일(大一)》이다. 이러한 《황금알 대일(大一)》을 《원(圓)》으로 이름하고 황금알 대일(大一)이 폭발하여 사방(四方)으로 진공(眞空) 뿌루샤들이 흩어지는 상태를 《방(方)》이라고 하며 이와 같은 방(方)을 입체적으로 표현한 용어를 육각(六角)의 궤(匱)라고 이름하는 것이다. 그리고 《황금알 대일(大一)》의 폭발 이후 흩어졌던 물질이 별(星)을 이루고 인간들이 탄생하는 것을 각(角)이라고 한다. 이와 같은 원(圓), 방(方), 각(角)의 구분에서 사방(四方)으로 흩어진 방(方)의 형상을 궤(匱)라고 한 것이다.

대공(大空)의 경계 내에서 《황금알 대일(大一)》의 폭발은 태양성(太陽星)이 탄생될 때마다 일어난다. 그러나 무궤화일(無匱化一), 무궤화이(無匱化二), 무궤화삼(無匱化三)의 《궤(匱)》의 설명에서 보듯이, 《궤(匱)》의 형성은 진성광(眞性光)과 진명광(眞命光)이 양음(陽陰) 짝을 하여 바탕도 되고 경계를 이루게 됨으로써 《석가모니 하나님 부처님》의 고유의 권한이 된다. 이러한 경계와 바탕 가운데에서 천궁(天宮)의 변화상이 일어나는 점을 확실히 하는 것이다.

이와 같이 진성광(眞性光)과 진명광(眞命光)이 양음(陽陰) 짝을 하여 바탕하고 경계한 가운데 대공(大空)이 있게 되고 둥근 모양의 별(星)들이 있게 되는 것을 노래한 대목이 "궤(匱)는 공허한 대공(大空)과 곡선 모양의 땅을 담고 있다"라고 노래한 것이다. 대공(大空)의 경계는 진명광(眞命光)이 비유를 하자면 맑고 투명한 유리구슬처럼 바탕을 하는 대공(大空)을 둥글게 감쌈으로써 순수 암흑물질층과 경계를 지우게 된다. 이러한 진명광(眞命光)의 벽은 우주의 붕괴기까지는 절대 없어지지를 않는다. 이러한 장면을 노래한 대목이 "그것은 절대 닳아 없어지지 않는다"고 노래하고 있는 것이다. "사방은 그 몸의 구석구석이요"라고 노래한 뜻은 《궤(匱)》를 형성하고 있는 대공(大空)의 경계 안의 대공(大空)이 바탕하는 곳을 《몸》으로 보고 노래한 대목이 된다. 대인형상(大人形像) 비유에서 《상천궁(上天宮)》이 《상투》로 비유됨을 말씀드렸다. 이러한 비유를 "천상은 그의 뚫린 윗 뚜껑이다"라고 노래한 대목이다. 《궤(匱)》를 형성하고 있는 대공(大空)의 경계 내(內)에는 진성광(眞性光)과 진명광(眞命光)이 양음(陽陰) 짝을 한 후 다시 암흑물질과 음양(陰陽) 짝을 하여 자리하고 있다. 이러한 것을 대공(大空)의 바탕이라고 하며 '태음수(太陰數) 6'이라고 한다. 이러한 장면을 "잘 알려진 바와 같이 궤(匱) 속에는 풍부한 암흑물질이 들어 있다. 모든 것이 그 안에서 쉬고 있다"라고 노래하고 있는 것이다.

[17] 『브리하다란야까 우파니샤드』「제3장 제8편 1」

> "야자발끼야는 말했다.
> 오! 가르기여
> 하늘 위에 땅 밑에 그리고 그들 둘 사이에 있는 것 그리고 과거, 현재, 미래의 시간이 바로 대공 속에 있다."

상기 노래되고 있는 『우파니샤드』는 포괄적 의미의 대공(大空)에 대해 노래하고 있는 것이다. 이러한 대공(大空)의 경계가 법공(法空) 내부의 법공(法空) 크기의 40%에 해당하는 부분이며 현존(現存)하는 우주의 경계가 됨을 바로 인식하시기 바란다.

[18] 『브리하다란야까 우파니샤드』「제1장 제4편 1」

> "태초에 인간의 모습을 한 아뜨만이 있었다.
> 그가 주위를 둘러보니 자신 외의 다른 존재는 있지를 않았다.
> 그가 처음으로 내가 있다고 말했는데
> 그런 까닭에 그는 아함(나)으로 불리운다.
> 그러므로 오늘날 그를 지칭할 때 나라고 먼저 말한 다음에 다른 이름을 말하는 것이다.
> 그가 최초로 오래 전에 모든 죄를 불태워 버렸기 때문에
> 뿌루샤라 불리우도다.
> 이러한 진리(眞理)를 깨우친 자는
> 스스로가 원했던 것처럼
> 아뜨만과 같이 죄를 태울 수 있을 것이다."

"아뜨만이 최초로 오래 전에 모든 죄를 불태워 버렸기 때문에 뿌루샤라 불리우도다"라고 노래되기 때문에 뿌루샤를 진공(眞空) 뿌루샤라고 이름한 것이다. 이러한 진공(眞空) 뿌루샤가 양음(陽陰) 짝을 한 진성광(眞性光)과 진명광(眞命光)을 《브라만(Brahman)》이라고 하며 이러한 《브라만》보다 한 단계 덜 진화(進化)된 삼진(三眞)인 진성(眞性), 진명(眞命), 진정(眞精)인 반중성자(反中性子), 양전자(陽電子), 중성자(中性子)를 《아뜨만(Atman)》이라고 하는 것이다. 즉, 《석가모니 하나님 부처님》의 양신(陽身)이 《암흑물질》과 첫 결합으로 나타난 상태를 《석가모니 하나님 부처님》의 삼진(三眞)으로써 《아뜨만》이라고 하는 것이다. 『우파니샤드』에서는 때로는 삼진(三眞) 중의 진성(眞性)과 진정(眞精)을 《아뜨만》으로 노래하고 진명(眞命)만 따로 《브라만》이라고 노래되는 경우도 있다.

[19] 『까타 우파니샤드』「제1부 제3장 10, 11, 12편」

"감각보다는 그 대상이 먼저 생겼고
그 대상들보다 마음이 먼저 생겨났다.
마음(心)보다 성(性)이 먼저 생겨났고
성(性)보다 아뜨만이 먼저 있었다."

『까타 우파니샤드』「제1부 제3장 10편」

"그 아뜨만보다 미현인이 먼저 있었고

> 미현인보다 뿌루샤가 먼저 있었다.
> 뿌루샤 이전에는 아무것도 없었다.
> 이것이 끝이요 최종 목적지이다."
>
> 『까타 우파니샤드』「제1부 제3장 11편」

> "이 손가락만한 뿌루샤는 연기없는 불과 같고
> 과거와 현재의 통치자이다.
> 오늘도 여기 존재하고 내일도 존재할 것이다.
> 확언하건대 그가 곧 브라만이다."
>
> 『까타 우파니샤드』「제1부 제3장 12편」

상기 내용을 반대로 거슬러 정리하면 뿌루샤 → 미현인 → 아뜨만 → 성(性) → 마음(心) → 감각의 순서이다. 뿌루샤가 곧 브라만이라고 노래되는 부분이 곧 첫 삼합(三合)의 진공(眞空)의 상태를 노래한 것이며 '미현인'은 오온(五蘊)의 단계를 말하는 것이다.

이로써 《석가모니 하나님 부처님》의 삼진(三眞)이 있게 되는 것을 《아뜨만》으로 노래한 것이며 다음으로 나뉨을 받은 인간 마음(心)의 근본 뿌리인 성(性)이 있게 되고 성(性)으로부터 마음(心)이 있게 되는 것이며 마음(心)으로부터 감각이 있게 됨을 노래하고 있는 것이다.

[20] 『까타 우파니샤드』「제2부 제1장 1, 2」

> "저주받은 스스로 존재하는 것이
> 감각기관을 밖으로 향하게 한다.
> 그런 까닭에
> 사람들은 자신의 내면(內面)을 보지 않고
> 밖의 대상만을 보려든다.
> 현명한 사람은 그의 눈을 밖으로 돌리지 않고
> 그의 내면(內面)을 봄으로써 불멸(不滅)을 희구한다."
>
> 『까타 우파니샤드』「제2부 제1장 1」

> "지혜가 모자라는 사람은
> 바깥의 즐거움만 쫓기 마련이고
> 그로써 그는
> 죽음이라는 어마어마한 덫에 걸리게 되는 것이다.
> 그러나 현명한 사람은
> 허망한 것들에 대한 욕심을 내지 않고
> 변치 않는 불멸(不滅)을 깨달아 알게 된다."
>
> 『까타 우파니샤드』「제2부 제1장 2」

"저주받은 스스로 존재하는 것"은 스스로의 《업(業)》을 말하는 것이다. 이하의 내용은 쉽게 이해되는 내용으로 설명은 생략한다.

[21] 『까타 우파니샤드』「제1부 제2장 5, 6」

> "무지 속에 갇혀 있는 사람은
> 스스로를 상당한 지식인
> 그리고 대단한 학자라고 생각하면서
> 그 무지로 인하여
> 마치 눈먼 장님들이 다른 장님들을 인도하듯
> 영영 삐뚤어진 다른 길로 가게 된다."
>
> 『까타 우파니샤드』「제1부 제2장 5」

> "제물에 눈이 어두워 제 정신이 아닌 사람들에게는
> 다른 세계로 나아갈 수 있는 길이 보이지 않는다.
> 이 세상이 존재할 뿐
> 다른 세상은 없다고 생각하는 사람은
> 윤회(輪廻)의 쳇바퀴 속에 머물 뿐이다."
>
> 『까타 우파니샤드』「제1부 제2장 6」

학자라는 신분으로 특정 종교의 하수인 노릇이나 하는 로보트 학자분들께서는 깊이 생각하셔야 될 노래이다.

2. 『우파니샤드』 용어(用語) 해설(解說)

[1] 삼진(三眞)

(1) 진성(眞性)

> "……중략………
> 태양(太陽) 가운데 달(月)이 서 있다.
> 달(月) 가운데 불(火)이 서 있다.
> 불(火) 가운데 진성(眞性)의 존재가 서 있다.
> 진성(眞性)의 존재 가운데 흔들리지 않는 자가 서 있다."
>
> 『마이뜨리 우파니샤드 제6장 38편』

상천궁(上天宮)에서 1의 성(星)이었던《석가모니 하나님 부처님》의 진신(眞身)의 중성자(中性子) 태양성(太陽星)이 십거(十鉅) 후 진성성(眞性星)으로 바뀌어 최근 대폭발을 일으킬 때까지의 상태를《진성(眞性)》이라고 하며 이 진성(眞性) 역시 중성자(中性子)의 진화(進化) 상태를 말하며 현대 과학 용어(用語)로는《반중성자(反中性子)》별이라는 뜻이 되며 인간 개개인에게 내려와 있는 진성(眞性) 역시《석가모니 하나님 부처님의 나뉨》으로써《하나님의 아들》이라고 『삼일신고(三一神誥)』에서 말하고 있으며 반중성자(反中性子)인 진성(眞性)의 나뉨이 온전히 인간(人間) 뇌에 좌정할 수 있는 이유가 반중성자(反中性子)인 진성(眞性)의 외곽을 양전자(陽電子)가 싸고 있음을 모든 부처님들께서는 밝히고 있다. 이 진성(眞性)의 나뉨인 진성(眞性)은《음양(陰陽)》으로 갈라져《음(陰)의 진성》은 우뇌(右腦)에 자리하고《양(陽)의 진성》은 왼쪽 눈동자로 자리한다.

상기(上記) 인용한 『마이뜨리 우파니샤드』「제6장 38편」의 '태양 가운데의 달(月)'은 태양성(太陽星)의 핵(核) 중의 핵(核)인《불성(佛性)의 30궁(宮)》을 이야기하고 있다. 이러한《불성(佛性)의 30궁(宮)》은《중성자(中性子) 20》과 양전자(陽電子) 10》으로 30궁(宮)을 이루고 있는 것이다.

"달(月) 가운데 불(火)이 서 있다"함은 불성(佛性) 중의 중성자(中性子)를 뜻하며 "불(火) 가운데 진성(眞性)의 존재가 서 있다"함이 바로 중성자의 진화(進化)로 이루어진 진성(眞性)을 뜻하며 진성(眞性)의 존재 가운데 흔들리지 않는 자가 바로《석가모니 하나님 부처님》을 뜻하는 것이다. 이 때문에《석가모니 하나님 부처님》의 경전에 기록된《부처님》이 모든 인간들의 아버지로서《석가모니 하나님 부처님》이 되심을 강조하시는 이유가 여기에 있으며, 이러한 사실을 깨닫고 본래의 자리에 머무는 자세가 우주(宇宙)와 일여(一如)를 이루는 성불(成佛)이 되는 것이다.

(2) 진명(眞命)

> "……중략……
> 세 발을 가진 브라만은
> 그 뿌리가 위로 향해 있으니
> 대공, 바람, 불, 물, 흙 등이 그 가지인 나무이다.
> 그(무화과) 나무는 세상의 이름이요, 세상이 곧 브라만이다.
> 그리고 태양(太陽)이라 불리는 것이 그 세상의 빛이요.
> 그 빛은 또한 오움이다. 그러므로 오움으로 경배하라
> 하였으니 이것(오움)이 바로 우리를 깨닫게 하는 자이다.
> 이 '오움'이야 말로 순수한 글자
> 이것이 가장 훌륭한 글자이다.
> 이 글자를 아는 자는 그가 원하는 것을 모두 가지리라."
>
> 『마이뜨리 우파니샤드 제6장 4편』

"세 발을 가진 브라만"의 '세 발'은 《1-3의 길》과 《3-1의 길》과 《1-4의 길》을 말하는 것이며 '브라만'은 진성광(眞性光)과 진명광(眞命光)이 양음(陽陰) 짝을 한 《여섯 뿌리의 진공(眞空)》으로써 《석가모니 하나님 부처님》을 노래한 것이다. "그 뿌리가 위로 향해 있으니"의 '위'는 우주(宇宙)의 북쪽 《대공(太空)》의 경계 바깥의 《적멸보궁》을 향해 있는 쪽을 말하는 것이다. '나무'는 《부수(宇宙)》들 《한 그루》 나무에 비유하여 노래한 것이며 '그(무화과) 나무는'은 《현존우주(現存宇宙)》를 노래한 것이다. "세상이 곧 브라만이다"의 '브라만'은 《석가모니 하나님 부처님의 몸(身)》을 노래한 것이다. 이와 같은 뜻을 감안한 해설은 다음과 같다.

> "……중략……
> 《1-3의 길》과 《3-1의 길》과 《1-4의 길》을 가진 《상천궁(上天宮)》은 그 뿌리가 《적멸보궁》으로 향해 있으니 대공, 바람, 불, 물, 흙 등이 그 가지인 《우주(宇宙)》이다. 《현존(現存)하는 우주(宇宙)》는 세상의 이름이요. 《현존(現存)하는 우주(宇宙)》는 곧 《석가모니 하나님 부처님의 몸(身)》이다."

라고 해설이 된다.

다음으로 《현존하는 우주(宇宙)》의 빛은 태양성(太陽星)들로부터 비롯되는 장면을 "그리고 태양(太陽)이라 불리는 것이 그 세상의 빛이요"라고 노래하는 것이며 태양성(太陽星)의 빛 중 수소(H) 핵(核)융합 반응 때에 양전자(陽電子)와 전자(電子)가 부딪쳐 발생하는 《환한 밝은 빛》을 내는 《진명광(眞命光)》을 "그 빛은 또한 오움이다"라고 노래하고 있는 것이다.

현존(現存) 우주를 바탕하며 경계하는 것을 대공(大空)이라고 한다. 이러한 대공(大空)은 《석가모니 하나님 부처님》진신(眞身) 중의 진신(眞身)인 진성광(眞性光)과 진명광(眞命光)이 양음(陽陰) 짝을 하여 《여섯 뿌리의 진공(眞空)》을 이루어 대공(大空)의 원천(源泉) 바탕과 경계를 이룬 이후 다시 여섯 뿌리의 진공(眞空)과 암흑물질이 음양(陰陽) 짝을 하여 대공(大空)의 바탕을 이룬다. 이러한 대공(大空)의 바탕에서 파동(波動)에 의해 양음(陽陰) 짝을 하고 있던 진성광(眞性光)과 진명광(眞命光)이 분리되면서 비유하자면 미세한 측정 불가능한 수많은 유리구슬을 만들게 된다. 즉, 유리구슬의 표면이 진명광(眞命光)이 되며 유리구슬 내부가 진성광(眞性光)이 자리하는 것이다. 이러한 유리구슬을 도형으로 나타내면 다음과 같다.

여섯 뿌리의 진공(眞空) 구슬

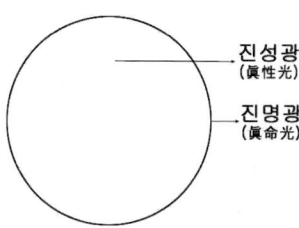

　이와 같은 유리구슬이 암흑물질과 음양(陰陽) 짝을 하였을 때가 오온(五蘊)의 색(色)의 단계이다. 이후 수(受), 상(相), 행(行), 식(識)의 단계를 거쳐 다섯 기초 원소로 탄생하는 것이다. 이렇듯 양음(陽陰) 짝을 한 진성광(眞性光)과 진명광(眞命光)에 있어서 파동(波動)에 의해 유리구슬을 만들기 위해 진명광(眞命光)이 일어나는 것을 '법(法)의 일어남'이라고 하며 《오움》이라고 하는 것이다.

　《진성광(眞性光)》과 《진명광(眞命光)》이 양음(陽陰) 짝을 한 《여섯 뿌리의 진공(眞空)》으로 자리하였을 때가 적멸(寂滅)한 경계로써 《석가모니 하나님 부처님》의 진신(眞身) 중의 진신(眞身)으로 자리하게 되나 법(法)의 일어남으로 무수한 측정 불가능한 진공(眞空) 유리구슬로 만들어졌을 때 진성광(眞性光)의 영역은 《석가모니 하나님 부처님》의 《양(陽)》의 영역이 되나 구슬 표면을 이룬 《진명광(眞命光)》은 《석가모니 하나님 부처님》 《음(陰)》의 영역이 되는 것이다. 이로써 미세한 암흑물질과 삼합(三合)을 함으로써 만물(萬物)의 씨종자를 만드시는 것이다.

　현존우주가 바탕을 하는 대공(大空)에서는 항상 《석가모니 하나님 부처님》《음양(陰陽)》의 작용에 의해 꾸준히 조물(造物)이 이루어지고 있는 것이다. 그리고 《여섯 뿌리 진공(眞空)》이 원천 바탕을 하는 《대공(大空)》의 경계를 《시간(時間)의 벽》이라고 하는 것이다.

또한, 법(法)의 일어남이 곧 진명광(眞命光)의 일어남이며 이러한 《진명광(眞命光)》의 일어남을 《오움》이라고 하는 것이다. 이와 같은 역할을 하는 진명광(眞命光)이 태양의 빛 속에서도 《환한 밝은 빛》으로 드러나니 그 환한 밝은 빛 또한 《오움》이니 《오움》에 경배하라고 노래하고 있는 것이다.

《오움》으로 이름되는 《진명광(眞命光)》보다 한 단계 덜 진화(進化)된 것이 《진명(眞命)》인 《양전자(陽電子)》이다. 양자(陽子) 24와 전자(電子) 6으로 이루어진 마음(心)의 근본 뿌리인 성(性)의 30궁(宮)이 보살도 성취의 보살을 이루었을 때 《전자(電子) 6》이 《중성자(中性子) 2》와 《양전자(陽電子) 4》로 전환이 된다. 즉, 이때의 《양전자(陽電子) 4》가 《진명(眞命)》으로써 한 깨달음을 이루었을 때라야 얻을 수 있는 것이다. 이러한 장면을 "이것(오움)이 바로 우리를 깨닫게 하는 자이다"라고 노래하는 것이다.

(3) 진정(眞精)

"현자들이 또 말하기를
육신은 활이며 화살은 오움이다.
마음은 과녁이다. 어둠은 과녁의 표시,

그 어둠을 뚫어야 어둠으로 덮이지 않는 그것에 도달하리니
그처럼 무지로 된 어둠을 꿰뚫고 나면
불의 수레바퀴와도 같이 태양과 같은 빛으로 힘차게 타오르는 그를 보리라.
그 브라만은 어둠 너머에 있으니 저 태양 속에 빛나는 자이며
달 속에 불 속에 번개 속에 있는 자이다.
그 존재를 보면 불멸을 얻으리라.
명상은 지고의 존재를 깨닫는 길이니
외부의 대상은 명상의 대상이 되지 않는다.
그러나 명상을 통해
그 특정 지울 수 없고 이해할 수 없는 존재를
특정 지울 수 있게 되는 것이다.
마음의 업이 모두 녹으면
그때 거기에는 그 대상이 필요 없는 '환희'가 있을 것이니
그것이 브라만이요, 불멸이요, 순수요, 그것이 길이다.
그것이 (참의) 세상이로다."

『마이뜨리 우파니샤드 제5장 24편』

① "현자들이 또 말하기를
   육신은 활이며 화살은 오움이다"

상기 노래되는 대목의 뜻은 보살도(菩薩道) 성취의 보살(菩薩) 이룸의 수행을 방편으로 노래한 대목이다.

349

인간의 육신(肉身)을 지탱하며 다스리는 본체(本體)는 마음(心)의 근본 뿌리
인 《성(性)의 30궁(宮)》이다. 이러한 성(性)의 30궁(宮)이 《석가모니 하나님
부처님》의 나뉨인 《삼진(三眞) 10》과 40궁(宮)을 이루고 작용(作用)함으로써
육신(肉身)을 지탱하며 다스리는 것이다. 이러한 진화(進化)의 당체인 《성(性)
의 30궁(宮)》이 《맑음과 밝음》을 최고로 하기 위해서는 육신(肉身)의 단련
이 필요한 것이다.

이 때문에 육신을 '활'에 비유한 것이며, 《성(性)의 30궁(宮)》이 《맑음과
밝음》을 최고로 하였을 때 명상과 삼매(三昧) 수련을 통해 상온에서 핵(核)
융합 반응이 일어나 《성(性)의 30궁(宮)》에 있어서 《전자(電子) 6》이 《중성자
(中性子) 2》와 《양전자(陽電子) 4》로 전환이 됨과 동시에 벅찬 환희가 있게
되는 것이다. 이때가 보살심(菩薩心)의 근본 뿌리인 《성령(性靈)의 30궁(宮)》
을 이루는 때로써 보살도 성취의 보살을 이루는 때이다. 이러한 전환에
있어서 《양전자(陽電子) 4》가 다시 진화(進化)를 하게 되면 《오움》이 되는 것
이다. 때문에 목표하는 바는 《오움》이기 때문에 "화살은 오움이다"라고
노래하는 것이다.

② "마음은 과녁이다. 어둠은 과녁의 표시,
　　그 어둠을 뚫어야 어둠으로 덮이지 않는 그것에 도달하리니
　　그처럼 무지로 된 어둠을 꿰뚫고 나면
　　불의 수레바퀴와도 같이 태양과 같은 빛으로 힘차게 타오르는
　　그를 보리라."

명상(瞑想)과 삼매(三昧) 수련에는 미묘한 차이가 있다. 즉, 명상(瞑想)은 진
리(眞理)의 말씀을 떠올려 고요히 진리(眞理) 속에 머무는 것이며 삼매(三昧)

는 명상(瞑想) 끝에 모든 생각을 끊고 고요히 머무르다 순간 집중함으로써 공(空) 속에 머무르는 차이가 있다.

　상기 노래되는 대목은 명상(瞑想)과 삼매(三昧) 수련을 동시에 요구하는 노래로써 마음(心)의 근본 뿌리인 《성(性)의 30궁(宮)》을 겨냥한 내용을 "마음은 과녁이다. 어둠은 과녁의 표시, 그 어둠을 뚫어야 어둠으로 덮이지 않는 그것에 도달하리니, 그처럼 무지로 된 어둠을 꿰뚫고 나면"이라고 노래하는 것이다.

　진행을 하면서 밝혀 드린 《마음(心)의 도형》을 참고하시면 상기 노래되는 내용이 쉽게 이해가 되실 것이다. 이러한 수행의 대전제 조건이 《성(性)의 30궁(宮)》이 《밝음과 맑음》을 갖추는 수행이 먼저임을 아시기 바란다. 진화(進化)의 주인공인 《성(性)의 30궁(宮)》이 인간 육신(肉身)에 자리할 때는 《석가모니 하나님 부처님》의 나뉨인 《삼진(三眞) 10》이 내려와 40궁(宮)을 이루고 작용(作用)을 한다. 이러한 작용(作用)에 있어서 성(性)의 《양자(陽子) 18》과 진정(眞精)인 《중성자(中性子) 6》이 결합하여 《영혼(靈魂)》이 된 후 중심을 이루고 그 외곽을 《양자(陽子) 8》과 진명(眞命)인 양전자(陽電子) 2와 전자(電子) 6이 궤도를 이루고 자리함을 《마음(心)의 도형》에서 설명 드린 바가 있다. 이러한 작용(作用)을 하는 진정(眞精)인 《중성자(中性子) 6》과 《양자(陽子) 18》이 결합하여 중심을 이루고 있는 《영혼(靈魂)》을 "불의 수레바퀴와도 같이 태양과 같은 빛으로 힘차게 타오르는 그"라고 노래하고 있는 것이다. 이와 같은 《진정(眞精)》인 《중성자(中性子) 6》을 《브라만》이라고 이름하는 것이다.

③ "그 브라만은 어둠 너머에 있으니

저 태양 속에 빛나는 자이며
달 속에 불 속에 번개 속에 있는 자이다.
그 존재를 보면 불멸을 얻으리라"

'그 브라만'은 진정(眞精)인 《중성자(中性子) 6》을 노래한 것으로써 태양성(太陽星)이나 달(月) 등의 핵(核)에서도 중심을 이루는 것은 《중성자(中性子)》이며 불 속이나 번개 속에도 있는 것이 진정(眞精)인 중성자(中性子)이다. 이러한 내용을 "저 태양 속에 빛나는 자이며 달 속에 불 속에 번개 속에 있는 자이다"라고 노래하는 것이다. 이러한 진정(眞精)인 중성자(中性子) 6과 양자(陽子) 18이 우주간(宇宙間)의 법칙인 《1-3의 법칙》에 의해 결합하여 《영혼(靈魂)》을 이루고 자리한 것을 보는 것을 《견성(見性)》이라고 하며 이로써 《인간 완성의 부처》를 이루므로 이러한 장면을 "그 존재를 보면 불멸을 얻으리라"라고 노래하는 것이다.

④ "명상은 지고의 존재를 깨닫는 길이니
외부의 대상은 명상의 대상이 되지 않는다.
그러나 명상을 통해
그 특정 지울 수 없고 이해할 수 없는 존재를
특정 지울 수 있게 되는 것이다."

'지고의 존재'는 《브라만》으로 이름되는 진정(眞精)인 중성자(中性子)를 말하는 것이며, 이러한 중성자(中性子)의 세계가 곧 부처님들의 세계인 것이다. 이와 같은 존재를 깨닫는 길은 명상(瞑想)임을 노래하고 있다. 《견성성불(見性成佛)》은 《성(性)을 통하여 공(空)을 완성하는 것》이다. 즉, 성(性)의

《맑음과 밝음》의 최종 완성은 명상(瞑想)과 삼매(三昧)를 통하여 이루게 됨을 노래한 것이다. 이러한 《성(性)》의 《맑음과 밝음》의 완성을 《석가모니 하나님 부처님》께서는 《지혜(智慧)의 완성》이라고 하시는 것이다. 이것이 여러분들의 육신(肉身) 속에 있는 또 하나의 자기(自己)인 본체(本體)의 완성으로써 이러한 완성된 본체(本體)를 명상(瞑想)과 삼매(三昧)를 통해서만이 그 존재를 알 수 있는 것을 "**그러나 명상을 통해 그 특정 지울 수 없고 이해할 수 없는 존재를 특정 지울 수 있게 되는 것이다**"라고 노래하는 것이다.

⑤ "마음의 업이 모두 녹으면
　그때 거기에는 그 대상이 필요 없는 '환희'가 있을 것이니
　그것이 브라만이요, 불멸이요, 순수요, 그것이 길이다.
　그것이 (참의) 세상이로다."

평상시에 《성(性)》의 《맑음과 밝음》을 위해 꾸준히 노력한 결과가 마음의 《업》이 모두 녹는 때이다. 이러한 이후 명상(瞑想)과 삼매(三昧)를 통하여 《성(性)》의 《맑음과 밝음》을 완성하는 것이다. 이러한 결과가 진화(進化)의 당체인 《성(性)의 30궁(宮)》에 있어서 《전자(電子) 6》이 상온에서 핵(核)융합 반응을 일으킴으로써 《중성자(中性子) 2》와 《양전자(陽電子) 4》로 전환이 된다. 이렇게 전환이 될 때 벅찬 환희가 있게 되는 것이다. 또한 전환이 된 중성자(中性子) 2 역시 진정(眞精)이 됨으로써, 이때를 '인간 완성의 부처(佛)'를 이룬 때를 이름하는 것이다. 이와 같은 내용을 "**그때 거기에는 그 대상이 필요 없는 '환희'가 있을 것이니 그것이 브라만이요, 불멸이요, 순수요, 그것이 길이다. 그것이 (참의) 세상이로다.**"라고 노래하고 있는 것이다.

(4) 성(性)과 명(命)

①
성자 빠잉 갈라가 야자발끼야에게 여쭈었다.
"아는 자란 어떤 자입니까? 아는 자는 어떻게 행동하게 됩니까?"
야자발끼야가 대답하였다.
"자만 없는 마음 등으로 준비를 하고 (꾸준한 수행을 함으로써) 드디어 해탈을 구하는 자는 그가 속한 가문의 스물 한 세대의 가문을 구하는 자이다. 그가 브라만을 아는 자가 되는 순간 그는 그가 속한 가문의 백 하나 세대를 구하는 것이다."
아뜨만을 수레의 주인이라 생각하라
육신을 수레라 생각하라
지혜를 마부로 생각하라
그리고 마음을 고삐라 생각해 보라.

②
"감각들은 말이요
감각이 쫓는 그 대상들은 말이 달려 나가는 길이라
브라만을 아는 자들의 '심장'은
하늘을 나는 수많은 수레들이다."

③
"감각과 마음을 꿰어찬 아뜨만이
겪는 자임을 위대한 성자들이 말한 바 있으니
그러므로 나라야나는
(모든 만물의) 심장 속에 자리하고 있도다."

④
> "전생의 업이 다 소멸되지 않는 한
> 그는 늪에 빠진 뱀처럼 움직인다.
> 그러나 해탈을 얻은 자는 육신을 입은 때라도
> 하늘에서 달이 어디에든 얽매이지 않고 다니는 것처럼
> 돌아다닌다."
>
> 『빠잉갈라 우파니샤드 제4장』

①

성자 빠잉 갈라가 야자발끼야에게 여쭈었다.
"아는 자란 어떤 자입니까? 아는 자는 어떻게 행동하게 됩니까?"
야자발끼야가 대답하였다.
 "자만 없는 마음 등으로 준비를 하고 (꾸준한 수행을 함으로써) 드디어 해탈을 구하는 자는 그가 속한 가문의 스물 한 세대의 가문을 구하는 자이다. 그가 브라만을 아는 자가 되는 순간 그는 그가 속한 가문의 백 하나 세대를 구하는 것이다."

 '해탈을 구하는 자'는 《보살도(菩薩道) 입문자》를 말하는 것이며 '브라만을 아는 자'는 《보살도(菩薩道) 성취의 보살》을 이룬 자를 말한다. 수행자가 《보살도 입문》만 하여도 그가 속한 가문의 스물 한 세대를 구원하게 되며 《보살도 성취의 보살》이 되있을 때 그가 속한 가문의 백 하나 세대를 구원하게 됨을 노래하고 있다.

인간의 육신(肉身)이 가지고 있는 《속성(屬性)》으로 불리우는 《39,960》개의 유전자와 백억조 개의 세포들에게 내재된 정보량(情報量)은 원천 조상(祖上)으로부터 비롯된 것이다. 이렇게 내재된 정보(情報)에는 밝음의 정보와 어두움의 정보가 혼재가 되어 있다. 이러한 정보(情報)에 있어서 《보살도 입문》을 하기까지의 수행으로도 한 가문의 스물 한 세대에 걸쳐 입력된 어둠의 정보(情報)를 청산하여 밝고 맑음의 정보(情報)를 채울 수 있기 때문에 《업(業)》으로부터 해방이 되기 때문에 그들이 구원이 되는 것이다. 또한, 인간의 육신(肉身)을 가진 자가 수행으로 숙세로부터 쌓여 온 모든 《업(業)》을 청산하였을 때가 《보살도 성취의 보살》을 이루는 때인 것이다. 이때가 눈에 보이지 않으나 《인드라 그물망》과 같이 조상(祖上)들과 유전적으로 얽혀 있는 모든 《업(業)》이 청산이 된 때이기 때문에 백하나 세대가 구원을 얻게 되는 것이다.

"아뜨만을 수레의 주인이라 생각하라
육신을 수레라 생각하라
지혜를 마부로 생각하라
그리고 마음을 고삐라 생각해 보라"

《진성(眞性)》, 《진명(眞命)》, 《진정(眞精)》 등 《삼진(三眞)》을 『우파니샤드』에서는 《아뜨만(Atman)》이라고 하는 것이다. 이러한 《아뜨만》이 자리한 육신(肉身)을 수레라 생각하고 인간 뇌(腦)에 축적된 지(智)와 성(性)의 양자군(陽子群)들에게 축적된 혜(慧)가 상호 작용을 하는 《성(性)의 24궁(宮)》《양자(陽子)》들이 가진 지혜(智慧)를 "마부로 생각하고 이로써 만들어지는 마음(心)을 고삐라 생각해 보라"고 노래하고 있다.

②
"감각들은 말이요
감각이 쫓는 그 대상들은 말이 달려 나가는 길이라
브라만을 아는 자들의 '심장'은
하늘을 나는 수많은 수레들이다."

'감각들'은 『삼일신고(三一神誥)』「제오장(第五章)」에 등장하는 《삼도(三途)》인 감(感), 식(息), 촉(觸)에 있어서 식(息)을 제외한 감(感), 촉(觸)을 통하여 아는 것을 말하며 '감각이 쫓는 그 대상들'은 기쁨, 놀람, 슬픔, 성냄, 욕심냄, 미워함과 소리, 색깔, 냄새, 맛, 성욕, 닿음의 12경계를 말하는 것이다. 이러한 12경계가 감(感), 촉(觸)이 달려 나가는 길이라고 노래하고 있다. 다음으로 '《브라만》을 아는 자들의 심장'은 보살도 성취 보살들의 《보살심(菩薩心)》을 노래한 것으로써 이러한 보살심(菩薩心)을 가진 보살(菩薩)들은 밝은 별(星)을 법신(法身)으로 하게 된다. 이러한 장면을 "하늘을 나는 수많은 수레들"로써 노래하고 있는 것이다.

③
"감각과 마음을 꿰어찬 아뜨만이
겪는 자임을 위대한 성자들이 말한 바 있으니
그러므로 나라야나는
(모든 만물의) 심장 속에 자리하고 있도다."

상기 대목의 이해를 위해 아래 《마음(心) A 도형》을 참고하여 설명 드리겠다.

[도형] 마음(心) A

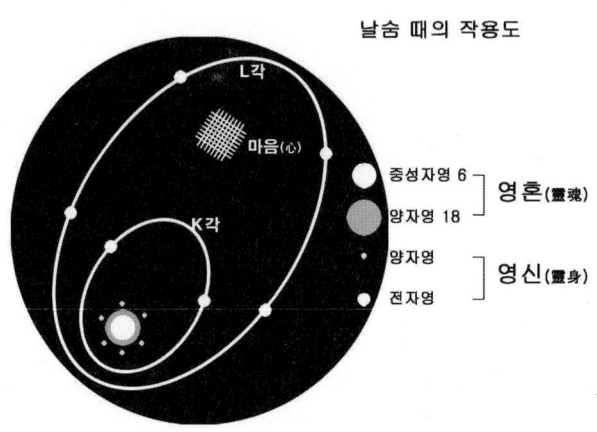

양자(陽子) 18을 중심으로 회전하는《양자(陽子) 6》과《전자(電子) 6》으로 이루어진《성(性)의 30궁(宮)》이 진화의 당체임을 말씀드렸다. 이러한《성(性)의 30궁(宮)》에서《양자(陽子) 6》과《전자(電子) 6》이 양음(陽陰) 짝이 되어 안(眼), 이(耳), 비(鼻), 설(舌), 신(身), 의(意)를 다스린다. 그리고 마음(心)은 진정(眞精)으로써의 성(性)인《중성자(中性子) 6》과《양자(陽子) 18》이 24궁(宮)을 이루고 중심이 된 외곽을《양자(陽子) 6》과《전자(電子) 6》이 궤도를 이루고 자리한 아래《속성》과의 사이에 있는 공간에 마음(心)이 형성된다. 이러한 장면을 "감각과 마음을 꿰어찬 아뜨만"이라고 노래하는 것이며《밝음과 맑음》을 목표로 한 진화(進化)의 주인공이《성(性)의 30궁(宮)》이다. 이러한 내용을 '겪는 자'라고 노래하는 것이다. 그리고 만물(萬物) 각각도 개체수가 다른 성(性)을 가지고 있음을 "그러므로 나라야나는 (모든 만물의) 심장 속에 자리하고 있도다"라고 노래하고 있는 것이다.

④
"전생의 업이 다 소멸되지 않는 한
그는 늪에 빠진 뱀처럼 움직인다.
그러나 해탈을 얻은 자는 육신을 입은 때라도
하늘에서 달이 어디에든 얽매이지 않고 다니는 것처럼 돌아다닌다."

여러분들의 본체(本體)인 《성(性)의 30궁(宮)》이 《어두움과 탁함》으로부터 《밝음과 맑음》으로 전환이 되는 때가 '전생의 업'이 다 소멸되는 때이다. 그러나 '전생 업이 다 소멸되지 않는 한' 《성(性)의 30궁(宮)》은 비유하면 늪에 빠진 뱀처럼 움직임을 노래하고 있다. '해탈을 얻은 자'는 성문승(聲聞乘)의 최고위(位)인 《아라한(阿羅漢)》과 보살도 성취의 《보살》을 말한다. 이러한 '해탈을 얻은 자'들은 육신(肉身)을 가지고 있는 때라도 삼매(三昧)를 통하여 무엇이든지 육신(肉身)에 얽매이지 않고 그 본체(本體)인 《성령(性靈)의 30궁(宮)》은 자유로이 움직이는 것이다. 이러한 장면을 "그러나 해탈을 얻은 자는 육신을 입은 때라도 하늘에서 달이 어디에든 얽매이지 않고 다니는 것처럼 돌아다닌다"라고 노래하고 있는 것이다.

(5) 호흡과 성(性)의 30궁(宮)

"그것은 여럿이 아니다. 수레에 바퀴가 바퀴살로 고정되어 있듯,
바퀴살이 바퀴의 중심에 고정되어 있듯 이 모든 존재들도
그 분별력의 요소에 고정되어 있으며 분별력의 존재들은

숨에 고정되어 있다. 이 숨의 아뜨만이 바로 분별력의
아뜨만이요, 그것은 환희 자체요 불로요, 불멸이다.
그는 선업으로 위대해지지도, 악업으로 작아지지도 않는 자이
다.
그는 다만 이 세상에서 위로 이끌고자 하는 자를
선한 행위로 이끌고, 아래로 이끌고자 하는 자를 악한 행으로
이끌고 있을 뿐이다. 그는 세상을 보호하는 자요, 그는 세상
을 통치하는 자요, 그는 모든 것의 주인이로다.
그는 바로 나의 아뜨만이요 이것이 그대가 알아야 할 것이다.
그는 바로 '나의 아뜨만'이다. 이것을 알라."

『까우쉬다끼 우파니샤드』 제3장 9편

《양자(陽子) 18》과 회전하는 《양자(陽子) 6》과 《전자(電子) 6》으로 30궁(宮)을 이루고 있는 《성(性)》에 있어서 《양자(陽子) 18》은 진정(眞精)인 《중성자(中性子) 6》과 결합하여 중심을 이루게 된다. 이러한 중심을 이룬 성(性)의 양자군(陽子群)들을 다음과 같이 노래하고 있다.

"그것은 여럿이 아니다. 수레에 바퀴가 바퀴살로 고정되어
있듯 바퀴살이 바퀴의 중심에 고정되어 있듯 이 모든 존재
들도 그 분별력의 요소에 고정되어 있으며"

《성(性)》을 이루고 있는 개체의 양자(陽子)들은 공(空)과 《쿼크》가 양음(陽陰) 짝을 하고 있다. 이와 같이 양음(陽陰) 짝을 한 양자(陽子)들을 《반야공(般若空)》이라고 하며 현대 과학에서는 이를 《글루볼과 쿼크》가 하나를 이룬

것으로 설명한다. 이러한 반야공(般若空)인 양자(陽子)에 있어서 혜(慧)인 이치의 축적은 공(空)이 하게 되며《쿼크》는《분별력》을 갖게 되는 것이다. 그러므로 상기 노래되는 대목의 '분별력의 요소'는 바로 성(性)의 양자군(陽子群)들을 이야기함으로써 모든 존재들이 심장의 중심에 자리한《성(性)의 양자군(陽子群)》들에게 연결되어 있음을 노래한 장면이 된다.

이와 같이 진정(眞精)인《중성자(中性子) 6》과 성(性)의《양자(陽子) 18》이 결합하여 중심을 이룬 외곽에《양자 8》과 진명(眞命)인《양전자(陽電子) 2》와 명(命)인《전자(電子) 6》이 궤도를 이루고 회전(回轉)하는 상태를 "분별력의 존재들은 숨에 고정되어 있다"라고 노래하고 있는 것이다.

다음으로 '숨의 아뜨만'의 설명을 위해 먼저 진행한《마음(心) A 도형》과《마음(心) B 도형》을 다시 인용하여 다음 설명을 드리겠다. [마음(心) A 도형]은 날숨(出息) 때의 작용도이다. 이러한 날숨 때에는 양자(陽子) 24 중《양자(陽子) 6》과 그 외곽을 회전하는《전자(電子) 6》이 탄소의 원자핵(核)과 같은 6.6구조를 가짐으로써 날숨(出息)을 주관함과 아울러《탄소

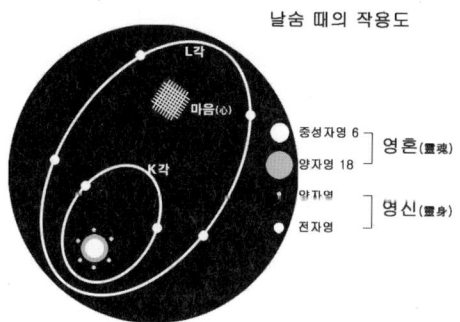

[도형] 마음(心) A

날숨 때의 작용도

361

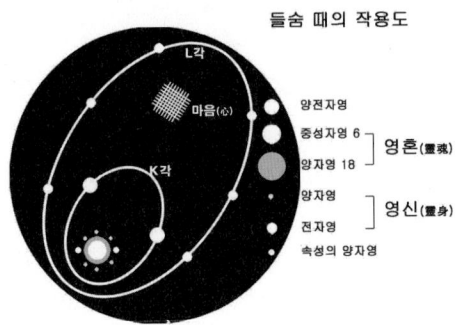

순환》을 주관하는 것이다. 다음으로 [마음(心) B 도형]은 양자(陽子) 24 중 《양자(陽子) 6》과 《양전자(陽電子) 2》와 《음양(陰陽)》 짝을 하였던 《양자 2》와 결합하여 《양자 8》을 이룬 외곽을 회전하는 양전자(陽電子) 2와 《전자(電子) 6》이 산소의 원자핵(核)과 같은 8.8 구조를 가짐으로써 들숨(入息)을 주관함과 아울러 《산소 순환》을 주관하는 것이다. 이러한 산소 순환이 사실상 인간의 뇌(腦) 호흡이 되는 것이다.

이러한 《성(性)의 30궁(宮)》에서 날숨(出息), 들숨(入息)의 작용을 하는 것을 "이 숨의 아뜨만이 바로 분별력의 아뜨만이요"라고 노래하는 것이며 《숨의 아뜨만》에 있어서 진명(眞命)인 《양전자(陽電子) 2》를 "그것은 환희 자체요 불로요 불멸이다"라고 노래하는 것이다. 이러한 작용(作用)을 하는 성(性)의 양자군들을 다음과 같이 종합적으로 노래하고 있는 것이다.

"그는 선업으로 위대해지지도, 악업으로 작아지지도 않는 자이다. 그는 다만 이 세상에서 위로 이끌고자 하는 자를 선한 행위로 이끌고, 아래로 이끌고자 하는 자를 악한 행으로 이끌고 있을 뿐이다. 그는 세상을 보호하는 자요, 그는 세상을 통치하는 자요, 그는 모든 것의 주인이로다. 그는 바로 나의 아뜨만이요 이것이 그대가 알아야 할 것이다. 그는 바로 '나의 아뜨만'이다. 이것을 알라"

《성(性)의 양자군(陽子群)》들에게 입력(入力)되는 정보(情報)의 공통분모(分母)격인 이치는 밝음의 이치인 혜(慧)만 입력되는 것이 아니고 업(業)으로 이름되는 어둠의 이치도 동시에 입력이 된다. 이러한 혜(慧)와 업(業)의 입력에 있어서 수행으로 업(業)을 청산하고 밝음의 이치인 혜(慧)로써 완성을 이루었을 때 《지혜(智慧)》의 완성을 이룬 경계에 들게 된다. 이러한 《지혜(智慧)》의 완성을 이룬 본체의 바탕이 착함인 선(善)이다. 이와 같은 내용을 "그는 다만 이 세상에서 위로 이끌고자 하는 자를 선한 행위로 이끌고"라고 노래하는 것이며 업(業)을 청산하지 못하고 어둠의 이치로부터 벗어나지 못할 때 삼악도(三惡道)인 지옥, 아귀, 축생으로 떨어지게 된다. 이와 같은 내용을 "아래로 이끌고자 하는 자를 악한 행으로 이끌고 있을 뿐이다"라고 노래하는 것이다.

《다섯 기초 원소》인 중성자(中性子), 양자(陽子), 양전자(陽電子), 전자(電子), 중간자(中間子)에 있어서 중성자(中性子)와 양전자(陽電子)는 양자(陽子)와 전자(電子)의 진화(進化)를 돕기 위해 태어난 완성된 기초 원소이며 중간자(中間子)는 변환 과정의 일시적인 기초 원소이다. 이러한 중성자(中性子)와 양전자(陽電子)와 중간자(中間子)를 제외한 《양자(陽子)와 전자(電子)》가 진화(進化)하는 주인공으로서 만물(萬物)의 주인이 된다. 이러한 점을 "그는 세상을 보호하는 자요, 그는 세상을 통치하는 자요, 그는 모든 것의 주인이로다"라고 노래하고 있는 것이다.

이러한 양자(陽子)와 전자(電子)가 오랜 진화(進化)의 과정을 겪고 인간의 마음(心)의 근본 뿌리인 《성(性)의 30궁(宮)》으로 자리한 것이다. 이와 같은 《성(性)의 30궁(宮)》의 진화(進化)를 돕기 위해 내려온 것이 《석가모니 하나님 부처님》 나범인 《삼진(三眞)》이다. 이러한 《삼진(三眞)》을 "바로 나의 아뜨만이요, 이것이 그대가 알아야 할 것이다. 그는 바로 '나의 아뜨만이다' 이것을 알라"라고 노래하고 있는 것이다.

(6) 정명(精命)

① "……중략……
음식으로부터 생물체가 나왔으니
모든 생물체가 땅 위에 살고
모두 음식에 의존하여 살아 있도다.
마지막 순간에 그들이 들어가는 곳도 또한 음식이다."

『마이뜨리 우파니샤드 제6장 12편』

인간의 본체인 《성(性)의 30궁(宮)》에 있어서 인간의 육신(肉身)을 만들고 지탱하게 하는 주인공이 날숨(出息)과 《탄소 순환》을 주관하는 《양자(陽子) 6》과 《전자(電子) 6》이다. 《성(性)의 30궁(宮)》을 세분화하였을 때 이러한 《양자(陽子) 6》을 《정(精)》이라고 하며 《전자(電子) 6》을 《명(命)》이라고 한다. 이와 같은 《정명(精命)》이 《속성》을 거느리고 육신(肉身) 속의 수많은 개체의 양자(陽子)와 전자(電子)를 거느리며 작용(作用)을 함으로써 육신(肉身)이 만들어지고 지탱이 되는 것이다. 상기 『우파니샤드』 내용은 이러한 《정명(精命)》의 작용을 노래한 것이다. 즉, 상기 노래 중 《음식》은 《탄소 동화 작용》에 의한 《탄수화합물》을 노래한 것이다. 이를 감안하여 상기 노래를 재구성하면 다음과 같다.

> "………중략……
> 탄수화합물로부터 생물체가 나왔으니
> 모든 생물체가 땅 위에 살고
> 모두 탄수화합물에 의존하여 살아 있도다.
> 마지막 순간에 그들이 들어가는 곳도 또한 탄수 화합물이다."

라고 쉽게 이해가 되실 것이다.

② "음식은 이 모든 세상의 원천이요 음식의 원천은 시간이요 시간의 원천은 태양(太陽)이다."
『마이뜨리 우파니샤드 제6장 13편』

시간(時間)은 태양성(太陽星) 빛의 밝고 어두움에서 비롯되는 것이다. 이러한 밝고 어두운 빛의 작용에 의해 《탄소 동화 작용》이 일어나며 결과로써 《탄수화물》이 탄생이 되는 것이다. 상기 『우파니샤드』 내용은 《탄소 동화 작용》을 드러내기 위해 노래된 것이다. 이러한 《탄소 동화 작용》에 의한 《탄수 화합물》이 음식이 되어 인체(人體)에서 작용하는 내용을 참고로 살펴보기로 하자.

[탄소순환]

고에너지를 함유한 탄소 화합물이 생체 내에 들어가면 무슨 일이 발생할까? 소위 생체 내의 '탄소순환'인 대사 과정을 거치게 된다. 즉, 1차로 체내에서 필요한 생체 분자들을 만들고 또 생체가 필요한 에너지를 생산한다. 다시 말해, 대사 과정은 생체 촉매인 효소가 생체 분자들을 합성하는 일련의 생화학 반응체이자 에너지 전환 과정이다.

이러한 탄소 화합물의 구조적 변환 과정을 통하면서 필요한 구성물과 에너지를 만들고 또 이를 이용하여 생명 현상을 가동한다. 좀 더 자세히 보면, 생물들은 여러 형태의 에너지를 사용하고 있다. 가령, 사람의 경우 항상 열에너지를 발생하여 체온을 유지한다. 만약 체온이 유지되지 않으면 모든 생체 기능이 마비된다. 또한, 생체 컴퓨터인 두뇌는 전기 화학에너지의 공급을 받아 생체 기능의 감지와 통제기능을 유지시켜 준다.

한편, 근육은 전기 화학에너지를 운동에너지로 전환시켜 사람을 움직이게 한다. 이러한 탄소 화합물의 구조적인 변환 과정을 통해 여러 형태의 생체 에너지를 만들어 가는 대사 과정은 경이롭지만 그 에너지 전환의 매개체로 탄소 원소가 자리 잡고 있다는 사실이 더 놀랍다. 생체 내 탄소 순환과정은 생명체이니까 당연히 구사해야 할 생체 기능으로 생각할 수 있으나 정교한 대사 과정과 에너지의 통제기능은 현대과학으로 이해하기 힘든 생명 현상의 영역이다. 이러한 탄소를 포함한 생체분자의 생화학적 유연성 때문에 외부환경이 변해도 그때마다 대처해가며 살아간다.

여기서 생화학적 유연성의 한 사례를 들어보자. 미생물은 탄소원으로 포도당 한 가지와 수천 가지의 생체 분자를 단 30분이면 모두 만들고 또 세포 분열까지 한다. 즉, 포도당에서부터 모든 생체 분자들을 만들 수 있다는 말이다.

『과학동아』(1998년 8월호)에서

③ "그러자 쁘라자 빠디가 말했다. 물질적인 아뜨만이라 불리는 것이 있으니 그가 업의 밝고 어두움에 따라 이러저리 한 자궁으로 들어가고 그가 위로 다니기도 하고 아래로 돌아다니기도 하고 즐거움과 괴로움을 겪기도 하는 것이다. 다섯 근원 요소들이 가진 세밀한 성질들이 '물질'이며 이 다섯 근원 요소들 자체도 물질이다.

　이것들이 결합한 것이 육신이다. 그러므로 육신 안에 그것이 있다고 할 때 그것은 물질적인 아뜨만을 말하는 것이다. 그 물질적인 아뜨만 안에 있는 불멸하는 아뜨만은 (물에 피었으나) 물에 닿지 않는 수련 꽃과 같다. 그러므로 자연의 속성에 영향 받는 것은 (불멸의 아뜨만이 아니라) 이 물질적 아뜨만이다. 그 영향으로 인해 그는 미혹의 단계로 간다. 이 미혹으로 인하여 그 사람은 자신 안에 있는 신을 보지 못하는 것이다. 그 신이 그의 안에서 행위를 하게 하는 자이다. 속성의 흐름에 영향을 받아 그에 따라 태어나고 죽으며 (두려움)에 떨며 당황

> 하며 욕망을 품으며 괴로워하며 '이것이 나', '이것은 나의 것'이라 하며 자만하다 이렇게 사람은 새가 덫에 걸린 것처럼 스스로 이 (물질적) 아뜨만에 얽매이는 것이다."
>
> 『마이뜨리 우파니샤드 제3장 2편』

※ 《성(性)의 30궁(宮)》에 있어서 육신(肉身) 속에 개체의 양자(陽子)들을 다스리는 《정(精)》인 《양자(陽子) 6》을 《물질적 아뜨만》이라고 노래하고 《양자 18》과 결합하여 《영혼(靈魂)》을 이룬 《진정(眞精)》인 《중성자 6》을 《불멸하는 아뜨만》으로 노래하고 있다.

(7) 마음(心)

> "감각들을 넘어서면 마음이 있고
> 마음을 넘어서면 진리가 있고
> 진리를 넘어서면 위대한 (개체) 아뜨만
> 그리고 그것을 넘어서면 그보다 훌륭한
> 아직 드러나지 않은 존재 미현인이 있다."
>
> 『까타 우파니샤드 3부 제1장 7편』

※ 상기 노래되는 대목은 지금까지 소개된 《마음(心)의 도형》을 염두에 두시면 쉽게 이해가 되실 것이다. '감각'들은 성(性)의 30궁(宮)에 있어서 명(命)으로 세분되는 여섯 전자(電子)를 말하는 것이며 여섯 전자(電子) 다음이 마음(心)이며 마음(心) 다음의 진명(眞命)인 양전자(陽電子) 2를 '진리(眞理)'로써 노래하며, 그 다음으로 성(性)의 《양자군(陽子群) 18》과 결합한 《진정(眞精)》인 《중성자 6》을 '위대한 아뜨만'으로 노래하고 있는 것이다. 그리고 "그것을 넘어서면 그보다 **훌륭한** 아직 드러나지 않은 존재 미현인이 있다"라고 노래된 '미현인'은 《진성(眞性) 1》을 노래한 것이다.

(8) 삼도(三途)

> "제자여
> 지혜로 된 존재가 있고
> 그 존재에 모든 신(神) 감각과 숨
> 세상의 물질들도 모두 의지하고 있도다.
> 이것을 아는 사람은
> 모든 것을 알게 되고 어느 곳이든 들어갈 수 있도다."
>
> 『쁘라사나 우파니샤드 제4장 11편』

※ 상기 노래되는 대목의 '지혜로 된 존재'는 《성(性)의 30궁(宮)》의 《양

자(陽子) 24》를 말하는 것이며,《성(性)의 양자(陽子) 24》에 정보(情報)를 제공하는《신경망》을 이루고 있는《전자(電子)》무리들을《감각》으로 이름하고《들숨(入息)》과《날숨(出息)》을 주관하는《진명(眞命)》인《양전자(陽電子) 2》을《숨》으로 노래하고 있으며《명(命)》인《전자(電子) 6》이 거느리는 인체 내(人體內)의 모든《전자(電子)》들을 '그 존재에 모든 신(神)'으로 노래하고 있는 것이다.《명(命)》인《전자(電子) 6》이 거느리는 모든 전자(電子)들에게《세상의 물질》도 의지하고 있다고 노래하고 있는 것이다.

(9) 인간(人間)

[5] "태어난 적이 없는 자가 마찬가지로 태어난 적이 없고
자신과 닮은 수많은 자손을 만들어내는
붉고 희고 검은,
속성을 가진 본성 속에 빠져 그 대상들을 겪고 있다.
역시 태어남으로 생겨나지 않은 또 다른 한 존재는
그 즐김이 대상을 초월하도다."

[6] "한 쌍의 두 마리 새가
항상 나란히 앉아 있는 자리는 한 그루 나무이니
그 중 한 새는 달콤한 과일을 쪼아 먹고
다른 한 새는 그것을 지켜보고만 있도다."

[7] "같은 나무에서 개체아는
스스로의 무력함을 탓하고

미혹으로 인하여 슬픔에 빠진다.
그러나 그가 자신의 또 다른 모습
위대한 신(神)적인 모습을 보게 되면
그때는 그 슬픔으로부터 벗어나게 된다."

[8] "불멸의 브라만(Brahman)에 모든 신(神)들이 의지해 있고
지고의 하늘 브라만에
리그베다 구절들도 의지해 있나니
그를 알지 못하는 자가
베다를 읽은들 무슨 소용이 있으랴.
그를 아는 자만이
그가 한 일과 앞으로 하게 될 일에
모두 성취함을 얻으리라."

[9] "신(神)은 베다와 제례, 형식, 시간, 과거, 미래, 현재
그리고 이외에도 베다가 말한 모든 것을
그의 환영력으로 만들어 냈으며
모든 피조물 안에
또 다른 그가 환영력으로 묶여 있도다."

[10] "환영력이란 자연의 속성임을 알라.
또한 환영력의 주인은 바로 신임을 알라.
그로부터 나온 그의 부분들도
이 모든 세상에 가득 찼도다."

[11] "홀로 모든 근원들의 근원이니
그 안에 모든 세상이 와 잠기도다.

> 그는 갖가지 모든 모습을 취한 자이니
> 누구든 그 축복을 내리는 신
> 찬양해 마지않을 신(神)을 얻게 되면
> 저 초월의 평화를 얻게 되리라."
>
> 『슈베따 슈바따라 우파니샤드 제4장 5편~11편』

①
[5] "태어난 적이 없는 자가 마찬가지로 태어난 적이 없고
　　자신과 닮은 수많은 자손을 만들어내는
　　붉고 희고 검은,
　　속성을 가진 본성 속에 빠져 그 대상들을 겪고 있다.
　　역시 태어남으로 생겨나지 않은 또 다른 한 존재는
　　그 즐김이 대상을 초월하도다."

'태어난 적이 없는 자'는《석가모니 하나님 부처님》을 말하는 것이며 '마찬가지로 태어난 적이 없고 자신과 닮은 수많은 자손을 만들어 내는 붉고 희고 검은' 것은《석가모니 하나님 부처님》의 나뉨인《삼진(三眞)》을 노래한 것이다. 이러한 삼진(三眞) 중의 진정(眞精)인 중성자(中性子)가 가지는 색(色)이 붉은 것이며 진성(眞性)의 색(色)이 흰 것이며 진명(眞命)인 양전자(陽電子)가 갖는 색(色)이 검은색인 것이다. '속성'은 인체가 가지고 있는《유전자 39,960개》를 말하며 '본성'은《성(性)의 30궁(宮)》과 결합한《삼진(三眞) 10》의 합(合)《40궁(宮)》을 말하는 것이다.

②

[6] "한 쌍의 두 마리 새가
　　항상 나란히 앉아 있는 자리는 한 그루 나무이니
　　그 중 한 새는 달콤한 과일을 쪼아 먹고
　　다른 한 새는 그것을 지켜보고만 있도다."

'한 쌍의 두 마리 새'는 삼진(三眞)과 삼본(三本)인 성(性)의 30궁(宮)의 비유이며 '한 그루 나무'는 인간의 육신(肉身)을 비유한 것이다. '달콤한 과일을 쪼아먹는 새'는 성(性)의 30궁(宮)의 비유이며 '지켜보고만 있는' 새는 삼진(三眞)의 비유이다.

③

[7] "같은 나무에서 개체아는 스스로의 무력함을 탓하고
　　미혹으로 인하여 슬픔에 빠진다.
　　그러나 그가 자신의 또 다른 모습
　　위대한 신(神)적인 모습을 보게 되면
　　그때는 그 슬픔으로부터 벗어나게 된다."

'개체아'는 여러분들의 본체로써 진화(進化)의 주인공인 《성(性)의 30궁(宮)》을 말하며 '미혹'은 어리석음을 말한다. '위대한 신(神)적인 모습'은 공(空)의 완성인 보살심(菩薩心)의 근본 뿌리인 《성령(性靈)의 30궁(宮)》을 말한다.

④

[8] "불멸의 브라만(Brahman)에 모든 신(神)들이 의지해 있고
지고의 하늘 브라만에
리그베다 구절들도 의지해 있나니
그를 알지 못하는 자가
베다를 읽은들 무슨 소용이 있으랴.
그를 아는 자만이
그가 한 일과 앞으로 하게 될 일에
모두 성취함을 얻으리라."

'불멸의 브라만'은 진명(眞命)인 양전자(陽電子)와 진정(眞精)인 중성자(中性子)를 뜻할 때도 있으나 이 장에서는 삼진(三眞)인 진성(眞性), 진명(眞命), 진정(眞精) 모두를 뜻하며 '지고의 하늘 브라만'은 삼진(三眞)이 한 단계 더 진화(進化)한 진성광(眞性光)과 진명광(眞命光)이 양음(陽陰) 짝을 한 《여섯 뿌리의 진공(眞空)》이 대공(大空)의 원천 바탕을 이루고 있는 것을 말한다.

『리그베다』는 『천부경(天符經)』 「81자(字)」의 해설서(解說書)로써 천(天)·지(地) 창조의 모든 것을 담고 있는 고대 인도의 성전(聖典)이다. 이러한 천(天)·지(地) 창조의 모든 것이 대공(大空)의 원천 바탕을 이루고 있는 《여섯 뿌리의 진공(眞空)》으로부터 비롯됨을 노래하고 있는 것이다.

⑤

[9] "신(神)은 베다와 제례, 형식, 시간, 과거, 미래, 현재
그리고 이외에도 베다가 말한 모든 것을

그의 환영력으로 만들어 냈으며
모든 피조물 안에
또 다른 그가 환영력으로 묶여 있도다."

신(神)은 진명(眞命)인 양전자(陽電子)를 말하는 것이며, 이러한 양전자(陽電子)가 전자(電子)를 다스리는 것이다. 이러한 전자(電子)를 "그의 환영력으로 만들어 냈으며"라고 노래함으로써《환영력》의 주인공이 전자(電子)임을 노래한 대목이다.

⑥
[10] "환영력이란 자연의 속성임을 알라.
    또한 환영력의 주인은 바로 신임을 알라.
    그로부터 나온 그의 부분들도
    이 모든 세상에 가득 찼도다."

대공(大空)은 진성광(眞性光)과 진명광(眞命光)이 양음(陽陰) 짝을 하여《여섯 뿌리의 진공(眞空)》을 이루고 원천 바탕을 이루고 있는 가운데 다시《여섯 뿌리의 진공(眞空)》과《암흑물질》이 음양(陰陽) 짝을 하여 바탕을 이루고 있다. 이러한 바탕에서《석가모니 하나님 부처님》《음양(陰陽)의 작용(作用)》에 의해 꾸준히 조물(造物)이 이루어지고 있는 것이다. 이러한 가운데《천궁(天宮)》이《커블랙홀》→《태양수 ⊕9의 핵》→《화이트홀》→《퀘이샤》→《황금알 대일(大一)》의 과정을 거치면서 수많은 별들을 탄생시킨다. 이렇듯《천궁(天宮)》을 중심한 은하성단(星團)들이 자리하는 곳의 바탕은 환영력의 주인공인 전자(電子)가 바탕을 하는 것이다. 이러한 전자(電子)를 다스

375

리는 자가 진명(眞命)인 양전자(陽電子)임을 "또한 환영력의 주인은 바로 신임을 알라"라고 노래하는 것이며, 성단(星團)의 바탕을 하는 전자(電子)들을 "그로부터 나온 그의 부분들도, 이 모든 세상에 가득 찼도다"라고 노래하고 있는 것이다.

⑦

[11] "홀로 모든 근원들의 근원이니
       그 안에 모든 세상이 와 잠기도다.
       그는 갖가지 모든 모습을 취한 자이니
       누구든 그 축복을 내리는 신
       찬양해 마지않을 신(神)을 얻게 되면
       저 초월의 평화를 얻게 되리라."

《여섯 뿌리의 진공(眞空)》중의 음(陰)의 부분인 진명광(眞命光)을 "홀로 모든 근원들의 근원이니"라고 노래하는 것이며, 상천궁(上天宮)과 같이 단위우주의 모든 별(星)들이 진화(進化)되어 사라지고 난 후의 《진성광(眞性光)》과 《진명광(眞命光)》으로써 진공(眞空)을 이루고 있는 영역을 "그 안에 모든 세상이 와 잠기도다"라고 노래하고 있는 것이다.

대공(大空)의 원천 바탕으로써 여섯 뿌리의 진공(眞空)이 자리할 때는 석가모니 하나님 부처님의 진신(眞身) 중의 진신(眞身)이 되나 파동(波動)에 의해 법(法)이 일어나 미세한 진공(眞空) 구슬로 변화될 때 진성광(眞性光)과 진명광(眞命光)은 역할이 분리되게 된다. 이때의 진성광(眞性光)의 자리는 《석가모니 하나님 부처님》의 《양(陽)》의 다스림의 자리가 되고 진명광(眞命光)의 자리는 《음(陰)》의 다스림의 자리가 된다. 이러한 《음(陰)》의 다스림을 관리하는 보살을 《관세음보살》이라고 하며 이러한 관세음보살을 원천(源泉) 싸이클(Cycle) 보살이라고 하는 것이며, 이러한 진명광(眞命光)이 양전자(陽電子)를 관리하는 것이며 양전자(陽電子)가 전자(電子)를 다스리는 것이다. 이와 같이 진명광(眞命光)과 양전자(陽電子)를 관리하는 관세음보살을 "그는 갖가지 모든 모습을 취하는 자이니, 누구든 그 축복을 내리는 신"으로 노래하고 있는 것이다. 이러한《관세음보살》들 중 대관세음보살을 인도의《힌두교》에서는《쉬바신(神)》으로 이름하고 있는 것이다.

《양자(陽子) 24》와《전자(電子) 6》으로《성(性)의 30궁(宮)》을 이룬 인간이 보살도 성취의 보살을 이루었을 때《양자(陽子) 24》와《중성자(中性子) 2》와《양전자(陽電子) 4》로《성령(性靈)의 30궁(宮)》을 이룬다. 이러한《성령(性靈)의 30궁(宮)》에 있어서《양전자(陽電子)》인《진명(眞命) 4》를 얻는 것을 "찬양해 마지않을 신(神)을 얻게 되면, 저 초월의 평화를 얻게 되리라"라고 노래하고 있는 것이다.

※ 講主

지금까지 많은 양의 『우파니샤드』 내용들을 해설하였다. 이렇듯 해설한 목적이 『황제내경(皇帝內經)』의 해설서(解說書)가 『우파니샤드』임을 인식시키기 위해서이다. 이러한 『우파니샤드』를 《힌두교》의 성전으로 치부하기 전에 《한단불교(桓檀佛敎)》의 《보살도(菩薩道)》의 경(經)임을 분명히 인식하시고, 오늘을 살고 있는 모든 불자(佛者)들께서는 견성성불(見性成佛)의 목표를 위해, 이를 외우고, 쓰고, 베끼며 명상(瞑想)의 자료로 충분히 활용하시기를 간곡히 당부 드리는 바이다.

그리고 덧붙여 말씀드리면,《한단불교(桓檀佛敎)》의《사대경전(四大經典)》인 『천부경(天符經)』과 『삼일신고(三一神誥)』와 『황제중경(皇帝中經)』 해설서(解說書)가 고대 인도의 『베다』임을 분명히 하는 것이다. 이렇듯 한민족(韓民族) 상고사(上古史)의 중심에 진리(眞理)로써 자리하고 있는 것이 한단불교(桓檀佛敎)의 사대경전(四大經典)임을 분명히 인식하시고, 그 해설서가 『리그베다』요 『우파니샤드』임을 분명히 아시기 바란다.

오늘날의 중국인(中國人)들이 한민족(韓民族) 상고사(上古史)를 그들의 것으로 주장하고 아무리 역사 왜곡을 하여도《한단불교(桓檀佛敎)의 4대(四大) 경전》이 한민족(韓民族)에게 전하여진 이상 그들의 주장은 파렴치한 거짓이라는 것을 그들 스스로도 알고 부끄러워해야 하는 것이다. 그리고 여러분들에게도 분명히 당부 드리는 바는 이렇듯 훌륭한 한단불교의 사대경전이 여러분들 앞에 그 모습을 드러낸 이상 주저하지 말고 민족(民族)의 상고사(上古史)를 바로 찾을 것을 당부 드리는 것이다. 이러한 한민족(韓民族) 상고사(上古史)에 대하여서는 우주간의 모든 부처님들께서 증명하여 주시는 역사라는 점을 꼭 염두에 두시기를 바란다.

제 6 부

『삼일신고(三一神誥)』 용어(用語) 해설(解說)

[10개의 궤도]
우주간(宇宙間)에 있어서 태양성(太陽星)을 중심한 태양계(太陽界)가 가지는 궤도를 말함.

[1-3-1의 길]
우주 공간(空間)의 모든 별(星)들은 자전과 공전을 하는 회전(回轉)을 한다. 이러한 회전에 있어서 우주를 크게 세 구분한 천(天)·지(地)·인(人)의 우주에 있어서 천(天)과 인(人)의 우주는 《시계 방향》의 회전을 한다. 이와 같은 《시계 방향》의 회전을 1-3-1의 길이라고 한다.

[1-3의 길]
천(天)과 인(人)의 우주 《시계 방향》의 회전길도 세분화하면 1-3의 길과 3-1의 길로 나누어진다. 즉, 일불승(一佛乘)의 자리인 천궁(天宮)을 중심으로 하여 천궁(天宮)으로 향하여 소용돌이 쳐들어오는 길을 1-3의 길 또는 암소(坤牛)의 길 또는 보살승(菩薩乘)의 길이라고 한다.

[3-1의 길]
천(天)과 인(人)의 우주 《시계 방향》의 회전길에 있어서 천궁(天宮)을 향하여 몰려 들어간 후 천궁(天宮)으로부터 일정한 거리까지 밀려난 후 천궁(天宮)을 중심으로 외곽 공(空)을 이루고 별(星)들이 자리한 길을 말한다. 이러한 길을 3-1의 길 또는 《황소(黃牛)의 길》 또는 성문승(聲聞乘)의 길이라고 한다.

[1-4-1의 길]
우주를 크게 세 구분한 천(天)·지(地)·인(人)의 우주에 있어서 《지(地)》의 우주는 《시계 반대 방향》의 회전을 한다. 이러한 《시계 반대 방향》의 회전을 1-4-1의 길이라고 한다.

[1-4의 길]
지(地)의 우주 《시계 반대 방향》의 회전길도 세분화하면 1-4의 길과 4

-1의 길로 나누어지며, 천궁(天宮)을 향하여 소용돌이 쳐들어가는 길을
1-4의 길이라고 하며 또는《천마(天馬)의 길》또는《연각승(緣覺乘)의 길》이
라고도 한다.

[4-1의 길]
지(地)의 우주《시계 반대 방향》의 회전길에 있어서 천궁(天宮)을 향하여
몰려들어간 후 천궁(天宮)으로부터 일정한 거리까지 밀려난 후 천궁(天宮)을
중심으로 외곽 공(空)을 이루고 별(星)들이 자리한 길을 말한다. 이러한 길
을 4-1의 길 또는《용마(龍馬)의 길》또는《4-1의 성문승(聲聞乘)의 길》이라
고 한다.

[3-1-4의 길]
지구계(地球界) 시간으로 서기(西紀) 2000년(年)을 기해 120억 년(億年)의 선천
우주(先天宇宙)를 마감하고 240억 년(億年)의 후천우주(後天宇宙) 기간에 돌입한
이때 우리들 태양계(太陽界)는 중앙천궁상궁(中央天宮上宮)으로 변화되어 있
음을 부처님께서는 근본진리(根本眞理)에서 밝히고 계신다.
　이러한 중앙천궁상궁(中央天宮上宮)은 곧 얼마 있지 않은 시간 이후 중앙
천궁상궁(中央天宮上宮) 운행(運行)을 하게 된다. 이러한 중앙천궁상궁(中央天宮上
宮) 운행(運行)의 시작은 우리들 태양계(太陽界)의 태양성(太陽星), 수성(水星), 금
성(金星) 등 3성(星)의 이동으로부터 시작이 된다. 이러한 3성(星)을 노사나
불(佛) 진신(眞身) 3성(星)이라고 하며 이러한 태양성(太陽星)이 노사나 부처님
의 법궁(法宮)이다. 이와 같은 현재의 우리들 태양성(太陽星)은 활발한 활동
기를 지나 후천우주(後天宇宙)에 돌입한 이때부터는 수축기에 들어가 있다.
이러한 이유 때문에 노사나불(佛) 진신(眞身) 3성(星)은 수축의 과정을 지나
1성(星)을 이루기 위해 지금의 천왕성과 해왕성 사이의 동북간방(東北艮方)
15°선상으로 궤도 변경을 하기 위해 이동을 하게 되는 것이다.
　이러한 이동과 때를 같이 하여 이때까지 태양성(太陽星)이 자리하였던
곳으로 목성(木星)이 궤도 변경을 하여 자리하고 그 다음으로 지구(地球)의
위성으로 있던 달(月)이 궤도 변경을 하여 자리하게 되고 다음으로 화성
(火星)이 자리하게 되며 그 다음으로 우리들 지구(地球)가 자리하여 이때까

지 태양성(太陽星) 중심의 회전인 1-4의 길 시계 반대 방향의 회전을 하던 것을 일시 멈추고 정지 상태에 이른 후 곧바로 목성(木星)을 중심한 시계 방향의 회전인 3-1의 길 회전을 하게 된다. 이러한 변화의 때를 《하늘(天)이 무너져 내리는 때》로 이름하여 《아리랑 고개》의 때로도 이름한다. 이때 대부분의 인간들은 육신(肉身)의 죽음을 맞이하게 되는 것이다. 이러한 운행을 3-1의 길 운행(運行)이라고 하며 우리들 지구(地球) 바깥은 토성(土星), 천왕성, 노사나불(佛) 진신(眞身) 3성(星), 해왕성, 명왕성 등의 순서로 이들 일곱 별은 종전과 같이 시계 반대 방향의 회전인 1-4의 길 회전을 하는 것이다. 이러한 운행을 중앙천궁상궁(中央天宮上宮)의 3-1-4의 길 운행이라고 하는 것이다.

이와 같은 중앙천궁상궁(中央天宮上宮) 운행이 이루어졌을 때 3-1의 길에 있게 되는 목성(木星), 달(月), 화성(火星), 지구(地球) 등 4성(星)이 자리한 위치는 법공(法空) 전체에 있어서 중앙점(中央點)이 되는 O(ZERO) 지점이 되며 태양성(太陽星) 중심의 운행을 할 때는 태양계(太陽界)의 바탕이 전자(電子)였으나 법공(法空)의 중앙점을 이루는 3-1의 경계 내(內)에는 진명광(眞命光)과 양전자(陽電子)가 바탕이 됨으로써 극락 중의 최고의 극락으로 변화가 되며 이때 지구(地球)의 축도 바로 서기 때문에 1년이 360일이 되는 것이다.

[6의 우주]

6의 우주 : 상천궁(上天宮), 여섯 뿌리의 우주라고도 함.

6.6의 우주 : 천일우주(天一宇宙) 이하의 우주를 여섯 가지의 우주라고도 함.

6.6.6의 우주 : 천일일(天一一) 우주(지금의 오리온좌 성단)

6.6.6.6의 우주 : 인일일(人一一), 인일이(人一二), 인일삼(人一三) 우주

6.6.6.6.6의 우주 : 천이삼(天二三) 우주

6.6.6.6.6.6의 우주 : 인이삼(人二三) 우주(지금의 안드로메다 성단)

[7의 우주]

7의 우주 : 지일(地一)의 우주

7.7의 우주 : 지일일(地一一) 우주

7.7.7의 우주 : 지일이(地一二) 우주

7.7.7.⑦의 우주 : 지이삼(地二三) 우주

7.7.7.7의 우주 : 지이삼(地二三) 우주(지일삼(地一三) 이동 우주와 같음)

7.7.7.7.7의 우주 : 지이일(地二一) 우주

7.7.7.7.7.7의 우주 : 지이이(地二二) 우주

7.7.7.7.7.7.7의 우주 : 지삼삼(地三三) 우주

7.7.7.7.7.7.7.7의 우주 : 지삼일(地三一) 우주

7.7.7.7.7.7.7.7.7의 우주 : 지삼이(地三二) 우주

[8의 우주]

8의 우주 : 중앙천궁상궁(中央天宮上宮)

8.8의 우주 : 중앙우주(中央宇宙)

8.8.8의 우주 : 인이삼(人二三) 우주

8.8.8.8의 우주 : 인이일(人二一) 우주

8.8.8.8.8의 우주 : 인이이(人二二) 우주

8.8.8.8.8.8의 우주 : 인삼삼(人三三) 우주

8.8.8.8.8.8.8의 우주 : 인삼일(人三一) 우주

8.8.8.8.8.8.8.8의 우주 : 인삼이(人三二) 우주

[9의 우주]

9의 우주 : 후천우주에 들어섰을 때 이후의 천이삼(天二三) 우주

9.9의 우주 : 천이일(天二一) 우주

9.9.9의 우주 : 천이이(天二二) 우주

9.9.9.9의 우주 : 천삼삼(天三三) 우주

9.9.9.9.9의 우주 : 천삼일(天三一) 우주

9.9.9.9.9.9의 우주 : 천삼이(天三二) 우주

[81궁(宮)]

하나의 대은하성단에 있어서 중심을 이루고 있는 36궁(宮)의 우주를 제외한 324를 4등분한 81궁(宮)을 1세계(一世界)라고 한다. 이러한 일세계(一世界)

를 이름할 때 81궁(宮)이라고 하는 것이다.

[ㄱ]

① 개천이전(開天以前)
지금으로부터 220억 년(億年) 전(前)에 만들어졌던 석가모니 하나님 부처님의 법궁(法宮)인 정명궁(正明宮)이 그 짝인 진명궁(眞明宮)을 만들고《커블랙홀》→《태양수 ⊕의 핵》→《화이트홀》→《퀘이샤》→《황금알 대일(大一)》의 과정을 거치면서 100억 년(億年) 동안 많은 물질(物質)의 씨앗과 물질(物質)을 만든 후 정명궁(正明宮)이《황금알 대일(大一)》의 과정을 겪고 대폭발을 일으킴으로써 중성자 태양성(中性子太陽星)을 탄생시키면서부터 상천궁(上天宮)이 탄생된다. 이렇듯 현존(現存) 우주의 시작인 상천궁(上天宮)이 태어나기 이전까지를 개천이전(開天以前)이라고 한다.

② 개천이후(開天以後)
현존(現存) 우주의 탄생인 상천궁(上天宮) 탄생 이후부터 지금까지를 개천이후(開天以後)라고 하며 지구계 시간 서기(西紀) 2000년을 기점으로 할 때 현존우주는 120억 년(億年)의 나이를 가졌으나 개천이전(開天以前)까지를 합하면 그 역사는 220억 년(億年)이 되는 것이다.

③ 관음불(佛)
관세음보살님은 이중성을 가지시게 되는데 공간(空間)으로 돌아가셨을 때가 싸이클(Cycle) 보살이신 관세음보살님이 되시어 우주의 어머니(母)로서 자리하시며 태양성(太陽星)이나 달(月) 등을 법궁(法宮)으로 하셨을 때를 육신불(肉身佛)로서 관음불(佛)로서 통칭을 하는 것이다. 대표적인 불명호(佛名號)로써《운뢰음수왕화지불(佛)》,《동방선덕불(佛)》등이 모두 관음불(佛)로 호칭을 할 수가 있다.

④ 그림자 우주

우주의 진화(進化)는 1-1의 진화(進化)의 길과 1-2의 진화(進化)의 길 등 두 갈래 진화(進化)의 길이 있다. 이러한 진화의 길에 있어서 1-1의 길 진화(進化)의 길에 있는 무리를 보살승(菩薩乘), 성문승(聲聞乘), 연각승(緣覺乘)이라고 하며, 1-2의 진화(進化)의 길에 있는 무리를 독각승(獨覺乘)들이라고 하며 이들을 그림자 우주 진화(進化)의 길에 있는 무리로 이름한다. 이러한 독각승(獨覺乘)인 그림자 우주의 무리도 셋으로 나누어진다. 즉, 우주간(宇宙間)에 있어서 《뱀족(族)》으로 불리는 《제바달다》선인(仙人)이 최고 조상으로 자리하는 무리와 《돼지족(族)》으로 불리는 《야훼 신(神)》을 최고 조상으로 하는 무리와 인간에게 기생하여 태어나는 《아수라족(族)》 등 셋을 묶어 독각승(獨覺乘)이라고 하며, 그림자 우주의 진화(進化)를 하는 무리로 이름하는 것이다.

⑤ 금성(金星)

우리들 태양계(太陽界)의 태양성(太陽星), 수성(水星), 금성(金星) 등 3성(星)을 노사나불(佛)의 일신삼체(一身三體)라고 한다. 이러한 노사나불(佛)의 일신삼체(一身三體)인 금성(金星)은 양전자(陽電子) 별(星)에 속하는 별(星)이다.

[ㄴ]

① 노사나불(佛)

노사나불(佛)은 석가모니 하나님 부처님의 우주적(宇宙的) 장자(長子)로서 상천궁(上天宮) 1-4의 성(星)에 계실 때의 호(號)가 지적보살(地積菩薩)이시며 이후 《개천이전(開天以前)》에 만들어진 《진명궁(眞明宮)》 핵(核)의 자리로 자리를 옮기시어 《5억 년(億年)》 기간 동안 《황금알 대일(大一)》의 과정을 겪으시고 현재의 《북극성(北極星)》과 《북두칠성(北斗七星)》을 탄생시킬 때에 《일월등명불(佛)》과 쌍둥이로 태어나시어 《일월등명불》은 《북극성(北極星)》을 법궁(法

宮)으로 하시고 노사나불(佛)께서는 북두칠성(北斗七星) 알파성(星)을 법궁(法宮)으로 하신다. 이후 현재의 북극성(北極星)과 《북두칠성》의 《노사나불》 진신 3성 핵(核)의 붕괴로 인하여 지일(地一)의 천궁(天宮)을 만드시고 일불승(一佛乘)으로 자리하신 이후 기나긴 여행 끝에 지일일(地一一) 우주를 만드실 때 지금의 우리들 태양성(太陽星), 수성(水星), 금성(金星) 등의 일신삼체(一身三體)로 태어나신 이후 지일일(地一一), 지일이(地一二) 우주를 만드신 후 지일삼(地一三) 이동 우주를 만들어 이들을 이끌고 중계(中界)의 우주로 이동하여 지이삼(地二三) 우주로 성단재편성을 한 후 지이삼(地二三) 우주 외곽에서 《노사나불》께서 만든 《지일(地一)의 7성(星)》과 때마침 이들보다 먼저 도착하신 《석가모니 하나님 부처님》 진신 4성(眞身四星)인 《목성(木星)》, 《화성(火星)》, 《달(月)》, 《지구(地球)》 등과 만나 성단 재편성을 이루어 지금으로부터 《20억 년(億年)》 전(前)에 지금과 같은 우리들 《태양계(太陽界)》를 탄생시켜 《시계 반대 방향》의 회전인 《1-4의 길》 운행을 한 것이다. 이와 같이 《노사나불》은 우리들 태양성(太陽星)을 법궁(法宮)으로 자리하신 부처님으로서 우주를 크게 세 구분한 천(天)·지(地)·인(人)의 우주에 있어서 지(地)의 우주를 선도하시는 부처님이시다.

② 노사나불(佛) 진신삼성(眞身三星)
우리들 태양계(太陽界)의 태양성(太陽星), 수성(水星), 금성(金星) 등 삼성(三星)을 노사나(佛) 진신삼성(眞身三星)이라고 한다.

③ 노사나불(佛) 진신(眞身) ⊕3
노사나불(佛)께서 가지신 법궁(法宮) 핵(核)의 붕괴로 인하여 처음 천궁(天宮)을 이룬 《커블랙홀》 때를 노사나불(佛) 진신(眞身) ⊕3이라고 한다.

[ㄷ]

① 다보불(佛) 진신사성(眞身四星)
현재의 별자리 이름으로 작은곰자리의《베타성(α星)》이 다보불(佛)의 법궁(法宮)이며 작은곰자리《감마성(γ星)》이 미륵보살의 전신(前身)인 구명(鳩明) 보살의 법궁(法宮)이며 용자리《알파성(α星)》이 문수보살의 법궁(法宮)이다. 이러한 두 별(星)의 사이에 핵(核) 분출 후 사라진《백의관음》법궁(法宮)이 존재함으로 이들 4성(四星)이 모두를 다보불(佛)의 법궁(法宮) 몸(身) 나뉨으로 태어났기 때문에 이를 다보불(佛) 진신사성(眞身四星)이라고 한다.

② 다보불(佛) 진신(眞身) ⊕3
다보불(佛) 진신삼성(眞身三星)의 핵(核)의 붕괴로 이루어진《커블랙홀》때의 천궁(天宮)을 다보불(佛) 진신(眞身) ⊕3이라고 한다.

③ 다보불(佛)
석가모니 하나님 부처님의 육신불(肉身佛)을 다보불(佛)이라고 하며 작은곰자리《베타성(星)》을 첫 법궁(法宮)으로 하셨으며 현재 작은곰자리《베타성(星)》에는《석가모니 하나님 부처님》분신(分身)이신《옥황상제님》이 자리하고 계시며 다보불(佛)께서는 지금의 때《안드로메다 성단》중심에서 천궁(天宮)을 이루시고 삼매 중에 계신다.

④ 달(月)
현재 지구의 위성으로 있는 달(月)을 말하는 것으로써, 이 달(月)은 중계(中界)의 우주《관세음보살님》의 법궁(法宮)이다. 이러한 달(月)은 지구(地球), 화성(火星)과 함께 인일이(人―二) 우주에서 탄생한 것이다.

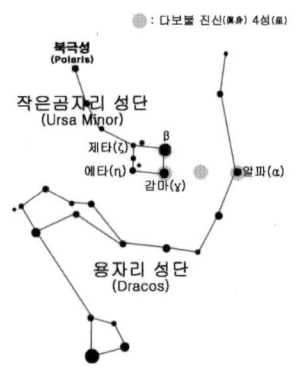

⑤ 대공(大空)
현존(現存) 우주가 바탕을 하는 공간(空間)을 대공(大空)이라 한다. 이러한 대공(大空)은 여섯 뿌리의 진공(眞空)이 원천 바탕을 하여

경계하는 가운데 법(法)의 일어남으로 인해 미세한 여섯 뿌리의 진공(眞空)이 암흑물질과 음양(陰陽) 짝을 하여 바탕을 이루고 있는 것을 대공(大空)이라 한다. 이러한 대공(大空) 바깥은 대공(大空) 크기의 1.5배에 달하는 두터운 암흑물질층과 암흑물질층을 둘러싸고 있는《적멸보궁》이 자리하여 진화기(進化期)의 법공(法空)을 이루고 있다. 현존우주를 품고 있는 대공(大空)은 법공(法空) 크기의 40%에 불과하다.

⑥ 동북간방 15도
동북간방 15도는 동북 15도 30분을 말하는 우주적 좌표로써 지금의 천왕성과 해왕성 사이의 궤도를 말하며 늙은 태양성인 우리들 태양성과 수성과 금성 등 삼성이 이 궤도로 옮겨가서 1성(星)을 이루어 폭발하여 백색왜성으로 진화(進化)하기 위해 옮겨 가는 궤도를 말한다.

⑦ 두우성(斗牛星) 8성(星)
현재의 별자리 이름으로 작은곰자리 7성(星)으로 불리우는 별 중 현재의 북극성(北極星)을 제외한 6성(星)과 북극성(北極星) 바로 옆에 있는 1성(星)과 용자리 알파성(星) 합(合) 8성(星)을 두우성(斗牛星) 8성(星)이라 하며 『묘법연화경』에 등장하는 여덟 왕자의 비유가 바로 두우성(斗牛星) 8성(星)을 말하는 것이다.

[ㅁ]

① 목성(木星, Jupiter)
상천궁(上天宮) 1-6의 성(星) 핵(核) 붕괴로 천궁(天宮)을 이룬 이후 천일일(天一一) 우주인 지금의 오리온좌 성단의 탄생을 도운 뒤에 인일일(人一一) 우주의 자리에 도착하여 태어난 중성자(中性子) 태양성(太陽星)으로써 이후 인일일(人一一) 우주를 완성케 한 후 인일이(人一二) 우주에서 달(月), 화성(火星), 지

구(地球)를 탄생시켜 8의 우주핵(核)을 이루고 중계(中界)의 우주에서 노사나불(佛) 지일(地一)의 7성(星)과 한세계(一世界)를 이루어 지이삼(地二三) 우주 외곽에 자리한 우리들 태양계(太陽界)의 목성(木星)으로써 이를《여섯 뿌리의 법궁》이라고도 하는 석가모니 하나님 부처님의 중계(中界)의 우주 법궁(法宮)이라고 한다.

② 미륵불(佛)

《상천궁(上天宮)》《1-7의 성(星)》을 법궁(法宮)으로 하여 석가모니 하나님 부처님의 분신(分身)의 아들로 태어나신 이후《천일궁(天一宮)》에서 다보불(佛)의 아들로 태어나 작은곰자리《감마성(星)》을 법신(法身)으로 하였을 때가 구명(鳩明) 보살이며 이후《견우성(牽牛星)》을 법궁(法宮)으로 한 후 인일일(人一一) 우주가 있는《도솔천 내원궁》에서《석가모니 하나님 부처님》의 아들로 다시 태어나서 인일이(人一二) 우주에서 지구(地球), 달(月), 화성(火星)이 태어날 때 화성(火星, Mars)을 법궁(法宮)으로 하여 우리들 태양계의 일원이 된다.

이렇듯《도솔천 내원궁》에서 얻으신 호(號)가《미륵보살》이며 이후 태어날 때마다 석가모니 하나님 부처님의 아들로만 태어나시어 우리들 지구(地球)에서 선천우주(先天宇宙)와 후천우주(後天宇宙) 갈림길인 서기 2000년 이후 부처(佛)를 이루어 지구의 환란기 시작 이전의 지구계 인류 구원을 위해 노력하시는 부처님으로써 서구사회에서는《나그네 수호신》《헤르메스(Hermes)》또는《메시아(Messiah)》로 이름하는 분으로서 후천우주(後天宇宙)에서 석가모니 하나님 부처님을 대신하여 후천우주(後天宇宙)를 이끌어 가시게 되는 부처님이시다. 이러한 미륵 부처님께서 중앙우주(中央宇宙)를 창조하시는 것이다. 서구사회에서《평화》의 상징으로《흰 비둘기》를 형상화한 것이 바로《구명(鳩明) 보살》을 상징한 것이라는 것을 아시기 바란다.

[ㅂ]

① 법공(法空)
법공(法空)은 휴식기의 법공(法空)과 진화기(進化期)의 법공(法空) 등 둘로 설명이 된다. 휴식기의 법공(法空)은 법성(法性)의 1-6체계인 진공(眞空)과 암흑물질이 4 : 96의 비율로 음양(陰陽) 짝을 하여 법공(法空)을 이루고 있는 것을 말하며, 진화기(進化期)의 법공(法空)은 법공(法空) 내부에 자리하는 법공(法空) 크기의 40%에 달하는 대공(大空)과 대공(大空)을 바탕으로 하는 현재의 우주가 자리하고 있으며 대공(大空) 바깥은 법공(法空) 크기의 58%에 달하는 두터운 《암흑물질》층이 도사리고 있으며 그 암흑물질 바깥을 법공(法空) 크기의 2%에 달하는 《적멸보궁》이 도사리고 있다. 이러한 법공(法空)은 휴식기나 진화기를 막론하고 하나의 거대한 축구공과 같은 구(球)를 이루고 있다.

② 법궁(法宮)
모든 부처님들과 보살님들과 성문승(聲聞乘)들과 연각승(緣覺乘)들께서는 법(法)의 몸(身)인 자기의 별(星)을 가지고 있다. 이러한 자기의 별(星)에 스스로는 별(星)의 핵(核)으로 자리하는 것이다. 이러한 때의 자기의 별(星)을 법궁(法宮)이라고 하는 것이다.

③ 법성(法性)의 1-6체계
휴식기 법공(法空)의 음(陰)의 부분으로써 남음이 없는 열반(涅槃)의 자리로써 완성된 진공(眞空)의 자리이다. 이러한 진공(眞空)은 무색투명한 불꽃 없는 불덩어리로써 육각(六角) 고리를 가지고 있으며 불덩어리를 이룬 진공(眞空) 위에는 잔잔한 석명광(釋明光)이 톡톡 튀는 형상을 하고 있기 때문에 법성(法性)의 1-6체계라고 한다.

④ 법신(法身)
법(法)의 몸(身)인 별(星)을 법궁(法宮) 또는 법신(法身)이라고 하는 것이다.

⑤ 북극성(北極星)
현재는 작은곰자리 알파성을 북극성이라고 한다. 한국과 중국에서는 북

신(北辰)이라고도 한다. 대략적인 위치는 적경 $1^h\ 48.4^m$, 적위 $+89°\ 2^i$으로 천구 북극에서 불과 1° 떨어져 있으며, 천구 북극을 중심으로 작은 반지름으로 일주운동을 하고 있다. 안시 등급 2.5등의 비교적 밝은 별인데, 옛날부터 방위의 기준으로 항해자나 나그네의 친근한 벗이 되었다. 거리 약 800광년, 분광형 F8의 초거성이다. 또한, 주기 3.97일의 세페이드변광성으로 2.5등에서 2.64등 사이를 오르내린다. 그러나 지구의 세차운동 때문에 자전축의 방향, 즉 천구 북극이 서서히 이동하므로 작은곰자리 알파성은 천구 북극에서 점차 멀어지고, 1만 2000년 후에는 거문고자리 알파성인 직녀성(Vega)이 북극성이 될 것이다. 지금부터 5,000년 전에는 용자리 알파성이 북극성이었다. 이러한 북극성에 있어서 현재의 북극성(北極星)이 개천이전(開天以前) 정명궁(正明宮)과 짝을 하던 진명궁(眞明宮)이 《황금알 대일(大一)》의 과정을 겪고 폭발함으로써 탄생한 일월등명불(日月燈明佛)의 법궁(法宮)으로써 우주를 크게 세 구분한 천(天)·지(地)·인(人)의 우주에 있어서 지(地)의 우주가 출발하는 기준이 되는 별이다. 현재의 북극성(北極星)에는 노사나불(佛)의 분신(分身)이신《보현보살님》께서 자리하고 계시며《큰 흰 코끼리》의 비유가 현재의 북극성(北極星)을 상징하는 것이다.

⑥ 북두칠성(北斗七星)
현재의 북극성(北極星)이 탄생할 때 일월등명불(佛)과 쌍둥이로 태어나신 노사나불(佛)께서 현재의 큰곰자리 알파성(星)에 자리하신 이후 만든 별(星)들로써 상천궁(上天宮) 전체가 석가모니 하나님 부처님의 화(化)라면, 현재의 북극성(北極星)과 북두칠성(北斗七星)은 노사나불(佛)의 화(化)이다. 이러한 북두칠성 역시 현재의 북극성(北極星)과 4-1의 길로 연결을 이룬 지(地)의 우주 출발이 되는 별들로써 모두 7성(星)으로 이루어져 있다.

⑦ 불(佛)의 용(用)의 수(數) 4
천궁(天宮)을 이루시고 일불승(一佛乘)의 자리에 자리하셨던 부처님들께서 천궁(天宮)의 변화상인《커블랙홀》→《태양수(太陽數)》⊕의 핵》→《화이트홀》→《퀘이샤》→《황금알 대일(大一)》의 과정을 겪고《황금알 대일(大一)》의 대폭발로 인한 태양성(太陽星)과 짝별 2성(星)을 포함한 3성(星)으로 태

어났을 때를 불(佛)의 용(用)의 수(數) 4를 가졌다고 하며 이때 부처님께서는 자유자재로 움직이시기 때문에 이때를 불(佛)의 용(用)의 수(數) 4를 가지신 때로 이름한다.

[ㅅ]

① 삼진(三眞)
세 가지 참됨인 진성(眞性), 진명(眞命), 진정(眞精)을 삼진(三眞)이라 하며 진성(眞性)은 반중성자(反中性子)를 이름하며 진명(眞命)은 양전자(陽電子)를 이름하며 진정(眞精)은 중성자(中性子)를 이름한다. 이러한 삼진(三眞)이 석가모니 하나님 부처님의 나뉨으로써 인간에게도 내려와 있다.

② 상천궁(上天宮)
개천이전(開天以前) 석가모니 하나님 부처님의 정명궁(正明宮)이 100억 년(億年) 동안 《커블랙홀》→《태양수 ⊕9의 핵》→《화이트홀》→《퀘이샤》→《황금알 대일(大一)》의 과정을 겪으면서 많은 물질의 씨앗과 물질들을 생산한 후 《황금알 대일(大一)》이 수축의 과정을 거쳐 《중성자(中性子) 알 대일(大一)》로 변화된 후, 《중성자(中性子) 알 대일(大一)》의 대폭발로 탄생된 것이 상천궁(上天宮) 6성(星)인 여섯 뿌리의 우주이며 이후 상천궁(上天宮) 1의 성(星)으로 탄생된 중성자(中性子) 태양성(太陽星)의 핵(核)의 붕괴로 4성(星)이 태어나 10성(星)을 이룸으로써 상천궁(上天宮)이 완성이 된다. 이러한 상천궁(上天宮) 모두를 석가모니 하나님 부처님의 화(化)라고 하며 상천궁(上天宮) 탄생 이후를 개천(開天)이라고 하며 최초로 탄생한 우주가 된다. 이러한 상천궁(上天宮)은 시계 방향의 회전길인 1-3-1의 길을 이루고 있는 것이며, 지금은 진화(進化)되어 별(星)들은 사라지고 진공(眞空)을 이루고 있다.

③ 상천궁(上天宮) 10의 궁(宮)

상천궁(上天宮)은 1차 완성을 이루었을 때 여섯 뿌리의 우주로 이름되는 6성(星)과 상천궁(上天宮) 1의 중성자(中性子) 태양성(太陽星)의 핵(核)의 붕괴로 인하여 탄생되는 4성(星) 등이 합하여져 10성(星)을 이룸으로써 1차 완성을 이룬다. 이후 상천궁(上天宮) 여섯 뿌리의 우주를 이루고 있는 6성(星)이 핵(核)의 붕괴를 일으킨 후 1성(星)은 시야(視野)에서 사라져 상천궁(上天宮)은 모두 9성(星)이 남게 되나 이후 개천이전(開天以前) 정명궁(正明宮)과 양음(陽陰) 짝을 하던 진명궁(眞明宮)이 폭발하여 현재의 북극성(北極星)을 탄생시켜 상천궁(上天宮) 끝자리 궤도에 자리하게 됨으로써 상천궁(上天宮)은 2차적으로 10성(星)을 이루어 완성이 된다. 이렇듯 상천궁(上天宮)이 10성(星)을 이루고 있을 때를 상천궁(上天宮) 10의 궁(宮)이라고 하는 것이다.

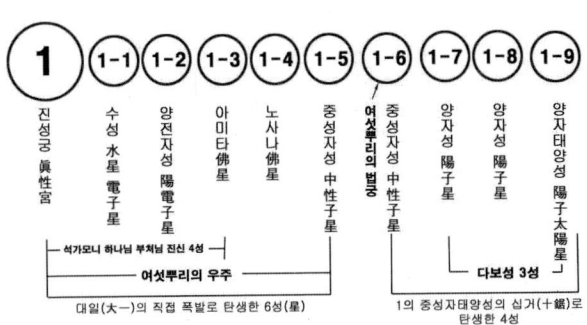

[그림] 상천궁(上天宮) 10성(星)

④ 석가모니 하나님 부처님

개천이전(開天以前) 100억 년(億年) 기간 동안 《정명궁(正明宮)》과 《진명궁(眞明宮)》을 이루고 물질의 씨앗과 물질을 한창 생산할 때의 정명궁(正明宮)의 주인을 《원천창조주》로서 《석가모니 하나님 부처님》이라고 하며, 이후 《정명궁(正明宮)》《중성자알 대일》의 폭발로 탄생한 《상천궁(上天宮)》이 《석가모니 하나님 부처님》의 화(化)가 되며, 이로써 우주(宇宙) 진화(進化)를 주도하시는《원천창조주》가 되시는 분이다. 휴식기《법공(法空)》때는《석가모니 비로자나 하나님 부처님》으로 호칭을 하고 진화기가 시작되면서부터 《석가모니 하나님 부처님》으로 호칭을 한다.

⑤ 석가모니 하나님 부처님 육신성(肉身星) 삼성(三星)

상천궁(上天宮)이 탄생될 때 처음 탄생된 6성(星)을 여섯 뿌리의 우주라고 하며 상천궁(上天宮) 1의 성(星)인 중성자(中性子) 태양성(太陽星)의 핵(核)의 붕괴로 인하여 탄생된 4성(星) 중 1성(星)을 여섯 뿌리의 법궁(法宮)이라고 하며 나머지 3성(星)을 석가모니 하나님 부처님의 육신성(肉身星) 삼성(三星)이라고 한다. 이와 같은 상천궁(上天宮) 여섯 뿌리의 법궁(法宮)의 축이 내려와 만들어진 별(星)이 우리들 태양계(太陽界)의 목성(木星, Jupiter)으로써 이를 또한 석가모니 하나님 부처님의 여섯 뿌리의 법궁(法宮)이라고 하며 상천궁(上天宮) 석가모니 하나님 부처님 진신(眞身) 육신성(肉身星)의 축이 내려와 탄생된 별이 우리들의 지구(地球)와 달(月)과 화성(火星, Mars)이다. 때문에 이들 삼성(三星)도 중계(中界)의 우주에서의 석가모니 하나님 부처님의 진신(眞身) 삼성(三星)이 되는 것이다.

⑥ 석가모니 하나님 부처님 진신(眞身) 4성(星)

중계(中界)의 우주에 자리한 목성(木星, Jupiter), 달(月), 화성(火星, Mars), 지구(地球) 등 4성(星)을 석가모니 하나님 부처님 진신사성(眞身四星)이라고도 하는 것이다.

⑦ 석가모니 하나님 부처님 진신(眞身) ⊕3

상천궁(上天宮) 1-6의 성(星)인 여섯 뿌리의 법궁(法宮) 핵(核)의 붕괴로 인하여 《커블랙홀》의 천궁(天宮)을 이루었을 때를 석가모니 하나님 부처님 진신(眞身) ⊕3이라고 하는 것이다. 또한, 석가모니 하나님 부처님의 법궁(法宮) 핵(核)의 붕괴로 인하여 만들어지는 모든《커블랙홀》의 천궁(天宮)에 붙여지는 이름이다.

⑧ 선천우주(先天宇宙)

상천궁(上天宮) 탄생으로부터 지구계(地球界) 시간 서기(西紀) 2000년까지 120억 년(億年)의 기간을 선천우주(先天宇宙)라고 한다.

⑨ 성단(星團)
성단은 대(大), 중(中), 소(小)로 구분이 되나 일반적으로 성단(星團)이라고 할 때는 36궁(宮)을 중심으로 하여 1세계(一世界)인 81궁(宮) 4를 거느린 대은하 성단을 이름하는 것이다.

⑩ 성(性)의 30궁(宮)
인간의 마음(心)의 근본 뿌리를 《성(性)의 30궁(宮)》이라고 한다. 이러한 성(性)의 30궁(宮)은 영체화(靈體化)된 양자(陽子) 24와 전자(電子) 6이 30궁(宮)을 이루고 있는 것을 말한다. 이와 같은 성(性)의 30궁(宮)의 양자(陽子) 18을 영(靈)이라고 하며 《양자(陽子) 6》과 《명(命)》인 《전자(電子) 6》를 《영신(靈身)》이라고 한다. 영(靈)과 영신(靈身)이 여러분들의 본체(本體)가 된다.

⑪ 수성(水星)
노사나불(佛) 진신삼성(眞身三星)이 태양성(太陽星)과 수성(水星)과 금성(金星)으로써 이들 별(星)들이 태어난 곳이 마차부자리가 있는 지일일(地一一) 우주에서이다. 태양성(太陽星)과 금성(金星)이 태어난 이후에 탄생한 별(星)이 수성(水星)으로써 이 별을 노사나불(佛) 딸의 별(星)로써도 이름한다.

⑫ 시리우스 태양성(太陽星)
지일이(地一二) 우주에서 아미타불(佛)께서 부활하신 이후 천궁(天宮)을 이루시고 《태양수(太陽數) ⊕9의 핵》 → 《화이트홀》 → 《퀘이샤》 → 《황금알 대일(大一)》의 과정을 거치면서 많은 별(星)들을 탄생시켜 천이삼(天二三) 우주를 완성하실 무렵 《황금알 대일(大一)》의 폭발로 탄생한 태양성(太陽星)이 시리우스 태양성으로써 《아미타불(佛)》의 법궁(法宮)이다. 이러한 시리우스 태양성은 현재 짝별을 탄생시킨 후 계속 진신(眞身)의 별(星)을 탄생시키면서 서방극락정토 구성에 한참 바쁜 때를 보내고 있다. 서방극락정토가 완성이 될 때 시리우스 태양성(太陽星)은 《태양성(太陽星)》을 포함하여 진신 4성

(眞身四星)을 가지시게 되는 것이다.

⑬ 십거일적(十鉅一積)

태양성(太陽星)이 탄생되어 왕성한 활동기를 보낼 때가 50억 년(億年)이며 이후 5억 년 동안은 핵(核)의 붕괴로 태양 흑점 활동을 통해 항성풍을 발생시켜 새로운 《커블랙홀》을 구성하는 때가 된다. 이러한 55억 년(億年)의 기간을 십거(十鉅) 기간이라고 하며 이후 《커블랙홀》을 이룬 천궁(天宮)이 《태양수(太陽數) ⊕9의 핵(核)》 → 《화이트홀》 → 《퀘이샤》 → 《황금알 대일(大一)》의 과정을 거치기를 45억 년(億年)을 한 후 《황금알 대일(大一)》의 폭발에 의해 새로운 태양성(太陽星)이 탄생이 된다. 이러한 기간 45억 년(億年)을 일적(一積)의 기간이라고 하는 것이다. 이와 같이 열(十)을 하나(一)까지 펼치고 하나(一)를 쌓아 아홉(九)을 이룬다고 하여 십거일적(十鉅一積)으로 이름한 것으로써 이와 같은 십거일적(十鉅一積)의 기간이 100억 년(億年)이 되는 것이며 이러한 십거일적(十鉅一積)이 우주를 지탱하는 일곱 가지 법칙 중 하나로 자리하는 것이다. 이러한 십거일적(十鉅一積)을 《알파와 오메가》로 서구인들은 이름하는 것이다. 이상의 상세한 이치는 필자의 저서 『(改訂版) 妙法華(묘법화)의 실상(實相)의 법(法)』(2015)을 참고하시기 바란다.

[ㅇ]

① 아미타불(佛)

아미타불(佛)은 석가모니 하나님 부처님의 분신불(分身佛)로서 관음불(佛)과 함께 천일우주(天一宇宙)를 탄생시켰으며 이 과정에서 장자(長子)로부터 죽임을 당하신 후 지일이(地一二) 우주에서 부활하신 이후 중계(中界)의 우주 중 천이삼(天二三) 우주를 완성하시고 시리우스 태양성(太陽星)을 탄생시키신 후 현재는 서방극락정토로 잘 알려진 천이일(天二一) 우주 구성에 바쁘신 부처님으로서 천(天)·지(地)·인(人)의 우주 구분에 있어서 천(天)의 우주 하느님이 되시는 부처님이시다.

② 암흑물질층

현재의 우주가 자리하고 있는 대공(大空)은 법공(法空) 크기의 40%에 달하는 암흑물질층에서 시작이 되어 선천우주(先天宇宙)가 끝이 난 지금의 때로써는 15%의 암흑물질들이 모두 150억조(億兆) 개의 별(星)들로 탄생되어 있으며 25%의 암흑물질층이 후천우주(後天宇宙)에서 별(星)들로 탄생이 될 것이다. 이러한 대공(大空) 바깥은 법공(法空) 크기의 58%에 달하는 두터운 암흑물질층이 도사리고 있다. 이러한 두터운 암흑물질층을 부처님께서는 무간지옥(無間地獄)으로 이름하신다. 이와 같은 무간지옥 바깥이 법공(法空) 크기의 2%에 달하는 《적멸보궁》이 자리하고 있는 것이다. 암흑물질을 비유를 하면 시커먼 자동차 배기가스나 굴뚝의 연기를 부정할 수가 없는 것이다. 이러한 배기가스나 굴뚝의 시커먼 연기가 모두 암흑물질에 해당한다. 이와 같은 암흑물질이 공간(空間)에 흩어지면 인간들 시야(視野)에서는 암흑물질이 사라지게 되나 그 존재는 없어지는 것이 아님을 알아야 할 것이다.

③ 약사유리광불(佛)

천일우주(天一宇宙)에서 아미타불(佛)의 장자(長子)로 태어나신 이후 험난한 업행(業行)의 여정을 겪으신 후 지일이(地一二) 우주인 지금의 황소자리 성단에서 《일체중생희견보살》로 거듭나신 이후 스스로의 몸(身)을 불태우는 등신 공양을 하신 이후 《약왕보살》로 거듭나시어 우리들 태양계(太陽界)의 《명왕성》을 법신(法身)으로 하게 된다. 이후 지구계 서력 기원 원년을 여시는 《예수님》으로 이름하시고 인간 세상에 오신 이후 본래의 자리인 명왕성으로 돌아가시어 《동방약사유리광불(佛)》의 자리에 오르신 것이다. 「그리스 신화(神話)」에서는 《아폴론》으로 이름하고 《아폴론》 이후를 의신(醫神) 《아스클레피오스》라고 이름하셨던 부처님이시다.

④ 양(陽)의 지일(地一)의 7성(星)

현재의 북극성(北極星) 핵(核)의 붕괴로 인하여 만들어진 천궁(天宮)을 음(陰)의 지일(地一)이라고 하며 이후 천궁(天宮)의 변화상인 《커블랙홀》 → 《태양수(太陽數) ⊕9의 핵(核)》 → 《화이트홀》 → 《케이샤》 → 《황금알 대일(大一)》의 과정을 겪고 황금알 대일(大一)의 대폭발로 탄생한 태양성(太陽星), 수성(水星), 금성(金星), 토성(土星), 천왕성, 해왕성, 명왕성 등 7성(星)으로 모두 태어났을 때를 양(陽)의 지일(地一)의 7성(星)이라고 한다.

⑤ 여섯 가지
여섯 가지는 여섯 뿌리의 상대 경계를 말하는 것이다.

⑥ 여섯 뿌리를 중심한 여섯 가지의 우주
상천궁(上天宮) 여섯 뿌리의 우주를 중심으로 하여 만들어진 천일우주(6.6), 천일일 우주(6.6.6), 인일일(人一一), 인일이(人一二), 인일삼(人一三) 우주(6.6.6.6) 및 천이삼 우주(6.6.6.6.6)와 인이삼 우주(6.6.6.6.6.6) 등 선천우주(先天宇宙)를 표현한 용어이다.

⑦ 여섯 뿌리
상천궁(上天宮) 여섯 뿌리의 우주를 말함.

⑧ 여섯 뿌리의 법궁(法宮)
상천궁(上天宮) 1-6의 중성자(中性子) 태양성(太陽星)과 이 태양성(太陽星)의 핵(核)의 붕괴로 인하여 천궁(天宮)을 이루고 만들어진 현재 우리들 태양계(太陽界)의 목성(木星)을 여섯 뿌리의 법궁(法宮)이라고 한다.

⑨ 여섯 뿌리의 진공(眞空)
상천궁(上天宮) 여섯 뿌리의 우주 6성(星)이 모두 진화(進化)되어 사라져 대공(大空)의 원천(源泉) 바탕과 경계를 이룬 진공(眞空)층을 이룬 것을 여섯 뿌리의 진공(眞空)이라고 한다.

⑩ 연등불(佛)
지일일(地一一) 우주에서 천궁(天宮)을 이루시고 지금은 천궁(天宮)의 변화상을

모두 겪으신 후 황소자리 성단을 이루시고 궁주로 계시는 부처님으로서 한민족(韓民族) 조상불(佛) 중의 한 분으로서 《발귀리 선인(仙人)》, 《6대 다의발 한웅》, 《자부선생》, 《자허선인》, 《남사고(南師古) 선생》 등의 이름으로 오신 이후 많은 자취를 남기신 부처님이시다.

⑪ 영육(靈肉) 일치

석가모니 하나님 부처님께서는 분신(分身)으로서 아미타불(佛)을 두고 계시며 육신불(肉身佛)로서 다보불(佛)을 두고 계신다. 이러한 석가모니 하나님 부처님께서 우주(宇宙) 창조의 과정에 다보불(佛)과 한 몸(一身)을 이루어 성단(星團)을 만드시거나 이끌게 되실 때가 있다. 이러한 때를 영육(靈肉) 일치를 이룬 때로써 이름하며 그 좋은 예가 인일일(人一一), 인일이(人一二), 인일삼(人一三) 우주를 만드실 때이다.

⑫ 인(人)의 우주

우주를 크게 세 구분한 천(天)·지(地)·인(人)의 우주에 있어서 사람(人)들의 우주를 인(人)의 우주라고 하며 3-1의 길 우주 또는 황소의 길 우주라고도 이름한다.

⑬ 인일일(人一一) 우주

석가모니 하나님 부처님의 여섯 뿌리의 법궁(法宮)인 목성(木星)이 탄생하여 만든 우주로써 불가(佛家)에서는 《도솔천 내원궁》으로 알려져 있는 우주이다.

⑭ 인일이(人一二) 우주

인일일(人一一) 우주 외곽에 자리한 우주로써 이 우주가 탄생될 때 지구(地球), 달(月), 화성(火星) 등 석가모니 하나님 부처님의 육신성(肉身星) 삼성(三星)이 탄생된 우주이다.

⑮ 인일삼(人一三) 우주

인일이(人一二) 우주 외곽과 은하수(銀河水)까지가 인일삼(人一三) 우주에 해당이 된다.

⑯ 인이삼(人二三) 우주

인일일(人一一) 우주에서 석가모니 하나님 부처님의 여섯 뿌리의 법궁(法宮)인 목성(木星, Jupiter)이 탄생함으로써 다보불(佛)과 영육(靈肉) 분리되신 이후 다보불(佛)께서 천궁(天宮)을 이루시고 만드신 우주로써 현대 천문학에서는 《안드로메다》성단이라고 한다.

⑰ 인이이(人二二) 우주

인이이(人二二) 우주는 중앙천궁상궁(中央天宮上宮)과 중앙우주(中央宇宙) 100의 궁(宮)이 모두 완성이 된 후 인이일(人二一) 우주가 만들어지고 난 후 그 외곽에 만들어지는 우주가 인이이(人二二) 우주이다.

⑱ 일월등명불(佛)

일월등명불(佛)은 현재의 북극성(北極星)을 법궁(法宮)으로 하셨던 부처님으로 노사나불(佛)과 쌍둥이로 태어난 부처님으로서 현재 북극성(北極星)에는 노사나불(佛)의 분신(分身)이신 《보현보살》께서 계신다.

⑲ 일적십거(一積+鉅)

일적십거(一積+鉅)는 《진리(眞理)》왜곡을 위해 십거일적(+鉅一積)을 반대 순서로 기록한 용어로써 이의 설명은 십거일적(+鉅一積) 편을 참고하시기 바란다.

[ㅈ]

① 적멸보궁(寂滅寶宮)

진화기(進化期)의 법공(法空) 외곽에 자리하는 《음(陰)의 여섯 뿌리 진공(眞空)

궁(宮)》으로써 대공(大空)의 원천 바탕과 경계를 이루는 《양(陽)의 여섯 뿌리 진공(眞空)》과는 음양(陰陽) 짝을 하는 궁(宮)으로써 법공(法空) 크기의 2%에 해당하는 크기를 가지고 있다.

② 정명궁(正明宮)
개천이전(開天以前) 휴식기를 끝낸 법공(法空)의 음(陰)인 법성(法性)의 1-6체계 진공(眞空)이 법(法)의 일어남의 4단계인 사선근위(四善根位)의 과정을 겪고 법공(法空) 내부의 법공(法空) 크기의 40%되는 지점으로 분출되어 처음 만들어진 석가모니 하나님 부처님의 천궁(天宮)이 정명궁(正明宮)이다.
　　이러한 정명궁(正明宮)은 《커블랙홀》 → 《태양수(太陽數) ⊕9의 핵(核)》 → 《화이트홀》 → 《퀘이샤》 → 《황금알 대일(大一)》의 과정을 겪으면서 많은 물질의 씨앗과 물질을 탄생시키게 된다. 특이한 점은 《황금알 대일(大一)》의 폭발 없이 곧바로 《황금알 대일(大一)》의 핵(核)의 붕괴로 인하여 많은 다섯 기초 원소를 탄생시킴과 아울러 복합 원소를 탄생시키게 된 후 《황금알 대일(大一)》은 핵(核)의 붕괴 이후 내부 수축기를 지나면서 《중성자(中性子) 알 대일(大一)》로 변화한다. 이렇듯 변화한 《중성자(中性子) 알 대일(大一)》의 대폭발로 상천궁(上天宮)이 탄생하는 것이다.

③ 중성자(中性子) 알 대일(大一)
먼저 설명된 석가모니 하나님 부처님의 천궁(天宮)인 정명궁(正明宮)이 《황금알 대일(大一)》의 과정을 거친 후 《황금알 대일(大一)》 핵(核)의 붕괴 이후 내부 수축기를 지난 이후 중성자(中性子) 알 대일(大一)로 변화하였을 때를 이름하며 이러한 중성자(中性子) 알 대일(大一)의 폭발을 현대 천문학에서는 《빅뱅(Big Bang)》이라고 하는 것이다.

④ 중계(中界)의 우주
법공(法空) 내부에 자리하는 대공(大空)을 바탕으로 하는 별(星)들의 우주를 만들어진 순서에 의해 크게 세 구분한 것이 상계(上界), 중계(中界), 하계(下界)이며 현재의 북극성(北極星)으로부터 은하수(銀河水)까지의 우주를 상계(上界)의 우주라고 하며, 그 아래를 중계(中界)의 우주라고 하며, 현재까지 중계

(中界)의 우주는 일부가 만들어져 있으며, 하계(下界)의 우주는 먼 미래세(未來世)에 만들어지는 우주이다.

⑤ 중성자(中性子) 태양성(太陽星)
태양성(太陽星)에도 핵(核)의 구분에 따라 여러 가지 태양성(太陽星)이 있다. 이러한 태양성(太陽星) 중 중성자(中性子)를 핵(核)으로 하는 태양성(太陽星)을 중성자(中性子) 태양성(太陽星)이라고 하며 대표되는 중성자(中性子) 태양성(太陽星)이 우리들 태양계(太陽界)의 목성(木星)이다.

⑥ 중앙천궁상궁(中央天宮上宮) 10의 궁(宮)
우리들 태양계(太陽界) 11성(星, 달 포함)은 지구계(地球界) 시간 서기 2000년에 접어들면서 법공(法空)의 중심점(中心點)에 도달하여 중앙천궁상궁(中央天宮上宮)으로 변화되어 있다. 이러한 중앙천궁상궁(中央天宮上宮)은 이제 얼마 있지 않은 기간 내에 태양성(太陽星), 수성(水星), 금성(金星) 등 노사나불(佛) 진신삼성(眞身三星)이 동북간방(東北艮方) 15°선상인 지금의 천왕성과 해왕성 사이의 궤도로 궤도 이동을 하여 삼성(三星)이 일성(一星)으로 변화되기 위한 과정을 거치게 된다.

한편, 노사나불(佛) 진신삼성(眞身三星)이 옮겨간 자리에는 석가모니 하나님 부처님의 여섯 뿌리의 법궁(法宮)인 목성(木星)이 자리하고 그 다음으로는 달(月)과 화성(火星)과 지구(地球)가 자리하여 이때까지 시계 반대 방향(1-4의 길)의 운행을 하던 것을 멈춘 이후 시계 방향(3-1의 길) 회전을 하게 된다. 지구 바깥은 토성(土星), 천왕성, 노사나불(佛) 진신삼성(眞身三星), 해왕성, 명왕성이 자리하여 시계 반대 방향(1-4의 길)의 회전을 하게 된다. 이러한 운행(運行)을 중앙천궁상궁(中央天宮上宮)의 운행(運行)으로써 3-1-4의 길 운행(運行)이라고 한다.

이와 같이 3-1-4의 길 운행을 할 때 중앙천궁상궁(中央天宮上宮)은 모두 10개의 궤도를 가짐으로써 동북간방(東北艮方) 15° 선상으로 옮겨간 노사나불(佛) 진신삼성(眞身三星)은 수성(水星)이 태양성(太陽星)의 위성으로 자리함으로써 금성과 함께 2개의 궤도를 가짐으로써 중앙천궁상궁(中央天宮上宮)은 10개의 궤도를 1차적으로 갖게 된 후 오랜 세월이 지나 태양성(太陽星), 수성

(水星), 금성(金星)이 하나가 되어 《백색 왜성》으로 태어났을 때 중앙천궁상궁(中央天宮上宮)은 9성(星)이 남게 되나 이후 지이삼(地二三) 우주 중심부에서 태어난 아촉불(佛)의 태양성(太陽星)이 긴 여행을 끝내고 중앙천궁상궁(中央天宮上宮) 10번째 궤도에 합류하게 됨으로써 중앙천궁상궁(中央天宮上宮)은 2차적으로 10의 궁(宮)을 가지게 됨으로 완성을 이루게 된다. 이와 같이 중앙천궁상궁(中央天宮上宮)이 10개의 궤도를 거느리는 것을 중앙천궁상궁(中央天宮上宮) 10의 궁(宮)이라고 하는 것이다.

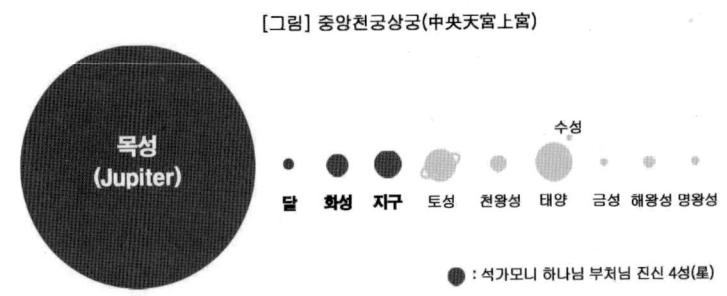

[그림] 중앙천궁상궁(中央天宮上宮)

⑦ 중앙우주(中央宇宙) 100의 궁(宮)

중앙우주(中央宇宙)는 중앙천궁(中央天宮) 10의 궁(宮)이 만들어지는 것과 때를 같이 하여 중앙천궁상궁(中央天宮上宮) 10의 궁(宮)을 중심으로 하여 미륵불(佛)께서 만드시는 우주로써 36궁(宮)과 54태양궁(太陽宮)이 있다. 이러한 36궁(宮)과 54태양궁(太陽宮)을 중앙우주(中央宇宙)라고 하며 중앙천궁(中央天宮)을 이루고자 하였던 10성(星)과 합하여져 중앙우주(中央宇宙) 100의 궁(宮)이라고도 한다.

※ 《석가모니 하나님 부처님》께서 처음 정하신 진화(進化)에서는 《중앙천궁(中央天宮)》이 만들어지게 되어 있었으나 지상(地上)에서 획책된 《신(神)들의 전쟁》과 《2차 우주 쿠데타》의 영향으로 《석가모니 하나님 부처님》이신 《원천창조주》에 의해 《이치》가 변경됨으로써 《중앙천궁(中央天宮)》은 만들어지지 않고 《중앙천궁》을 이루고자 하였던 《10성(星)》은 흩어져 《중앙우

주(中央宇宙) 100의 궁(宮)》일원으로 남게 되었음을 아시기 바란다.

⑧ 지(地)의 우주

우주를 회전(回轉) 방향에 의해 크게 세 구분한 것이 천(天)·지(地)·인(人) 우주이다. 이러한 구분의 지(地)의 우주는 시계 반대 방향 회전길을 가지고 있다. 이러한 회전길을 1-4-1의 길이라고 하며 이를 세분화하면, 1-4의 길을 천마(天馬)의 길이라고 하며 4-1의 길을 용마(龍馬)의 길이라고 한다.

⑨ 지구(地球)

석가모니 하나님 부처님 진신사성(眞身四星) 중의 하나인 우리들의 지구(地球)는 인일이(人一二) 우주에서 탄생하여 선천우주와 후천우주의 갈림길인 서기(西紀) 2000년을 기점으로 만 45억 년(億年)을 지난 나이를 가지며 중앙천궁상궁(中央天宮上宮) 운행(運行)인 3-1-4의 길 운행을 주도하는 별(星)이 된다. 이러한 운행(運行)이 이루어진 이후는 법공(法空)의 0(ZERO) 지점에 자리하여 극락 중의 극락으로 변화하는 미륵불(佛)의 법궁(法宮)이다.

⑩ 지일(地一)

7의 우주라고 하며 음(陰)의 천궁(天宮)을 이루었을 때를 《노사나불(佛)》의 태양선(太陽船)으로도 이름하며 천궁(天宮)의 변화상을 겪고는 태양성(太陽星), 수성(水星), 금성(金星), 토성, 천왕성, 해왕성, 명왕성 등 7성(星)으로 태어났을 때를 지일(地一) 또는 7의 우주라고 한다.

  이러한 지일(地一)의 음(陰)의 천궁(天宮)은 현재의 북극성(北極星)과 《북두칠성》의 《노사나불》 진신 3성(眞身三星) 핵(核)의 붕괴로 인하여 만들어지는 것이다. 첫 번째 지일(地一)의 7성(星)은 지일이(地一二) 우주에서 모두 탄생하며 두 번째 탄생은 《중앙우주(中央宇宙) 100의 궁(宮)》에서 7성(星)으로 다시 탄생하는 것이다.

⑪ 지일일(地一一) 우주

지일(地一)의 음(陰)의 천궁(天宮)이 《커블랙홀》 → 《태양수(太陽數) ⊕9의 핵(核)》 → 《화이트홀》 → 《퀘이샤》 → 《황금알 대일(大一)》의 과정을 겪고 황금알 대일(大一)의 폭발로 태양성(太陽星), 수성(水星), 금성(金星) 등 노사나불(佛) 진신삼성(眞身三星)이 태어날 때 만들어진 우주가 새로운 천궁(天宮)을 중심한 지일일(地一一) 우주로써 이를 7.7의 우주라고 한다.《문곡성불》이 궁주(宮主)로 계시는 우주이다.

⑫ 지일이(地一二) 우주
태양성(太陽星)과 수성(水星)과 금성(金星) 등 노사나불(佛) 진신 삼성(眞身三星)이 새로운 천궁(天宮)을 만들어 이를 중심으로 외곽에 자리한 후 지일일(地一一) 우주를 완성한 이후 토성, 천왕성, 해왕성, 명왕성 등 아들들 별(星)을 만들면서 탄생시키게 되는 우주로써 이를 지일이(地一二) 우주라고 하며 지금의 황소자리 성단을 이름하며 이를 7.7.7의 우주라고 한다.

⑬ 지일삼(地一三) 이동성단
지일(地一)의 7성(星)이 지일이(地一二) 우주를 완성한 후 새로운 천궁(天宮)을 탄생시켜 이를 중심으로 그 외곽에 지일(地一)의 7성(七星)이 자리하여 만든 이동성단으로써 이를 7.7.7.7의 우주라고 한다. 이와 같은 지일삼(地一三) 이동성단의 중심을 이루고 있는 천궁(天宮)이 노사나불(佛)의 분신(分身)으로서 육신불(肉身佛)이신《아촉불(佛)》께서 자리하시는 천궁(天宮)이다. 이러한 지일삼(地一三) 이동성단이 시계 반대 방향의 회전을 하면서 중계(中界)의 우주로 건너와서 지이삼(地二三) 우주의 어머니 우주로서 자리하는 것이다.

⑭ 지이삼(地二三) 우주
지일삼(地一三) 이동 우주가 중계(中界)의 우주에 도착하여 성단(星團) 재편성을 이룬 이후 어머니 우주가 되어 자리한 가운데 이루어진 우주로써 이 우주 외곽에서 8의 우주인 목성, 지구, 달, 화성이 7의 우주인 지일(地一)의 7성(星)과 합하여져 일세계(一世界)를 이룬 것이 우리들의 태양계이다. 중심인 아촉불(佛)께서 계시는 천궁(天宮)을《야마천궁》이라고 하며 야마천궁(天宮)을 중심으로 33구분한 것을 33천(天)이라 하며 우리들 태양계(太陽界)가 자리한 궤도가 34천(天) 중의 1천(天)이 된다. 이러한 지이삼(地二三) 우주를 석가모니 하나님 부처님께서는《수미산》으로 비유를 하시며 이 우주

의 창조를 노사나불(佛)께서 모두 하시는 것이다.

⑮ 진명(眞命)

양전자(陽電子)를 진명(眞命)이라고 하며 명(命) 중의 참다운 명(命)이라고 하여 진명(眞命)이라고 하는 것이다. 이러한 진명(眞命)을 다스리시는 분이 노사나불(佛)이시며 이를 관리하시는 분이 《관세음보살》이신 것이다.

⑯ 진명광(眞命光)

진명(眞命)인 양전자(陽電子)와 완성된 명(命)인 전자(電子)가 부딪쳐 발생하는 빛(光)으로써 음(陰)의 진명광(眞命光)과 양(陽)의 진명광(眞命光)으로 구분이 되며, 음(陰)의 진명광(眞命光)이 음(陰)의 진성광(眞性光)과 음양(陰陽) 짝을 하여 적멸보궁(寂滅寶宮)을 이루며 양(陽)의 진명광(眞命光)이 양(陽)의 진성광(眞性光)과 함께 음양(陰陽) 짝을 하여 대공(大空)의 경계와 원천 바탕을 이루는 것이다. 이러한 진명광(眞命光)을 관리하시는 분이 석가모니 하나님 부처님의 부인이시다.

⑰ 진명궁(眞命宮)과 정명궁(正命宮)

중앙천궁상궁(中央天宮上宮) 운행(運行)인 3-1-4의 길 운행이 이루어지면 목성(木星)을 중심한 달(月), 화성(火星), 지구(地球)가 회전하는 3-1의 길 바탕은 전자(電子)의 바탕에서 양전자(陽電子)의 바탕으로 변화된다. 이와 같은 법공(法空) 0(ZERO) 지점의 바탕이 양전자(陽電子)로 변화되는 것을 정명궁(正命宮)이라고 하며 이후 1-4의 길에 자리한 노사나불(佛) 진신삼성(眞身三星)이 1성(星)으로 될 때 중앙천궁상궁(中央天宮上宮)의 1-4의 길 바탕이 모두 전자(電子)의 바탕에서 양전자(陽電子)의 바탕으로 변화된다. 이렇듯 1-4의 길 바탕이 양전자(陽電子)의 바탕으로 변화되는 것을 진명궁(眞命宮)이라고 하는 것이다. 이와 같이 중앙천궁상궁(中央天宮上宮)의 바탕이 정명궁(正命宮)과 진명궁(眞命宮)으로 모두 바뀌있을 때가 중앙천궁상궁(中央天宮上宮)이 극락 중의 극락, 천당 중의 천당으로 탈바꿈한 때가 되는 것이다.

⑱ 진성(眞性)

중성자(中性子)가 진화(進化)를 한 반중성자(反中性子)를 진성(眞性)이라고 하며 이러한 진성(眞性)의 자리가 석가모니 하나님 부처님의 고유의 자리로써 권위의 상징이 되는 자리이다.

⑲ 진성성(眞性星)
반중성자별(反中性子星)로써 현대 천문학 용어로는《슈바르츠실트 블랙홀》이라고 한다. 석가모니 하나님 부처님의 법신(法身)이 된다.

⑳ 진성광(眞性光)
반중성자(反中性子)와 완성된 중성자(中性子)가 부딪쳐 발생하는 빛(光)으로 이러한 빛도 음(陰)의 진성광(眞性光)과 양(陽)의 진성광(眞性光)으로 구분이 되어 음(陰)의 진성광(眞性光)은 음(陰)의 진명광(眞命光)과 함께 양음(陽陰) 짝을 하며 적멸보궁(寂滅寶宮)을 이루는 음(陰)의 여섯 뿌리 진공(眞空)이 되며, 양(陽)의 진성광(眞性光)은 양(陽)의 진명광(眞命光)과 함께 양음(陽陰) 짝을 하여 대공(大空)을 경계하며 원천 바탕이 되는 양(陽)의 여섯 뿌리 진공(眞空)이 되는 것이다.

㉑ 진정(眞精)
중성자(中性子)를 이름하는 것이다.

㉒ 진신삼성(眞身三星)
부처님들의 몸(身) 나뉨으로써 만들어지는 3성(星)을 이름한다. 즉, 태양성(太陽星)의 법궁(法宮)을 가지시게 되는 부처님들은 태양성(太陽星) 핵(核)이 나누어져 만들어지는 나머지 2성(星)을 합한 3성(星)을 이름하는 것이다.

㉓ 진화(進化)의 과정
여섯 뿌리의 진공(眞空)이 암흑물질과 음양(陰陽) 짝을 한 후 오온(五蘊)의 과정을 거쳐 다섯 기초 원소로 탄생한 이후 영체(靈體)의 진화(進化)와 물질(物質)의 진화(進化)를 하여 가는 수많은 과정을 이름한다.

[ㅊ]

① 천(天)의 우주
우주를 크게 세 구분한 천(天)·지(地)·인(人)의 우주에 있어서 천(天)의 우주를 이름하며 이러한 천(天)의 우주는 인(人)의 우주와 항상 연결된 길을 가지고 1-3-1의 길을 이루고 있는 것이다. 셋의 우주 중 제일 진화(進化)된 우주가 천(天)의 우주이다.

② 천궁(天宮)
성단(星團)의 중심을 이루고 있는 곳을 천궁(天宮)이라고 하며 이러한 천궁(天宮)은 《커블랙홀》 → 《태양수(太陽數) ⊕⑨의 핵(核)》 → 《화이트홀》 → 《퀘이샤》 → 《황금알 대일(大一)》의 과정을 겪는 때를 《음(陰)》의 《천궁(天宮)》이라고 하며, 변화상을 일으킨 후 태양성(太陽星)과 진신삼성(眞身三星)을 탄생시켜 이후 태양계(太陽界)를 이루게 되는 때가 《양(陽)》의 《천궁(天宮)》을 이룬 때가 된다. 이러한 천궁(天宮)이 활발한 활동을 할 때 수많은 별(星)들을 탄생시키는 것이다.

③ 천일궁(天一宮) 10의 궁(宮)
현재의 북극성(北極星)을 중심으로 한 작은곰자리 별들과 현재 북극성(北極星) 바로 옆에 있는 1성(星)과 용자리 알파성(α星)과 용자리 알파성(星)과 작은곰자리 감마성(γ星) 사이에 있었던 사라진 1성(星)을 모두 합하여 천일궁(天一宮) 10의 궁(宮)이라고 하며 상천궁(上天宮)과 함께 양음(陽陰) 짝을 한 선천우주(先天宇宙)의 하늘(天)이라고 하는 것이다.

④ 천일우주(天一宇宙)
천일궁(天一宮) 10의 궁(宮) 아래에 자리한 36궁(宮)과 54태양궁(太陽宮)을 천일우주(天一宇宙)라고 하며 36궁(宮)에는 현재 용자리 별들이 자리하고 있으며 54태양궁(太陽宮)에는 백조자리 성단과 목동자리 성단과 북두칠성과 카시오페아 성단 등이 있다.

⑤ 천일우주(天一宇宙) 100의 궁(宮)

현재의 북극성(北極星)을 중심한 천일궁(天一宮)과 36궁(宮)과 54태양궁(太陽宮)을 모두 통칭을 할 때 천일우주(天一宇宙) 100의 궁(宮)이라고 하는 것이다.

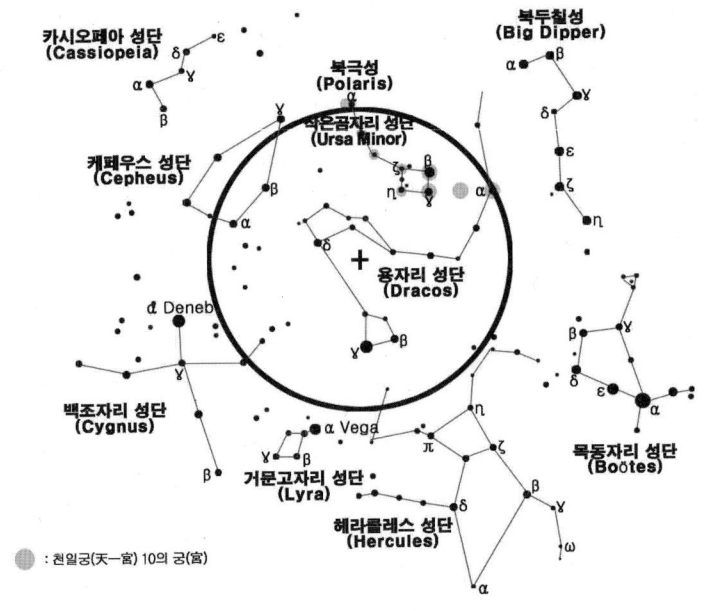

[그림] 천일궁(天一宮)을 포함한 천일우주(天一宇宙) 100의 궁(宮)

⑥ 천일일(天一一) 우주

석가모니 하나님 부처님께서 상천궁(上天宮)을 창조하시고 두 번째 만든 우주가 천일일(天一一) 우주로써 지금의 《오리온좌 성단》이다. 이러한 천일일(天一一) 우주에는 지금도 거대한 석가모니 하나님 부처님의 법왕궁(法王宮)이 자리하고 있다. 상천궁(上天宮)과 천일우주(天一宇宙) 100의 궁(宮)을 《초기 우주》라고 한다. 이러한 《초기 우주》는 진화(進化)되어 차츰 사라지고 있다. 이러한 때 석가모니 하나님 부처님 법왕궁(法王宮)이 있는 천일일(天一一) 우주가 사실상 선천우주(先天宇宙) 전체를 다스리고 있는 것이다.

⑦ 천이삼(天二三) 우주
중계(中界)의 우주 첫머리에 있는 우주로써 아미타불(佛)께서 만드신 우주이다.

⑧ 천이일(天二一) 우주
천이삼(天二三) 우주를 완성하신 아미타불(佛)께서 《시리우스》태양성(太陽星)을 법궁(法宮)으로 하시고 세간(世間)에 나오신 후 만드시는 《서방 극락 정토》가 천이일(天二一) 우주이다.

⑨ 천이이(天二二) 우주
천이일(天二一) 우주를 완성하신 아미타불(佛)께서 천이일(天二一) 우주 외곽에 만드는 우주로써 이 우주가 완성이 되면 천이일(天二一) 우주를 중심으로 그 외곽에 천이이(天二二) 우주가 자리하고 다시 그 외곽에 천이삼(天二三) 우주가 자리함으로써 중계(中界)의 천(天)의 우주가 완성이 되어 대통합을 이룬 우주로 드러나는 것이다.

[ㅋ]

① 커블랙홀
천궁(天宮)의 핵(核)이 만들어지기 이전의 초기 천궁(天宮)을 이름한다.

② 퀘이샤
천궁(天宮)의 변화상 중에 있어서 핵(核)분열과 핵(核)융합 반응이 최대로 일어날 때 천궁(天宮)은 모두 빛(光)의 천지로 화한다. 이러한 때의 천궁(天宮)

을 《케이샤》의 과정을 겪는다고 한다.

[ㅌ]

① 태양성(太陽星)
천궁(天宮)이 《커블랙홀》 → 《태양수(太陽數) ⊕9의 핵(核)》 → 《화이트홀》 → 《케이샤》 → 《황금알 대일(大一)》의 과정을 겪고 《황금알 대일(大一)》의 폭발로 탄생하는 것이 태양성(太陽星)이다. 이러한 태양성(太陽星)은 모두가 부처님들의 법신(法身)으로써 그 종류도 여럿으로 구분이 된다. 이러한 구분은 태양성(太陽星) 핵(核)의 구분에 따라 결정이 된다. 현재의 우리들 태양성(太陽星)은 노사나불(佛)의 법궁(法宮)이며 목성(木星)은 중성자(中性子) 태양성(太陽星)으로써 석가모니 하나님 부처님의 여섯 뿌리의 법궁(法宮)이 된다.

② 태양수(太陽數) ⊕9
태양성(太陽星)의 가시적(可視的)인 수명은 100억 년(億年)이다. 이러한 수명 중 50억 년(億年)이 왕성한 활동기이며 50억 년(億年)이 수축기에 해당한다. 이와 같은 구분에 있어서 왕성한 활동기를 지난 태양성(太陽星)은 5억 년(億年)에 걸쳐 핵(核)의 붕괴를 일으켜 태양(太陽) 흑점 활동을 통해 항성풍을 우주간에 쏟아낸다. 이러한 항성풍이 적멸(寂滅)한 경계에 들어가는 진공(眞空) 뿌루샤들로써 이들이 태양성(太陽星) 회전길을 따라 일정한 거리까지 갔다가 한 곳에 모여 공(空)을 이루게 된다. 이와 같은 무색투명한 공(空)을 이룬 이후 작용(作用)을 시작하여 《암흑물질》을 끌어들여 활발한 활동을 할 때를 천궁(天宮)의 첫 단계인 《커블랙홀》의 때로 이름한다. 이러한 《커블랙홀》이 핵(核)을 만들었을 때를 태양수(太陽數) ⊕9라고 하며 천궁(天宮)의 중심을 이루고 있는 일불승(一佛乘)의 자리라고도 한다.

③ 태양수(太陽數) 9

412

천궁(天宮)이 《커블랙홀》 → 《태양수(太陽數) ⊕9의 핵(核)》 → 《화이트홀》 → 《케이샤》 → 《황금알 대일(大一)》의 과정을 겪고 《황금알 대일(大一)》의 폭발로 부처님들의 진신삼성(眞身三星)이 모두 탄생되었을 때를 태양수(太陽數) 9를 가진 때로 이름한다.

④ 태양수(太陽數) ⊕9와 태음수(太陰數) ⊕6의 작용
천궁(天宮)의 중심을 이루고 있는 태양수(太陽數) ⊕9가 천궁(天宮) 외곽에 자리하는 태음수(太陰數) ±12 중 태음수(太陰數) ⊕6은 천궁(天宮) 내부로 끌어들이고 태음수(太陰數) ⊖은 ⊕으로 변화시켜 외부로 밀려나게 된다. 이러한 작용 이후 천궁(天宮) 내부의 작용에 의해 다섯 기초 원소 등을 활발히 생산할 때를 태양수(太陽數) ⊕9와 태음수(太陰數) ⊕6의 작용이라고 한다.

⑤ 태양수(太陽數) ⊕9의 핵(核)
태양수(太陽數) ⊕9를 이룬 일불승(一佛乘)이 천궁(天宮)의 중심을 이루고 있을 때를 이름한다.

⑥ 태음수(太陰數) ⊕6
미세한 여섯 뿌리 진공(眞空) 구슬과 암흑물질이 음양(陰陽) 짝을 한 오온(五蘊)의 색(色)의 과정이 대공(大空)의 바탕을 이루고 있는 것을 태음수(太陰數) 6 또는 태음수(太陰數) ±12라고 한다. 이러한 태음수(太陰數) ±12 중 암흑물질과 오온(五蘊)의 색(色)의 단계 및 오온(五蘊)의 수(受)의 단계에 있는 반야공(般若空)의 음양(陰陽)을 태음수(太陰數) ⊖6이라고 하며, 오온(五蘊)의 상(相)의 단계와 행(行)의 단계와 식(識)의 단계에 있는 음양(陰陽)의 반야공(般若空)을 태음수(太陰數) ⊕6이라고 하며 천궁(天宮)으로 끌어들여지는 반야공(般若空)을 이름한다.

⑦ 태음수(太陰數) 6
암흑물질과 다섯 단계의 오온(五蘊)의 과정에 있는 반야공(般若空)들 전체를 태음수(太陰數) 6이라고 하며 태음수(太陰數) ±12로 표기를 하기도 한다.

⑧ 태양수(太陽數) 9와 태음수(太陰數) 6의 작용
태양성(太陽星)과 짝별로 이루어진 부처님들의 진신삼성(眞身三星)에서 만들어지는 물질 공급으로 태음수(太陰數) 6의 과정에 있는 모든 반야공(般若空)들이 복합 원소를 이루고 물질로 탄생되어 자라나는 작용으로 인하여 많은 별(星)들을 탄생하게 하는 작용을 태양수(太陽數) 9와 태음수(太陰數) 6의 작용이라고 한다.

[ㅎ]

① 한단불교(桓檀佛敎)
BC 3898년부터 시작된 한웅(桓熊)님 다스림의 한국(韓國)을 중심한 《구막한제국(寇莫韓帝國)》 때까지 있었던 한민족(韓民族)의 고대 종교를 한단불교(桓檀佛敎)라고 하며 한민족(韓民族)만이 고대에 가진 유일한 종교이다. 한단불교(桓檀佛敎)의 4대 경전(經典)이 《천부경(天符經) 81자(字)》와 《삼일신고(三一神誥)》와 《황제중경(皇帝中經)》과 《황제내경(皇帝內經)》이다.

② 화광불(佛)
문수사리보살(文殊師利菩薩)께서 불(佛) 지위에 오르셨을 때의 명호(名號)이다.

③ 화성(火星, Mars)
우리들 태양계(太陽界)의 일원으로 있는 별로써 석가모니 하나님 부처님 진신사성(眞身四星)인 목성(木星), 달(月), 화성(火星), 지구(地球) 중의 한 별(星)로써 미륵보살의 법궁(法宮)이며 인일이(人一二) 우주에서 탄생한 별(星)이다.

④ 화이트홀
천궁(天宮)의 변화상인 《커블랙홀》→《태양수(太陽數) ⊕9의 핵(核)》 다음 단계에 겪게 되는 과정으로써 10억 년(億年)에 걸쳐 겪게 되는 과정을 말한

다.

⑤ 황금알 대일(大一)
천궁(天宮)의 변화상 중 마지막 겪게 되는 과정을 말한다. 《퀘이샤》의 과정에서 빛의 천지로 변화한 천궁(天宮)이 다시 핵(核) 융합 반응으로 빛의 축소화가 이루어지는 과정을 10억 년(億年)을 겪은 후 황금알 대일(大一)의 대폭발로 태양성(太陽星)이 탄생하는 것이다.

⑥ 후천우주(後天宇宙)
지구계(地球界) 시간 서기(西紀) 2000년이 120억 년(億年) 선천우주(先天宇宙)를 마감하는 때로써 이때부터 240억 년(億年)의 후천우주(後天宇宙)가 시작되는 것이다. 지금의 때는 이제 막 후천우주(後天宇宙)에 발을 들여 놓은 때가 되는 것이다.